自立経済と貨幣改革論の視点

森野栄一
MORINO Eiichi

ぱる出版

装幀——工藤強勝＋勝田亜加里

序

日本経済の「失われた一〇年」は二〇年になろうとしている。本書では、九〇年代後半、依頼に応じて執筆した諸論考のなかから、忘れ去るわけにはいかないいくつかを選んで掲載している。なぜならグローバリズムの展開も日本経済のデフレ状況も当時と同じ本質を抱え、現象も様相に多少の違いはあっても変化しているようにはみえないからである。

世上、現状の変革されゆくべき姿として、もうひとつのグローバル化という言葉が語られてきた。しかし中身はいまひとつはっきりしない。また、日本経済のデフレ克服のためのリフレショーンの政策やその反対論も、繰り返す景気循環の一コマであるかのようにもみえ、根本的な貨幣システムのあり方を問題とする視点にたどりつくのは容易ではないかのようである。

収録した論考を公表した時期は、筆者にとって、思想的議論に迷い、欧州の古典的な議論に親しみ、フランスの思想家、ピエール・ジョゼフ・プルードンや、その視点を継承したドイツの経済学者シルビオ・ゲゼルを発見し、新たな経済の現実の見方を示唆された頃である。その後、次第に地域通貨の取り組みに傾斜していった。本書では掲載誌と初出を記しているので、できうるならば、その時期を回顧しつつ、お読みいただけるとありがたい。

私たちはこの二〇年間、なにをしてきたのかと、いまに至るも考えている。来し方を再考するのでなければ、先に進むことはかなわないようにも感じられる。九〇年代後半から、私たちは、マクロ経済の次元を議論するのとは異なり、私たち一人ひとりが思うところを実践しうる貨幣改革の場として地域通貨の取り組みを得てきたが、これに関わる論考や記録のたぐいは、本書に収録できていない。しかし、これらの記憶もあわせ、いま長期に停滞し続けてきた日本経済のなかで先行きを展望する努力をしてゆきたいと考えている。

うかうかすれば忘れさってしまいがちな、雑誌に公表した論考を書物にまとめておく機会を提供してくださったぱる出版に心から感謝申し上げたい。

二〇一四年一月一五日

森野　榮一

自立経済と貨幣改革論の視点　目次

Ⅳ　自立経済に向かって

I　序論

ゲゼルに眩惑

第一章　広告につられてゲゼル教徒志願

1 ゲゼルってどんな人?

シルビオ・ゲゼル（Silvio Gesell, 1862—1930）。ご存知ですか。

経済学の専門家なら即座に、ああ、スタンプ貨幣（日付貨幣、自由貨幣、消滅貨幣）の提唱者か。貨幣にも持越費用を要求しようってやつね。

いえいえ、私ら専門家にはほど遠い。

それなら経済学の生徒、ケインズの『一般理論』に四苦八苦、マルクスより高い評価が与えられているなあ。

有名な文章にぶつかる。

「将来の人々はマルクスの精神よりはゲゼルの精神にいっそう多くのものを学ぶであろうと私は信ず

る。もし読者にして『自然的経済秩序』の序文を参照するならば、彼はゲゼルの道徳的性質を知ることができるであろう。私の考えでは、マルキシズムに対する回答はこの序文に示された線に沿って発見されるべきである」

へえ、ゲゼルって一体どんな人。

知るものか、第一、経済学などに興味はない。労働し、闘い、なんとか生き抜く暮らしの明け暮れ、知的エリートの支配と保身の一用具とは無関係。

でも、革命の歴史に尋ねるわずかな暇を盗めば、一九一八〜一九年のドイツはバイエルンの革命、その主要な立役者の一人が我らがランダウアーなのはご存知。その彼が革命政府の財務担当人民委員（早い話が大蔵大臣）に招いたのがゲゼルですよ。

当時、スイスの農場主であったゲゼルは友人に、「これでお別れだ、牛たちよ、牧場の緑よ、松の木よ、湖やアルプスよ。もう一度、虐げられたプロレタリアートに奉仕しに行くんだ」と書き送って、革命の只中に現れた。

不幸にして革命政府は、暴虐なマルクス主義者たちによって短期日のうちに転覆され、革命は彼らを軍事政権が再び転覆する展開となり、その渦中で、ゲゼルは著名な数学者で物理学者のテオフィール・クリステンらの協力者ともども軍事政権に逮捕される（ランダウアーはマルクス主義者に捕らえられ獄中で撲殺された）が、裁判の結果、無罪放免となる。

ケインズにしてみれば、「風変わり」に見えるかもしれないが、私らには、おや、おもしろそう。

いやいや私は結構、結構、経済学も闘争も。とにかくマル金になることしか考えてないんだ、俺は。

ならば格好、彼は二四歳でアルゼンチンに移住、貿易業、製造業を手がけ、たちまちにして財をなしたんだ。

エッ、関心ない、そうですか。しかし、ゲゼルは「リアリスト中のリアリスト」(E・S・ウッドワード)なんですよ、その彼が三八歳、働き盛りなのに事業から手をひいちゃう。そしてスイスに農場を購入、隠遁して、富裕な農場主となって、主要著作『自然的経済秩序』の理論展開に専念するんだ。

2 ゲゼルはプルードンから学んだ

ゲゼル、以前から革命の歴史と経済学の歴史に登場するこの名が気がかりだった。しかし、一時期、彼の理論に基づく自由経済運動(FREE-ECONOMIC MOVEMENT)がアメリカ大陸やヨーロッパなどで相当の力量をもっていたのに、わが国にはほとんど波及しなかったようで、知りえなかった。

わずかにケインズの流動性選好の理論的先駆としてプルードンとともに引き合いに出される程度(ディラードやエルランの研究)。バイエルン革命についても情報がない。八方手を尽くしてようやく『自然的経済秩序』の仏訳本(一九四八年刊)を入手。パラパラと見て、マアおいしそう。知人に教えられて国会図書館に行ったらフリップ・パイ訳の英訳本の諸版があるじゃない。

ところで、『自然的経済秩序』は付録に各界からの賛辞をたくさん載せている。これきっと広告の一種、しかし薬を飲むときまず能書き読むのと一緒で読んでみるとこれがおもしろい。もう気分はゲゼル教徒。ケインズは五頁も費やして長いから省略するとして、ランダウアーのからちょっと紹介しよう。

「年を追うごとに価値が増えるのではなく反対に、漸次的に減価し、したがって交換媒介物を所有するだれもが別の物を生産するためにできるだけすみやかにそれを再び交換すること以外の関心をもたない、というゲゼルが交換媒介物に行った提起は現在のところ最も価値あるものである。ゲゼルはプルードンの偉大さを認識した本当に数少ない人間の一人である。彼はプルードンから学び独自な方向へその理論を発展させることに成功したのだ」(『社会主義の声明』、一九一九年)。

日本アナキズム文献センター所蔵の長谷川進文庫を整理した際、ランダウアーは一八四八年革命期のプルードンの経済革命論を知っているなと思った。やはり彼は経済革命論の本質が、ゼロ利子率によって貨幣の王権を廃止し、一般の生産物にも同様の流動性を保証する体制の創造にあることを洞察していた。だからこそ、その実践上の困難をゲゼルがプルードンのように生産物を貨幣の地位に高めるのではなく、逆に貨幣を生産物の地位に引き下げることで切り抜けようとしたことを評価しえたのかもしれない。

3 ゲゼル銘柄のワインで酔って

次に、経済学者や実務家、政治家などの賛辞を列挙してみよう。

「ゲゼルは脚注や参考書目を作成し、完璧でもない経済学上の探求に次々と統計を追加することに腐心するアカデミックな経済学者ではない。彼は二つの点で大多数の公認の専門家たちより優れている。卸売業者、輸入業者であったし、また土地所有者で農業者でもあったという豊富な経験と、なによりも経済学上の諸原理を洞察し把握する天分でである。私はワグナーやシュモラー、セリング、ニューマンのような信頼のおける研究者や教師の指導のもとに経済学を研究し、彼らの弟子であることに満足していたが、研究の積み重ねにもかかわらず、ゲゼルの観念を獲得するに至るまでは経済・社会問題は私にとって七つの封印のある書物のままであった。これを理解し自分のものとしたとき、経済科学は明瞭かつ透明なものとなった」（エルンスト・フンケル博士、『ドイツ自由経済』、一九一九年）

なるほど、ひとつ勉強してみるか。

「『自然的経済秩序』は現代のほとんどの経済学者たちに求めることができないような偉大な独力による成果であり、内容においても表現においても、現代の経済学上の著作の平均的な作品を超えて山のようにそびえたつ建設的な仕事である。これまでドイツで刊行された通貨問題に関する著作は、あらかじめ経済学の訓練を受けることなしには理解しえないものであったし、これがため大衆にはけっして読まれることがなかった。そうしたなか、シルビオ・ゲゼルとその学派が、通貨問題に新しい光を投げかけ力強く刺激的に振る舞う一連の燦爛たる諸著作をもって登場したのである。ゲゼルの著作は明瞭で刺激溢れる説明の典型であり、味の優れた高貴なワインを含んでいる。もっとも、恐らくは幾分陶酔させるものではあるが。しかしこれらの諸著作には実り豊かで科学的価値があり、経済科学から消え去ることはないであろうものが数多くある。ゲゼルは金への幻想を破壊し、最終的に考察されるべきは紙幣の理論であると主張した。貨幣を金属的外皮でとらえる一切の理論がもっぱら検討され完全に放棄されている。クナップのような名目論者が失敗した場所でゲゼルは成功している。つまりゲゼルは我々が提起する通貨問題に最も基本的な分析を与えたのである」（オスカー・ステリッチ、

『自由貨幣に関する一批判』)

経済学の訓練なしにというのがよい、ゲゼル銘柄のワインで酔ってみるか。

「社会・経済機構の偉大な探求者でシルビオ・ゲゼルほど長い間認められなかった人はいない。彼の代表作『自然的経済秩序』は経済問題を解く鍵であり、資本主義とマルクス主義的社会主義の双方に対する挑戦である。ゲゼルの利子理論はコーランの教えと調和するものであり、あらゆるイスラム諸国で歓迎されねばならない。彼の利子から解放された経済のための計画は、自己自身の幻想への隷属と誤った伝統の圧制、人間同士の搾取から人間を解放する建設的試みの堅固な基礎である」(ムハマト・アブ・サウド)

サウドはモロッコ政府の経済顧問を努め、アラブ連盟で経済専門家として働いた人、ゲゼル、アクバル!

まだまだいっぱいあるけれど簡単に。

「ゲゼルが提起した解決策を理解したとき、私の貨幣や経済に関する理解は一変した」(P・ウエストン)

「シルビオ・ゲゼルの『自然的経済秩序』はキリスト教の導入いらい人類にとって最大の恩恵である」(ウォルター・リップマン)

「我がプルードンが一九世紀最大の社会思想家であるにしても、我が同時代人にして、直感力もあり、熟達した実業家で経済学者のシルビオ・ゲゼルに貨幣の法則の最後の謎を決定的に解き明かすことが残された。彼のみが、我々には新たな貨幣が必要であり、金の価値はつまらない悲劇的な虚構にすぎ

ないことを理解したのである」（ジャン・バール）

ゲゼルをもっと知りたくなった。どんな生涯を送ったのか。そして彼の理論は。

4　アルゼンチン移住まで

まず生涯を簡単にたどっておきますか。

いや、その説くところを知らねばいかなる人間かにまで関心は及ばぬ、そもそも取り組む価値なんてあるのかね、とは友人のマルクス主義者。

まあ、ケインズが「反マルキシズム社会主義」と形容するのに間違いはないが、その理論の吟味のためにも、予備知識として必要、急がんでくだされ。ケインズが「多すぎる紙幅を彼のために割」いたわりには簡単すぎる。ちょうどＦ・Ａ・フェックのゲゼル伝があるので、これをたよりにちょっと紹介。

プロテスタントのドイツ人を父に、カトリックのワロン人（フランス語をしゃべるベルギー人）を母に、一八六二年三月一七日誕生。第一次大戦後、ベルギーに割譲されたライン地方はマルメディ近郊のセント・ヴィートが生地のドイツ人。九人兄弟の七番目であった。

ゲゼルは人も知るマルチリンガル、セント・ヴィートでの学校教育終了後、兄たちに数学や各国語を教育されたので、そのせいかもしれない。卒業後は祖父や父と同じように公務に就かせようとの父の希望に従い、郵政省に入省するが、退屈な公務を好まず、三か月で退省してしまう。

実業の世界に入ったこの若い多言語使用者は、ベルリンで、次いでスペインのマラガで語学力を生かした仕事に就くが、二年後、軍役に服す。しかし、試験に合格して軍務を短縮、わずか一年の衛兵勤務ののち、再び実業の世界へ。

一八八六年、彼はアルゼンチンに移住する。そこで兄弟たちが製造した医療機器の輸入業を始めた。彼にはアンナ・ベットゲンという婚約者がいたのだが、彼女とアルゼンチンで合流、結婚してブエノスアイレスで幸福な生活を開始する。

5 ドイツ系アルゼンチン人として

一九〇〇年のスイス移住まで続くアルゼンチンでの生活は、彼の生涯を決定的に方向づけるものであった。周知のように、当時の南米諸国の通貨政策は悪名高いものであり、彼は商売人として混乱した通貨政策とその弊害に直面させられた。相次ぐインフレとデフレは国民生活を破壊し続けており、一般物価水準の変動と国際為替レートの乱高下はひどく、若い商人は貨幣と通貨の問題に取り組み始めることとなった。

彼の探求がどれほどのものであったか、単なる通貨問題の水準を超えていたであろうことは、最初の著作『社会的国家への架け橋としての通貨改革』という表題からもうかがえる。後の彼の理論の基本的要素がすでに表明されているといわれるこの著作では、現存の国家を突き抜けた地点にまで思いは至り、そこへ至る実践上の方法として通貨問題が捉え返されている。つまりあるべき貨幣（自由貨幣）の観念はあるべき社会秩序につながらざるをえないのだ。

数年後、彼はパンフレット『事態の本質』、『貨幣の国有化』を相次いで刊行、国民生活に貨幣の問題がいかに重要かを訴えている。一八九七年、『現代商業の要請に応える貨幣の適用とその管理』を著す。そこで彼は自由貨幣の適用方法や実業家にとっての貨幣の知識の重要性を説いている。

しかし反応はほとんどなかったようだ。そうこうしているうち、自分の事業のほうでは、大変な困難があったにもかかわらず、成功し堂々たる地位を築いてしまった。彼の豊富な経済知識によるのはもちろんである。

一八九八年、アルゼンチン政府は積極的なデフレ政策を発表。ゲゼルの冷徹な頭脳はその帰結を見抜き、この計画に抗議の声を上げる。彼はパンフレット『アルゼンチンの通貨問題』を刊行し、こう述べている。

「このパンフレットを著す直接の動機は私自身の企業を守るためである。輸入業を手がけるほかに、私はアルゼンチンの産業むけに段ボール箱製造工場をもっている。所定の通貨政策がかなり長期間にわたって継続されるならば、アルゼンチンの産業はもとより、私の製造工場も、破産はしないにしても、稼働できない状態に追い込まれるであろうことが分かった。私は、アルゼンチンの議会人や商業者の心の中に硬直的な金本位制の固定観念がどれほど深く巣くっているか、また経験を重ねて賢くなった彼らがこの馬鹿げた通貨政策を解消するであろうという希望が受け入れられるかどうかを知ろうとした」

「私は自分のパンフレットをあらゆる政治家や議員、新聞社、通貨問題を扱っている一人ひとりに、また多くの商人や実業家に送った。結果は無であった」

ゲゼルの声に誰も耳を傾けなかった。ゲゼルはもはや事態の推移を見過ごすわけにはいかなかった。

一般物価水準の暴落と、したがって産業と貿易の崩壊を予測した彼は、同業者に好意的な値段で自分の事業を売り渡した。同業者はゲゼルの著作から彼が風変わりな思想の持ち主と思っており、さっそく彼の売却の申し出に応じたのであった。一年後、アルゼンチンの全産業は行き詰まった。政府には四万の失業者がデモをかけ、経済の回復と雇用の機会を要求した。しかし政府はいっそう硬直的に同じ政策を実施するだけで、事態は悪化するばかりであった。

こうした状況のなか、ことごとく事業を整理したゲゼルは工場の売却益で、ラプラタ川に浮かぶ島を購入し、自分自身の必要と楽しみのために土地を耕し、日を送った。世間が苦しんでいるときに、うらやましいかぎりとお思いか。しかし誰もがゲゼルという不況のヴイシュヌ神に耳を傾けぬとき、救済の神は隠れているのだ。ようやく破滅的なデフレ政策が終わったのを見て、再びゲゼルは事業に復帰した。以前、彼が売却した工場にいってみても、機械類は放置されたまま、売却以来一度も使われた形跡はなかった。誰も信じなかった彼の主張の正しさが証明されたのである。

同じ著作で彼はこうも述べている。

「そうこうするうちに、アルゼンチンでは、多くの人々が物価水準を切り下げようとする通貨政策が不況の真の原因であることを経験から学んだのである。一般に混乱の原因と考えられていたチリとの緊張関係によるのではなかったのだ。それゆえ、物価水準を切り下げようとする通貨政策はようやく解消されたのである。私のパンフレット『アルゼンチンの通貨問題』で行った提案と調和するような新政策が策定された」

「この新しい通貨政策が実施されるまで、貨幣の総供給量の三分の二（三億ペソのうち二億ペソ）が銀行で遊休していたのである。商業や貿易、工業、農業に従事する誰もが、この資金を有効に活用しえなかった。これを利子付きで、あるいは利子なしでさえ有効に投資することができなかった。銀行は預金利子の支払を停止した。しかし物価水準の引き下げ政策が放棄されたとき、退蔵貨幣はすみやかに流通に還流した。この政策転換によってアルゼンチンの偉大な興隆の基礎が置かれたのである。自分が述べたように再び事物が正確に進行するのを一度でも目にすれば、私にはそれだけでよかったのである」

一九〇〇年、ゲゼルは活発な実業生活からリタイアする。スイスのレゾート・ジュネヴィーに農場を購入、そこで彼自身農民となって、六年間を過ごす。長い冬の間は経済科学の研究に従事する優雅な生活。

この時期、『貨幣と土地改革』という雑誌を発行するが、世間の反応はない。しかし例外的に誠実な知的反応に出合い、一人の友人を得る。エルンスト・フランクフルトである。彼はゲゼルの思想の先駆者ともいえ、『不労所得』、『シルバー・リバーからの手紙』という著作がある。一九〇一年、ゲゼルはスイス国営銀行法をめぐる議論に、パンフレット『スイス国営銀行の独占』を刊行して参加している。そこでの銀行政策の危険な欠陥を指摘した議論は世界大戦の勃発で正しさが証明されたといわれている。

一九〇六年、彼は主要著作『自然的経済秩序』の第一部をなす『労働全収権の実現』の発刊にこぎつける。しかし彼の仕事を中断する出来事が起こる。やはりアルゼンチンに移住していた兄弟の死に出合うのである。事業を引き継ぐために、再びブエノスアイレスに向かわねばならなくなった。

再度のアルゼンチン、ここでも活発に著作を発表する。まず、『アルゼンチンの貨幣過剰』を刊行、次いで、一緒に南米に渡った友人のフランクフルトと共著で『積極通貨政策』を発表。これは一九一一年にドイツに戻ってから『貨幣と利子の新学説』と題されて出版され、後に、『自然的経済秩序』に合冊された。

ベルリン近郊のエデンに落ち着いたゲゼルは、月刊誌『重農主義者』を発刊、大戦の勃発で発禁になるまで、その主張の宣伝に努める。

一九一五年、再びレゾート・ジュネヴィーに戻った彼は、翌年、ついに主要著作『自然的経済秩序』を完成させる。

6　資本主義でもなく共産主義でもなく

第一次世界大戦という悲劇の最中に、主著『自然的経済秩序』は出現した。この書物でようやくゲゼルは人々の積極的な反応にあう。賞賛が各界から起こった。現状に心痛め、平和を求める人々はそこに世界大戦の基礎、原因、意味、目的を読み取り、改革家や無為の空想家とは対照的なゲゼルという冷徹な頭脳に経済知識を詰め込んだ人間の、経験もあり老練にして大胆、また勇気にも理解力にもあふれたビジネスマンのメッセージを歓迎し、経済学者、科学者、産業界のリーダー、改革家、労働運動の指導者のような多くの人々がこれを天才の仕事と評価したのであった。

事業の成功とアルゼンチンにおける金融改革の成功を背景に、申し分のない知的力量をもって登場したゲゼルをもはや単なる貨幣改革家と見ることも、奇妙な新思想の持ち主とみることもできなくなった。自分の主張に耳を傾ける人たちを前にして彼は大変重要な講演を三回行っている。一九一六年、ベルリンで『金と平和』、一九一七年、チューリッヒで『自由地、平和の根本条件』、そして一九一九年、ベルリンで『デモクラシー実現後の国家機関の簡素化』である。これらはパンフレットの形でも出版された。

この時期は、彼の生涯の中で最も充実していたようだ。時代に生きるだれもが大戦の勃発を阻止できず、そこから立ち直る方途も見いだせぬ時期、これまで無視してきた人間を時代が必要とせざるをえなくなったのだ。ドイツ革命敗北後の一九二〇年五月に書かれた『自然的経済秩序』第四版序文がこの辺の事情を回顧しているので引用してみよう。

「大戦とドイツ革命は私が大戦前に書いたことを確認しただけであり、このことは理論内容についても、政治への適用についても真理である。大戦は、資本家や共産主義者、マルクス主義者に多くの反省材料を提供した。多くの、恐らくはほとんど全ての人々が自分たちの綱領を放棄し、当惑し、途方に暮れていた。ほとんどの人間が組みすべき党派がいずれか分からなかった……」

「例外なくあらゆる党派は経済綱領を欠いている。スローガンでしか結び付いていないのだ。もはや資本主義には満足できない。それは資本家自身が認めている。ボルシェヴィズムないし共産主義は、いまもってロシアの各地で見られるような社会の原始的な形態にとっては都合がよいが、しかし分業に基づいて高度に発展した経済体制に、古ぼけた経済体制を適用することはできない。ヨーロッパ人は共産主義が前提するような保護監督を必要とする年齢を超えており、自由を欲しているのだ。資本主義の搾取からばかりか、官僚的支配からも、また共産主義に基づく社会生活では避けることのできない支配からも自由になろうと望んでいる……」

そう、悲劇的事態のなかでだれもが「当惑し途方に暮れていた」。しかし「保護監督を必要としない」人々は資本主義とも共産主義とも違った方向を見いださねばならない。

7 バイエルンへ

一九一九年、ゲゼルはベルリンに滞在して第三版の準備をしていた。そこへバイエルンのホフマン政府から社会化委員会への参加要請が舞い込む。彼は直ちにミュンヘンへ向かい、そこで友人のテオフィール・クリステン博士とともに委員たちの集まるのを待ち受けた。クリステンはゲゼルの価格理論に完璧な数学的定式化を行った人で、彼と行動をともにした同志である。

四月七日、ホフマン政府の委員たちに合ったゲゼルはホフマン政府が転覆され、ギュスターヴ・ランダウアーの主導下に新政府が樹立されたことを知った。ランダウアーは周知のように革命ドイツの英雄の一人、モスクワの追随者ではない社会主義者である。ゲゼルの思想と心の底から見解をともにしていたランダウアーは、急ぎ財務担当人民委員のポストをゲゼルに提供して、こう申し出たという。

「フリーハンドが与えられています。あなたの改革を開始してください」

彼こそ、ゲゼルが経験豊かで、任務を果たそうとする準備に怠りない人間であることを認識した初めての政治家であるといってよい。ゲゼルのほうもランダウアーの思想を知っており、評価していたであろうことは、第四版序文をこう締めくくっていることから推察できる。

「自然的経済秩序は新たな秩序、人為的組み合わせではない。分業から生まれた発展は我々の貨幣制度と土地制度がその発展に対立するという障害に直面する。この障害は取り除かれなければならない。それが全てだ。自然的経済秩序はユートピアとも一時的熱狂とも無縁である。自然的経済秩序はそれ自身に立脚し、役人がいなくとも生活する力をもっており、あらゆる種類の監督と同様に国家それ自体を無用なものとする。それは我らが存在を司る自然淘汰の法則を尊重し、万人に自我の完全な発展の可能性を与えるのだ。この理念は自分自身で責任を負い、他者の支配から解放された人格の理念であり、これはシラーやステイルナー、ニーチェそしてランダウアーの理念である」

時を超えて同じドイツにエコノミストとなって出現したステイルナーといってよいか、ならばランダウアーと手を結ぶは必然。翌四月八日、さっそくゲゼルは事務所を設置、革命の歴史にユニークな第一章をしるしたのである。改革はバイエルンの日刊紙を使って、とてつもなく無秩序で崩壊し切ってしまった経済、金融の諸条件のなかでペシミズムと絶望に陥った国民に、どういう目的のために、なにを、どのように行うのかを簡潔に訴えることから始まった。彼はダイナミックな自由貨幣の方法で経済生活を運営する機構をスタートさせようとしたのである。

しかし、客観的で公明正大な解放のための行動は押しつぶされる。党派の存在である。おのが主観性を押しつけることしか知らないのが党派であるからだ。

8 圧殺されたゲゼルの闘い

四月一四日、彼が財務担当人民委員として活動を始めてからたった一週間しか経っていないこの日、ゲゼルが所属した政府はモスクワの手先の共産主義者たちによって転覆され、ランダウアーは投獄され不法にも殺害されてしまった。革命の歴史にいつも存在する共産主義者の犯罪である。

だが、ゲゼルやクリステンらは逃げなかった。計画を続行しようとし、嫉妬深く卑劣で強欲な共産主義者たちに対しても、私的所有を強制的に取り上げるのではなく、また独裁者たちの官僚機構に頼らずとも経済的正義が実現できることを納得させようとした。

しかし、共産主義者たちは、ゲゼルが、翌一五日、「全貨幣所有者への呼びかけ」を公布するのを妨害し、また、国内物価水準の安定に基づく国際為替レートの安定化のための国際会議開催の招待状の各国への送付をも妨害することで応えた。そればかりか、卑劣な殺人者たちはゲゼルにすぐさま五千万レンテンマルクを支払うよう強要した。自分の計画が実行される保証が与えられないのならとゲゼルはこれを拒否。結局、彼はそのポストから引きずりおろされた。

卑劣な独裁者たちは、伝統的なマルクス主義の教義に背くことなく、十日間のゼネストを布告することで独裁を開始した。ゲゼルが国民に十分な供給を保証すると約束して、仕事に復帰するようにと訴えたにもかかわらずにである。国民を絶望的貧困に追い込み支配するような方法で資本主義を廃止しようと試みるのと、自由貨幣がもたらす経済諸力の自由な発揮による全般的繁栄の重圧で資本主義を葬り去るのとどちらを国民は望んだことであろうか。

ほどなくして共産主義体制は血塗られた崩壊をむかえる。そしてゲゼルや同志のクリステン博士、ポレンスク教授らは共産主義者であるとの嫌疑をかけられて軍事政権に逮捕された。全員が大逆罪で告発された。

こうして第一次大戦の憎悪と悲痛と絶望の渦中で、事態を深部から永続的に転換していくことで正義と自由の時代を切り開こうとしたゲゼルの闘いは終わった。

大戦の引き起こした経済的混乱がお決まりのコースをたどったことは周知のところ。ゲゼルが予測したように、ドイツや他の諸国は荒々しいインフレの道をたどった。その後には、大規模な失業や倒産、貧困、自殺、犯罪などをもたらすデフレ危機が続いた。なにも知らない指導者たちはどこででも将来の混乱に無闇に突っ込んでいくばかりで、それがいかなる結果をもたらすかさえ知らなかった。指導者や追随者たちは暗いジャングルをさまよい、誰も脱出口を知らなかった。

法廷での、自らの弁明とスイス政府の高官らの証言者たちの証言によって、大逆罪を免れたゲゼルはミュンヘンを離れ、人類を覆った暗さが随所にあることを思い知らされた。彼は現実から一歩身を引いたが、日々の政治展開に鋭い関心を示し、ワイマールで国民議会が開催されたとき、『物価指数スライド通貨による貨幣購買力の保証』を発表、活発な著作活動を再開していくことになる。

9 敗戦後のドイツで

革命の敗北から一九三〇年、六八歳で死去するまでの、ゲゼルにとっては晩年といえる約十年間、彼は再び不当に無視された思想家の地位に退くことになる。資本主義はケインズという救済神によって生きながらえることになるが、自らを克服しようとする革命のヴイシュヌ神は背景に退けたのである。しかし彼は積極的に著述活動を継続したので、以下、主な著作を紹介しておこう。

ワイマールで開催された国民議会で民主主義者や社会主義者たちの体制が発足するが、大戦と革命から教訓を得たはずの諸党派はしかし現状を責任をもって引き受けようとはしない。無知と不見識だけが世の中を動かしており、あいかわらず人民は不況と経済危機のなかに放置され犠牲を強いられた。

今日の我々はこの体制が崩壊し、もう一つの独裁体制つまりヒットラーの独裁によって終わったという事実を知っているが、しかし当時、ファシズムとは違った危機からの脱出の方向と方法をだれが指し示していたであろうか。ゲゼルのほかにはいなかったのではないか。だが、国民議会をにらんで発表されたスライド通貨の提言は、彼の予想に違わず無視された。

だが、彼は発言を止めはしない。一九二〇年、ゲゼルの著作のなかでもとりわけ評価の高い『ドイツ通貨局、その創設のための経済、政治、金融上の前提』を発表。これは当時のドイツ帝国銀行総裁のハーフェンシュタインにあてて書かれたのであるが、これも相手にされなかった。彼は社会主義者の大蔵大臣と結託して悪名高いドイツのインフレを演出した人間である。このインフレについて、当時の当局の専門家の見解は単純なもので、価格水準が上昇すれば高価格に対する支払いのため、これに応じた貨幣供給が必要だというものであった。彼らはこのインフレで大戦によってすらわずかに残された経済的富を完全に破滅させることに成功したのである。なんということだろう。すでにゲゼルが無秩序な貨幣政策を放棄して、物価指数スライド通貨の手法を採用すべきであると提言していたのに。

ゲゼルの主張にハーフェンシュタインはこう答えたという。「私は実験に手を染めるには慎重なのだ」と。ゲゼルの提起は実験にすぎないというのだ。しかし、天文学的インフレというその時代の途方もない貨幣をめぐる実験に着手したのは、ほかならぬハーフェンシュタインであったのである。

また同じ二〇年に、ゲゼルは外国為替レートの問題を扱った『インターナショナル・ヴォルタ・アソシエーション』を発表している。

翌二一年に入ると、ゲゼルはヴェルサイユ条約が経済上の愚かしさと危険に満ちあふれていることをみてとって、『国際連盟の再編成とヴェルサイユ条約改定の提案』を公表した。これはヴェルサイユ条約を批判したケインズの有名な著作『平和の経済的帰結』や『条約の改正』とほとんど同時期に発表されたにもかかわらず、ゲゼルの著作のほうはまったく注目されなかった。また、同じ年『ドイツ国民への宣言』を発表、ドイツ国民が置かれた諸困難の解決を訴えている。

二二年には、労働者と労働組合に向けて、大変重要な『労働組合の実践指針覚書き』とよばれる二つの覚え書きを発表している。一つは通貨、国際為替レートの問題などを扱い、もう一つは資本理論について自らの理論とマルクスのそれを比較検討しており、マルクス主義に対する挑戦となっている。ゲゼルという人は実に精力的で、このほかに、『緊急事態にある独裁政権―ドイツの政治家へのアッピール』、それに愉快な風刺作品『仰天したマルクス主義者』を書いている。

二三年にも、老ゲゼルの期待がますます労働者階級にむかっていくことを示す『プロレタリアートの武装』を発表。ここで武装とはなによりもプロレタリアートが自ら自身を解放していくために、経済知識や自由地、自由貨幣という解放の武器を身につけることを意味している。また同年、おもしろいことにシュペングラーの『西欧の没落』に対して、『西洋の勃興』を著して反論している。

ゲゼル最晩年の著作のうち重要なものは、二七年に著された『国家の解体』である。ここでは反官僚主義の立場から、官僚制の徹底的な除去とそこから導かれる将来社会が議論されている。

以上にあげたのは主要な著作だけであるが、ゲゼルにはほかにも記事や論文、講演など多数の発言がある。自由経済運動の発展のなかで、これらすべてが刊行されている。
ゲゼルは頑健で病気ひとつしたことがなかったという。そうしたゲゼルもベルリン近郊のエデンで、一九三〇年三月一一日、全く突然に、肺炎でこの世を去った。六九歳の誕生日をむかえる前日であった。後には悲嘆にくれる妻と四人の子供たち、多数の支持者が残された。

〔付記〕本稿は、かつて刊行されていた月刊のミニコミ誌『リベーロ』の第一一九号（一九八五年四月一五日）から、第一四八号（一九八八年四月一五日）にかけて、『ゲゼルに眩惑』と題して連載したものである。いまの時点から見れば不十分な点が多いが、当時の問題意識などを示しているので、再録することとする。再録に当たり、章の構成を変えたほかには必要最小限の訂正しか加えていない。なお、第三章以降は、プルードンとマルクス、ゲゼル風、という題で連載していたが、『リベーロ』の刊行中止によって完結していない。これを機会に全体を書き直したいと考えている。

第二章　『自然的経済秩序』序論について

1　革命の経済学

ゲゼルの生涯は成人してからは、アルゼンチン時代、スイスでの農民時代、バイエルン革命以後の三つに大きく分けられる。そのそれぞれの時期に興味がもたれると思うが、人物についてのおおまかな知識をおさえておくことで我慢しておきたい。

これまで、自由地といい、自由貨幣といい意図的に簡単な説明すら与えないできた。理由は誤解を避けるためである。たとえば、マルクスの理論を読んで、ああ、剰余価値論か、たんなる利潤残余説か、などととらえてしまえば、さすがにマルクスにも悪かろう。同じことなのだ。ゲゼルといえばすぐにスタンプ貨幣を思い浮かべて、ふーん、めずらしいことといってるね、という程度では、これが自由貨幣の一適用形態にすぎない（第一、スタンプ貨幣の発案者はゲゼルではなく、スイスの商人ジョルジュ・ノルドマンである）ことや、ゲゼルの議論で重要な地位を占めるマイナス利子率の観念のもつ意義などに関心が及ばないのではないかと考えたからなのだ。マイナス利子率の観念についていえば、せいぜい第二次世界大戦後の、アメリカの圧倒的な金保有を背景にしたホワイト案に破れ去ったケインズ案が思いおこされる程度であろう。

我々は、ゲゼルの経済理論にどのような視角から取り組んでいったらよいのだろうか。それはあくまでも革命の経済学という視点である。こんなふうにいうと、そう僭称する経済学などいくらでもあるではないか、といわれそうだ。確かに、我々にはマルクスという四文字を乗せたそれが提供され続けてきた。そこで経済学者なる存在は革命の司祭である。無時間的時間のなかおのが舞踏に身をまかす論理はまさに摂理、これを基礎に分析された正しいはずの現状分析は革命党なるものに戦略戦術を与える。結構なことだ。しかし、革命に司祭は必要であるのか。革命という集合的営為には、青年にも、バイエルン革命におけるゲゼルのような中高年にも、男にも女にも、健常者にも障害者にも場所が与えられている。しかし、もし革命が社会・経済秩序の変更のみならず、我々の意識を支配している神秘主義をも克服するものであるならば、全知全能とおもいあがる党や司祭に占めるべき場所はないのだ。

バイエルン革命でゲゼルが果たそうとした役割は司祭的経済学者のそれとはまったく異なっている。彼は単なる老成したエコノミストとして革命に参加したのである。これは単純な事実にすぎないが、重要なことである。古典派の長期主義をひきつぐマルクスとは異なった経済学を所有せざるをえないことを意味するからである。ゲゼルは経済学において徹底した短期主義者である。そう、彼の先駆者プルードンが経済学に対してもった態度を継承しているのだ。

これから、ゲゼルの主著『自然的経済秩序』に取り組んでいこうと思う。第三版がバイエルン革命の闘士に捧げられたこの書物は大きく分けて分配論、自由地論、現存の貨幣に関する理論、自由貨幣つまりあるべき貨幣に関する理論、自由貨幣に基づいた利子理論の五部構成になっている。

まず最初に、序論を取り上げることにしよう。なぜなら、『自然的経済秩序』(Natürliche Wirtschaftsordnung)で興味深く、ゲゼル理論に立ち入るに際して好都合なのは、プルードンとマルクスを素材としたゲゼル風調理であり、この料理のもつ風味をいちばんに味わってみたいという誘惑に抵抗できないからである。ひとの良いプルードン主義者や意地の悪いマルクス主義者たちにはどうか素材が本来の調理法で料理されておらず、なじみの味に仕上がっていないからといって憤慨なさらないようお願いしておきたい。

『自然的経済秩序』の「序論」はケインズ主義者のディラードがプルードン、ゲゼル、ケインズという類似した思考の一貫した流れを析出するに際し、引き合いに出した部分である。これまた同じケインズ主義者のクラインのように経済思想の歴史においてはよく似たアイデアが登場するのはよくあることで、さして意味がある訳ではないと考えるのであれば、それまでの話。しかしここでのゲゼルのプルードンに対する評価は高い。プルードンとの親近性を推察させるにこれだけで十分なほどである。世間では、どうやら、ブルードンとマルクスは逆の値動きをするらしい。ギュルヴィッチが指摘するように、マルクスの株が上がる時はプルードンの株が下がり、プルードンの株が上昇すればマルクスの株は下降する、ようだ。ゲゼルもこの例にもれないのか、ブルードン株上昇のケースかと一見して思い込まされてしまうほどなのだ。だが果たしてどうだろう。

序論はブルードンの『所有に関する第二覚書』からの引用を掲げることより始まっている。資本の調達コストに関してゼロ利子率を表明している部分である。解釈につき議論されねばならない点は多いが、まずはこの前菜、少し長いが目の前に出してもらおうか。

2 序論

労働の雇用者たちに現行利子率の半分で貨幣資本が供給されるならば、資本のその他のあらゆる種類の報酬も半減されることであろう。例えば、家屋を新築するために借入れた資金につき建設業者が支払った利子以上の賃料を家屋がもたらす場合、あるいはまた、林野を開墾するのに費された貨幣の利子が等しく優良な農地の地代より少ない場合、競争は家屋と農地の賃料を、縮少された貨幣利子の、つまり『追加価値』の縮少をもたらす水準にまで切り下げるはずである。なぜなら、実物資本を減価させる、別な風に言うなら、賃金のために追加価値を縮少させる最も確実な方法は、明らかに追加的な実物資本を創造し、運用することであるからだ。政治経済学の法則によると、増加した資本の産出はまた、労働者に提供される資本の総量をも増大させる。従って賃金を上昇させ、最終的には利子をゼロにまで切り下げるであろう。

（プルードン、『第二覚書』）

いわゆる剰余価値、あるいは利子とも経済的賃料とも呼ばれる不労収得の廃止はあらゆる社会主義運動の直接の経済目的である。この目的を達成するために一般に提案されている方法は生産の国有化あるいは社会化の形をとった共産主義である。私について言えば、資本の性格を探求するなかで、この問題の別の解決の可能性を指摘したただ一人の社会主義者、ピエール・ジョゼフ・プルードンを知っている。生産の国有化の支持者たちは生産手段の性格がこれを必要とするとの口実でこれを弁護している。言うまでもないことではあるが、ふつう無造作に、生産手段の所有がどのような状況においても必然的に、資本家に労働者との賃金をめぐる交渉で優位性を与え、「剰余価値」ないし資本利子によって表現され、また永遠に表現されるべき優越性を与えるはずであると主張される。プルードンのほかにはだれも、いまある家屋にくわえて新しい家屋を、またすでに確立している産業にくわえて新しい産業を建設するという方法によるだけで、現在明らかに所有者の側にある優越性が持たざる者の側に変更されうるということを想像しえなかった。

五〇年以上も前にプルードンは、間断なき勤労が効果的に資本を攻撃し、打ち倒す唯一の方法であることを社会主義者たちに示したのである。しかしこの真理は今日に至るもほとんど理解されていない。

もちろん、プルードンは完全に忘れ去られてしまった訳ではない。しかしだれも彼を完全に理解してこなかった。彼の勧告が理解され、実行されていたならば、今日、資本のごときものは存在していないであろう。彼が方法（交換銀行）で間違いを犯したということから、全体としての彼の理論が信用を失ったのである。

マルクスの資本理論はどのようにしてプルードンの理論を駆逐し、共産主義的社会主義に極度の支配権を与えるのに成功したのであろうか。どうしてマルクスと彼の理論は世界のどこでも出版物で言及されるのであろうか。人によってはマルクスの理論の無能性と無害性とを理由にあげている。「いかなる資本家もキリストの教義を恐れないのと全く同様に、彼の理論を恐れはしない。可能な限り広い範囲にわたってマルクスとキリストが議論したことは、全く資本にとって好都合なことなのである。なぜならマルクスは決して資本にダメージを与えはしないからだ。しかしプルードンには油断するな。彼については見ることも耳を傾けることもしない方が良い。彼は危険なやつなのだ。労働者たちが障害も、妨害も、中断もなく仕事にとどまることができるなら、資本はほどなく資本の過剰供給によって窒息させられるであろう（財の過剰生産によって混乱させられるのではない）という彼の主義の正しさを否定する者はいないからだ。資本を攻撃するためのプルードンの示唆は危険である。なぜならそれはただちに実践されうるからだ。マルクスのプログラムは最新の機械と道具をもった訓練された今日の労働者の巨大な生産的能力について語っている。しかしマルクスはこの巨大な生産的能力を使用できはしない。ところがプルードンの掌中では、これは資本に対する破壊的な武器となる。

従って、マルクスについては、のべつまくなしにしゃべり、くどくど繰り返されるが、それはプルードンを全く確実に忘れ去ろうとするためなのだ」

私の解釈では、この見解は正しい。また、ヘンリー・ジョージの土地改革運動についても同じことが言えるのではないか。土地所有者はそれが狼の頭巾をかぶった羊であることを発見した。土地地代に対する課税は、有効な形では実行されえないし、それゆえ、この男とその改革は無害なのである。新聞はヘンリー・ジョージのユートピアを宣伝することができたし、土地改革家たちはどこでも最良の社会を信じたのである。あらゆるドイツの「土地改革論者」や穀物税を唱える空論家が単一税論者に転向した。このライオンにはキバがなく、従って、一緒にたわむれても安全である。ちょうど上流社会の人々がキリスト教の原理と遊び楽しむようにである。

マルクスの資本についての検討は最初から間違っている。

一、マルクスは通俗的な謬見に屈服しており、資本を実物的富と理解している。他方、プルードンにとっては、利子は実物的富の産物ではなく、経済状態、市場条件の産物である。

二、マルクスは剰余価値を所有権が与えた権力の濫用による略奪とみなしている。プルードンの場合、剰余価値は需要と供給の法則の問題である。

三、マルクスによれば、剰余価値は必ずプラスでなければならない。プルードンにとっては、マイナスの剰余価値が考慮されなければならない（プラスの剰余価値は供給サイドの剰余価値、すなわち資本家のそれであり、マイナスの剰余価値は労働サイドの剰余価値である）。

四、マルクスの救済策は組織を使って達成される所有せざる者の政治的大権である。プルードンの救済策は我々の生産的能力の完全な発展を妨げる障害の除去である。

五、マルクスにとっては、ストライキと危機が歓迎すべき出来事であり、搾取者たちに対する最終的な強制的搾取が終末を意味する。プルードンの場合はこうである。だれも自分自身で仕事をやめようとは思わない。資本の最も強力な味方はストライキや危機、失業である。資本に対しては勤労以上に致命的なものはない。

六、マルクスはこう主張する。ストライキと危機が諸君をその目標へと向かわせる。大崩壊が諸君にパラダイスをもたらすのだと。プルードンは言う。そうではない。それはペテンだ。それは諸君をその目標から遠ざけるたぐいの方法である。このような方法では、利子の一パーセントさえもくすねることもできないであろう、と。

七、マルクスにとって私的所有権は権力および大権を意味している。反対にプルードンはこの大権が貨幣に根拠を有しており、変革された条件下では、私的所有の権力は弱点へと転換されるであろうと認識している。

マルクスが主張するように資本が実物的な富であり、資本家にその大権を与える所有であるなら、この富へのいかなる追加も必然的に資本を強化するであろう。干し草のひとかつぎあるいは経済文献の手押し車一台分が一〇〇ポンドであるなら、ふたかつぎや二台分は正確に二〇〇ポンドでなければならない。同株に家屋が年一〇〇〇ドルの剰余価値を生むのであれば、一〇軒の家屋が付け加えられたとすると、つねにまた当然、一〇〇〇〇ドルの十倍が生み出されなければならない。これは資本が単に実物資本と仮定しての話である。

さて我々は資本が実物財のようには加算されないことを知っている。加算される資本はしばしば、すでに現存する資本の価値を減少させるからである。この真理は日々の観察で検証できる。一定の状況下で一トンの魚の価格は一〇〇トンの価格より高い場合がありうる。これほど豊富でなければ、なにが空気の価格であるのだろうか。現実には無償で手に入れているが。

3 序論・続き

さらに序論を読もう。賞味はその後で、しばらくご辛抱を。

戦争が勃発する以前のこと、ベルリン郊外の家主は家賃すなわち剰余価値の下落に絶望し、資本家の肩をもつ新聞は「労働者や請負業者の建築熱」と「住宅産業における建築伝染病の流行」(ドイツの新聞から引用)をやかましく非難した。

このことは資本の不安定な性格を明らかにしているのではないだろうか。マルクス主義者が畏怖の念を抱く資本は「建築伝染病」で死に瀕し、労働者の「建築熱」を前にして逃亡するのだ。このような状況のなかで、プルードンとマルクスはなにを勧告するのであろうか。「建築を中断せよ」とマルクスは叫ぶであろう。なぜなら、諸君が建てる家屋は、二たす二が四であるのが確実であるように、資本の権力を増大させるのだから。資本の権力は剰余価値、この場合家賃で判断される。なぜなら当然、家屋の数が多ければ多いほど資本は権力をもつことになる。それゆえ、諸君に忠告しよう。諸君の産出物を制限し、八時間労働を、また六時間労働さえも要求せよ。なぜなら、諸君が建てた家屋を増加させたし、家賃は剰余価値なのだから。従って、諸君の建築熱を抑制せよ。諸君が家を建てなければ建てないほど、安く住居が提供されるはずであるからだ。

おそらく、マルクスはこのようなナンセンスを口にすることは避けるであろう。しかし、資本を実物的富として扱うマルクスの教義は、労働者たちをこの線に沿って思考し行動するように誤り導くのである。

さて今度はプルードンに尋ねよう。「仕事をしろ。建築熱を持て。我々に建築伝染病を与えよ。労働者や雇主たちよ。諸君の掌中から奪われた鏝をそのままにしておこうなどと考えてはいけない。諸君の仕事に干渉しようとする者は誰であれ、やっつけてしまえ。家賃がいまもって剰余価値ないし資本利子の影響を受けているのに、住宅産業の建築熱や過剰生産について無駄口をたたく奴は誰だ。資本は住宅熱によって葬り去られるのだ。たかが諸君の住宅熱を満足させただけの約五年間であるのに、資本家たちは経済的苦境に陥り剰余価値の下落を嘆いている。地代はすでに四パーセントから三パーセントに、すなわち四分の一下落した。妨害されざる労働の五年間が三度もあれば、諸君は剰余価値から開放された住宅で大満足しているであろう。資本は死に瀕しており、諸君こそがその労働によって資本を滅亡へと追いやっているのだ。

真理は果てしのないナイルのぬかるみに生息するクロコダイルのようにものぐさだ。真理は永久不変であるから、時の流れに頓着せず、時代は真理にとってなにものでもない。しかし、真理には代理人がいる。人間のように死すべき運命の、常にせかされている代理人が。この代理人にとっては、タイム・イズ・マネーであり、とても忙しくまた興奮してもいる。この代理人とは誤謬のことである。誤謬は声をひそめて嘘をつく訳にはいかず、時代を変化させもする。誤謬は絶えず荒々しく戸口をたたいており、またこれに聞き入ってもいる。これが万人のやり方というものであり、誰もがそうである。まことにつまずきの石だ。

従って、プルードンがタブーであっても構いはしない。彼の論敵であるマルクスが、誤謬にとらわれながらも、真理に光が当てられるように大いに取り計らったのだ。この意味でマルクスはプルードンの代理人になったと言えるかも知れない。死せるプルードンは安らかである。彼の言葉は不朽の価値を有している。しかし、マルクスは休むことなく煽動し続けなければならない。しかしいつの日にか真理が行き渡り、マルクスの教義は人類の誤謬を集めた博物館へと追いやられるであろう。

プルードンが実際に抑圧され、忘れ去られていたにしても、資本の性格は相変わらず変更されないままである。真理は別の人間が発見するであろう。真理にとっては発見者が誰であるかはどうでもよいことだ。

この書物の著者は、プルードンが切り開いた道へと導かれ、結局、同じ結論を得ることになる。恐らく、彼がプルードンの資本理論を知らなかったことは幸運なことなのである。なぜなら、彼は自分の仕事を独立に設定することができたからである。独立性とは科学上の探求にとって最良の準備なのである。

当の著者はまた、プルードン以上に幸運である。彼はプルードンが五〇年前に発見したこと、すなわち、資本の性格を発見したし、さらにプルードンの目標とするところに至る実践的道筋をも発見したからである。結局、問題なのはこの道筋なのだ。

プルードンはこう尋ねる。なにゆえ我々には住宅や機械類や船舶が不足しているのか。貨幣がこれらの建造を制限するからである。ところで、プルードンが語っているように、「貨幣は市場の入口に配置され、だれも通行させないように命令を下す番人である。諸君が想像するような貨幣は、市場（プルードンはこの言葉で生産物の交換を理解している）の門を開ける鍵である。これは正しくない。貨幣はこれを閉じるかんぬきである」。

貨幣はたんに現存の住宅にくわえてもう一軒家屋が建設されることを許容しないに過ぎない。資本が伝統的な利子を生むのをやめればただちに、貨幣は活動を停止し、労働を妨害する。従って、貨幣は「建築伝染病」と「建築熱」に対する血清のようにふるまう。貨幣はどんな資本の増加からも資本（住宅、工場、船舶）を保護するのだ。

貨幣の妨害し、障害となる性格を発見してプルードンは、次のようなスローガンを掲げた。貨幣が享受している特権を、商品と労働を貨幣の水準にまで高めることによって、打ち倒せ。二つの特権が対立し合えば、相互に打ち消し合うからだ。現金の側にある必要以上の権威を商品に付与することによって、二つの権威を相互に均衡させるのである。

これがプルードンの理念であり、これを実践に移すために、交換銀行が設立された。誰もが知っているように、これは失敗した。

しかし、プルードンを困惑させたこの問題は容易に解決できる。習慣に従った観点つまり貨幣所有者の観点を放棄し、労働の、また商品所有者の観点で問題を考察するだけで十分なのである。観点の移行でただちに解決を得ることになる。貨幣でなく、商品が経済生活の真の基礎である。我々の富の九九パーセントまでが商品とその構成要素から成っており、貨幣はたった一パーセントである。従って、我々は商品を建設物の基礎とみなし、そのように扱うであろう。これには手を加えないのだ。我々は商品をそれが市場に現れるままにしておく。そこで何を変更できるというのだ。商品が腐敗し、壊れ、消滅するなら、そうしておこう。それが商品の性格なのである。プルードンの交換銀行を有効に組織しえたにしても、我々は新聞売り子のもつ新聞が購読者を見つけることができずに、二時間後には紙くず同然になるのを救済できない。しかも、貨幣が普遍的な蓄蔵手段であることを忘れてはいけない。交換手段として商業に役立ったあらゆる貨幣は銀行に貯蓄されることになり、再び流通に利付きで投ぜられるまでそこにとどまる。節約家の目でみて、商品を現金（金）の水準に高めるのはどうしたら可能なのか。どうしたら彼らに、物入れや物置を麦わらや本やベーコンや油や、また毛皮や肥料、ダイナマイト、磁器などで一杯にするよう説き伏せるだろうか。しかしプルードンはこれを、商品と貨幣とを同一水準に置こうとして、実際に試みたのである。プルードンは貨幣が交換手段ばかりか、蓄蔵手段でもあり、貨幣とポテト、貨幣とライム、貨幣と布きれがいかなる状況下でも節約家の物入れのなかで同一の価値物とはみなされないことを見逃した。老境に備える著者は、大きな倉庫に蓄えられた品々よりも一枚の金貨を選ぶであろう。

従って、商品を変える訳にはいかない。これは問題の与件であり、例外なく適応しなければならないものである。しかし、貨幣については詳しく考察してみよう。貨幣の側では変更が容易に実行可能なのである。貨幣は現存するような貨幣でなければならないのか。貨幣は交換の媒介物として役立つ商品以上のものでなければならないのか。火災や洪水、危機、戦争、流行の変化などの場合に、貨幣のみが損害を免れる商品であるのか。何故、商品の交換手段として役立つ貨幣が諸商品に優位しなければならないのか。この優位性とは、まさしく我々が剰余価値の原因と考え、プルードンが廃棄しようと努めた特権ではないのだろうか。従って、貨幣からその特権を取り除くべきなのだ。誰も、節約家や投機家や資本家でさえも、貨幣を市場や商店や倉庫にある他の商品よりも好ましい商品とは考えない。貨幣が商品に対する支配を放棄しようとするなら、商品の地位に降任するべきである。錆つき、傷み、損なわれ、腐食するようにしよう。病気にし、逃走させよう。死んだならば、埋蔵の費用はその保有者に支払わせよう。そうすれば我々は、このように言うことができるであろう。貨幣と商品は対等の資格を持ち、完璧に等しいと。これはプルードンが望んだことでもある。

こうした要求を商業上の用語に置き換えてみよう。商品の保有者は、保管の期間中、必ず量、質ともに損害を被る。その上、保管費用（賃貸料、保険料、警護の費用など）を支払わねばならない。これは締めて年間どれぐらいになるのか。低く見積もっても五パーセントである。

これに反して、銀行家や資本家、節約家は、所有するか借入れている貨幣についていかほどの減価見積りを借方に記入しているであろうか。シュパンダゥのジュリウス・タワーにあった戦争資金は、そこに格納されていた四十四年間の間にどれほど減価したであろうか。一ペニーも減価してはいないのだ。

こういう訳で、我々の問題に対する解答は完全に見出された。商品が保管の必要から負う損失と同様の損失を貨幣にも課すべきなのだ。そうすれば、貨幣はもはや商品に優位した物ではない。貨幣ないし商品を保有したり貯蓄したりすることになんの相違もない。貨幣と商品とは完全に等しいであろう。プルードンの問題はこのようにして解決される。人類がその力を十分に発展させることを妨げていた障害は破壊される。

この探究に社会的また政治的綱領の形式を与えようとする作業は本書の第三から第五のセクションにまわして、分配論と自由土地論のセクションから開始することにする。こうした編成で理論体系が明らかになるし、目標とするところ、つまり自然的経済秩序をいっそう鮮明にすることができる。プルードンの問題がどのように解決されたかを、どうしても知りたい読者は第三セクションから第五セクションの部分から始めて、その後で第一、第二セクションに戻ってください。

プルードンにおける国家並びに民主主義批判の基礎

はじめに

民主主義の基本原則は、これを疑う者やあからさまに批判する者を見つけるのが難しいほどに、常識化し当たり前の事実となっている。思えば、投票箱の前の平等は当然のことで、いまさら普通選挙を巡る闘いの歴史的経緯を思い起こすひとなどいはしまい。これが今後も、どのような政治体制においても、その基礎であるべきことについては、誰もが同意しているように見えるからだ。しかし他方では、平等な権利の行使である投票を行う者が減少し、投票率の低下に民主主義の危機が語られる事態を迎えることになってもいる。確かにこの現象は、かつて反議会主義を唱えたアナキストやサンジカリストにとっては歓迎すべきことかもしれない。彼らにとって、社会主義とアナキズムを分かつものは、なによりも議会に対する態度であったからだ。棄権あるいは投票の拒否が彼らの主張であり、これはたんなる無気力や無関心とは違うとされた。普通選挙は統治の手段であるから、これを拒否するところから闘いが始まるというわけだ。

特に今世紀になってから、投票の問題、代議制に対する態度は革命家たちを分化させてきたし、アナキストを他の社会主義者と分ける点でもあった。社会主義者は普通選挙が虚偽にすぎないことを有権者に明らかにせず、その政治上の達成もこれに基づいているにすぎない。それゆえアナキストには、一方では権威に対する闘い、他方で解放と自由のための闘いにおける普通選挙という支配的観念に対する闘いが二つ乍ら必要となった。現行社会で苦しむどの存在にも普通選挙がその改善をもたらすことなどなく、ただ棄権だけが取りうる態度だというのだ[1]。

ところが、社会主義者にとっては、こうした棄権の宣伝は選挙権の行使を排除し、法の制定への参加を拒否し、自分で自分自身を押さえつけているように見える。それは、資本家にとっては喜ぶべき福音であり、労働者にとっては政治的な自殺に等しい。しかしアナキストにすれば、それは、問題の一面しか見ていない。誰が見ても政治が腐敗の温床でしかないことは明白であり、議会政治では、問題はただ選出した政治家の公約を我々が忘れ去ることができるかどうかだからだ。この点では、社会主義者も他の政治家と違いはしない。大衆国家の成立は同時に現行社会に反抗する貧者の頭脳を自任する政党の発展でもあった。しかしこの革命運動への政党の導入は、G・ソレルがかつて指摘したように、「自分をプロレタリアートの代理人のように見せかける」存在を作り出したにすぎない。大衆は闘争の最初の熱狂的な時がすぎると、「平静な時にもその情熱を維持しなければならないので、選挙制度を要求する。この制度は複雑なものだから……生産するプロレタリアートの利害から分離された利害を持つ知的階級を作り出すように働く。これはまたプロレタリア革命に対するブルジョア的形態の防御を強化する。……我々が多くの事例に見るのは、革命の宣伝家が政治の世界に入るや極めて能力のある優れたブルジョアになるということである」[2]。長い政党政治のなかで大衆はこのことを何度も確認させられてきたのであった。

しかしアナキストは選挙のときに選挙批判をするだけで、そうでないときは活動していないようにみえたのも事実である。それは恐らく、アナキズムにとって棄権という戦術が持っていた意味に関係している。その基本的な認識は、普通選挙が信用を失った場合、それがブルジョアジーにとって統治の最良の武器ではなくなる、ということであった。したがって、アナキズムにとって棄権の問題は優れて原理上の問題という性格を帯びてしまう。候補者としても、単なる投票者としてさえも、選挙という喜劇に参加しようと考えてはならなくなるわけだ。多くのアナキストは棄権をアナルシーの原理上の問題であると捉え、その論理的帰結として、これを自らの努力の目的とするようにもなった。つまり棄権する人間を少しでも増やして行くことが信条となったのである。

だが現実には、大衆は民主制が実際は異議申し立てを受けることのない権力であり、政治家は異議申し立てを押さえこみ、多数派を占めることで自由と幸福がもたらされると吹聴しているだけだということを知っている。しかし彼らは、投票による代表制の本質を知りながらも、政治状況を見ながら相対的な有効性を測って、投票したりしなかったりしている。誰も社会の存立に係る原理上の問題などど感じていないかのようだ。多様な現実を投票というふるいにかけて一元化などできるものか、というのはかつてはアナキズムのラジカルな主張であった[3]。そこから、各種の固有の文化をもつ労働する社会が多次元的に政治的意志を決定するメカニズムを構想したのがサンジカリズムであった。しかし現在、労働の現実のなかにそうした構想の入り込む余地など存在してはいない。現実は多元的でありながらも関連を欠いていることに何の痛痒を感じていないかのようだ。民主主義が虚構であるにしてもそれに変わる観念が意識に持ち来されていない。

いま、急速に進む情報技術革命は社会とその労働の姿を変えていっている。[4]「労働する社会において中心は至るところにあり、周辺はどの部分でもない。労働者たちが存在するのではない。無限にまで多様化したただ一つの労働する存在があるのである。[5]」かつてプルードンがこう指摘することで、労働する社会に見ようとした多中心的な組織構造は、全く違った技術基盤の上に立ってインターネットなどの中に出現してきている。ネットワークには特権的な中心は存在せず、周辺が中心であり同時に中心が周辺でもある関係、その外部に上位する統治主体を欠いた関係、これのもつ革新性は情報セキュリティと暗号化をめぐるネットワークと米国政府との対立が象徴している。少し前、英国の『エコノミスト』誌が深化する情報技術革命を踏まえて、代表制民主主義の変更可能性を議論していたが、コストなどの社会的要素を考えれば無理な指摘ではあるが、議論がでること自体は決して無理ではない時代になってきている。来るべき世紀は今世紀自明であった政治制度を検討しなおす時代になるのかもしれない。ちょうど一九世紀には普通選挙が一大問題であったように。民主主義の将来はわからない。それが変化するにしろそうでないにしろ、自明性に懐疑がもたれるときは、それが生れた時代を振り返ってみるのがよい。アナキズムが政治制度を原理的に捉えざるをえなかった理由を尋ねることにもなんらかの価値があるのかもしれない。ここでは、アナキストの信条の一つの源流ともいえるプルードンの議論に立ち帰ってみることとしたい。

（1）Grave, Jean, *L'anarchie*, Librairie STOCK, 1924, pp.79-102.

（2）Sorel, Georges, *La décomposition du marxisme*, troisième édition, Marcel Rivière, Paris, s. d., pp.27-28.
（3）こうした主張のプルードンに即した研究については以下を参照のこと。La Torre, Massimo, *Proudhon e il pluralismo*, Volontà, anno XXXVI N.3, 1982.
（4）拙稿、「情報技術革命の悪夢とユートピア」（図書新聞、95年5月20日、2246号）参照。
（5）Proudhon, P. J., *Carnet*, Marcel Rivière, 1961, t.2, p.39.

一　国家批判とアナルシー

プルードンは小国の国家連合を理想としていた点でルソーと類似するところがあるのかもしれない。しかし他方ではルソー流の民主主義の虚構性を批判し、民主的で、社会的な共和制を提起した(1)。これはどのような政治上の形式主義とも違う。彼は政治上の転覆には何の信頼も寄せてはいなかった。一つの階級の別の階級に対する反抗をもたらすだけだからだ。問題は社会主義を実現することで、それは彼にとって普遍的和解であり、社会問題を解決することによる連合的な共和制の実現でもあった。この観念の成立には政治的国家と政治的民主主義の批判を通したアナルシーの立場の確立が大いに与っていたように見える。

『租税の理論』でプルードンがいうように「社会は政府を構成するという条件でしか存続しない(2)」訳だから、この社会や国家という res publica（公共の事項、国家）を彼がどう捉えようとしていたかは政治や民主主義に対するその基本的な立場の基礎的部分をなしているはずだ。そこでまずプルードンにあって res publica（国家）がいかなる問題設定において扱われたのかを問題としてみたい。その際、プルードンの議論を、とりわけ、七月王政の崩壊、二月革命の時期のそれを取り上げて考えていくという形にしたい。なぜならこの時期のプルードンが自ら発行する新聞紙上で行った論争的議論が理論的示唆に富んでいるように思われるからである。

七月王政期、二月革命から第二帝政の成立に至る時期は、フランス産業革命の発展期であり、金融貴族の改革つまり信用の民主化による産業資本主義の発展の時期でもあるが、同時にその過程に恐慌と革命という激動を内に含んだ時代でもあったことは周知のところである。この時代、社会主義者たちや経済学者たちばかりでなく、誰もがおのれの原理と思想を問われていた。プルードンも例外ではない。ましてや彼は「社会主義者たちの教義が人民を救済するのに無力」であると考え、「記述的で慣習に囚われた政治経済学」も「社会主義と同様に現状において不妊である」とし、また、「独裁、クーデタ、あらゆる革命的便法も普遍的麻痺に対して無力である」と考えていたのである。彼は積極的におのれの主張を展開し、革命に方向を与えねばならなかった。「私は我々のいる状況に社会経済の理論的研究を適用しうることを提起するのに躊躇しはしない(3)」と考えざるをえない状況にいたのである。プルードンは二月二七日以来、自らが発行する『人民の代表』紙を使って、自分の思想を宣伝し、闘った。三月二二日と二六日には、闘争に二冊の仮綴本『社会問題の解決』を投じ、三月三一日には『信用と流通の組織』を提供した。六月四日にはセーヌ県の代議士に補欠選挙で選出されていくことにもなる。

「二月革命は主要な二つの問題を提起した。一つは経済問題であり、労働と所有のそれである。もう一つは政治問題であり、政府あるいは国家のそれである」[4]。プルードンのみるところ、恐慌と革命は政治と経済とを同時に問題としていた。この二領域における革命をいかになすべきか。一八四六年に出版された『経済的諸矛盾の体系』までの理論的研究は、プルードンの弟子にして友人であった経済学者のA・ダリモンにいわせれば、「彼の任務の半分しか果たしていない」のであり、「いかにして労働と資本との間に平等を打ち立て」「どうしたら権威の原理の活動が破棄され、絶対的自由の体制が導かれるのか」[5]が課題となっている。進行する革命の中で、その現実の中で、彼はこれまでの理論の適用を提起しなければならない。この適用は信用と流通の組織化[6]による経済革命として主張されることとなる。プルードンによれば、無償信用と資本家の労働者への解消、現行の租税体系の全廃、資本に対する単一税とに要約される経済革命が当面、革命のカギであり、進行中の政治革命をも徹底させるものであった。

ところがこれは、政治革命を優先させ、社会革命を将来の目的へと押しやり、政治革命の手段性を強調することで、革命に対する国家の過渡的役割を重視するジャコバン的思考様式[7]のあらゆる社会主義者たちと彼を対立させることとなる。とりわけ、ルイ・ブランとの対立は決定的なものであった[8]。プルードンは経済領域での変革については社会主義者たちは「ほとんど一致している」という。しかし問題は政治革命の捉え方にある。あるいは、政治革命と経済革命の把握の仕方にある。国家権力を「血と命」とする、「国家を取り上げてしまえば死んだ人間である」[9]と説くルイ・ブランは経済領域における変革と政治におけるそれを切り離したうえで[10]、国家による革命を説き、国家の形態を全人民の国家として提起するのである。

ここでプルードンにならってその議論を要約すれば次のようになる。「国家とはなにか」、「国家は君主制の体制下では、一人の人間の権力、一者の圧政である。国家は寡頭政治体制下では少人数の人間の権力、少数者の圧政である。国家は貴族政治の体制下では一階級の権力、数人の圧政である。無政府的な体制下では、国家は最も知力あり強力な第一人者の権力であり、カオスの中での圧政である。民主主義体制下においては、国家は被選出者によって奉仕される全人民の権力、自由の支配である」と。(11)

臨時政府の閣僚ルイ・ブランは普通選挙によって実現された共和政体を全人民に奉仕する国家と考え、国家の《支配者―国家》から《奉仕者―国家》への変革を政治革命と考えるのである。彼にあっては、この国家が強力な指導力を発揮して、国営工場を建設して労働者に生産手段を与え、また、国営銀行を創設し国家による信用供与を実行し、アソシアシオン（協同体）の体制を実現するはずであった。

ところが、「経済革命によって」「国家は完全に消滅しなければならず」、「この国家の消滅は信用の組織化と租税改革の必然的帰結である」と考え、「政府は次第に無用で不可能なものとなる」(12)とするプルードンよりすると、ルイ・ブランには国家と社会に関する基本的な考察が欠落している。《支配者―国家》を《奉仕者―国家》へという考え方には、「事物を変えるのに言葉を転換する」(13)ことで満足してしまう態度がある。プルードンによれば、問題は次のような問いに解答を与えることでなければならない。「労働と資本の問題が解決されたとき、なお国家は存在しなければならないのか、別言すれば、現在までそうであったように、我々は社会的構成の外部につねに政治的構成をもたねばならないのか[14]」。プルードンの解答ははっきりしている。「ひとたび資本と労働が同一化されると、社会は自ら自身で存続し、もはや政府を必要としない[15]」と。しかしその理由が問われねばならない。すなわち、プルードンの国家と社会、統治をめぐる両者の関係に関する見解が明確でなければならない。

先きのルイ・ブランの国家の規定は、君主制、寡頭政治体制、貴族制、民主制、無政府体制という用語で国家を形容しているにすぎない。プルードンはこの考えの源泉にはアリストテレスがいることを見抜いている。「アリストテレスは、アルケー（arché）、権威、政府、国家によって表現されるような、国家の異なった諸形態を[16]」、monos, oligoi, aristoi, dêmos などの言葉で表現し区別したのである。従って問題なのは、権威や統治、それに多義的な意味をもつアルケー[17]を問題とするのでなければならない。しかしルイ・ブランはアリストテレスが国家の諸形態を区別した議論をもって、「国家とはなにか」の解答に代えているのである。

アルケーとはアルシーと同義であるから、支配という意味に理解してもよい。ア・ナルシーとは無支配を示し、したがってアナルシスムは無支配主義と訳してもよいということは知られている。そして支配は同時に支配の主体と客体との関係をも示している。この関係を表現するものが統治(gouvernement）である。プルードンはこの支配、統治を示すアルケーを問うのでなければ国家とはなにかに解答を与えられないと考える。

「国家は社会的権力（puissance）の外的構成（constitution EXTÉREURE）である[18]」。これがプルードンの規定である。つまりアルケーを問うことのなかにすでに解答が含まれている。国家は社会との関連において問題にされるとき、その本質をさらけだす。「その（社会の）権力と主権性のかかる外的構成によって、人民はみずから自身でおのれを統治しない[19]」。つまり社会が本来もっている集合的能力（puissance collective）が外的構成をとることによって、社会がおのれの外部に統治主体たる国家を疎外し、あわせて、そのことによって社会自身はおのれの統治主体である性格を喪失し、統治の客体へと転落しているのである。したがって「ギリシア人がアルケーとよんだ政府（gouvernement）は……社会と呼ばれる集合的存在が、個体的人格に与えられている、自分自身でおのれを統治し、思考し、行動するのと似た仕方でそうしえないという仮説に基づいている……[20]」ということである。

　ここからプルードンにとって国家とは統治の問題であり、革命とは統治能力の問題であるということが理解されよう。彼の見るところ、社会の統治能力が外的構成に外化されている事態のなかで、「社会を自律的状態（état d'autonomie）に導くこと[21]」が必要である。外的構成たる国家に対しては、宗教、所有ともどもプルードンは鋭い批判を展開してきた。だが進行中の革命のなかで、一歩進んで、社会に自律性を回復させることが必要となる。国家をいかに変革し、それをどう実現していくのか。絶対王制から代表民主制まで歩を進めてきた政治的秩序の更なる変革とはなにか。それはまた経済革命といかなる関連にたつのか。つまり、「社会がそれ自身でその意識と所有（possession）に達する」には、いかなる「自由への過渡期あるいは諸段階」「政治的諸階悌[22]」をたどらなければならないのか。

（1）Guy-Grand, Georges, *L'avenir de la démocratie*, Marcel Rivière, 1928, p.112.
（2）Proudhon, P. J., *Theorie de l'impôt*, Flammarion, p.10.
（3）Proudhon, P. J., *Œuvre complètes*, T.18, Lacroix, pp.89-90.

（4）*Œuvre complètes*, t.19, Lacroix, p.7.
（5）*Ibid.*, pp.135-136.
（6）これは具体的には交換銀行論、人民銀行論などとして主張される。さし当たり以下を参照のこと。拙稿、「ゲゼルに眩惑」、月刊「リベーロ」一一九号—一四八号、八五年四月—八八年四月。交換銀行についてはいくつかの研究があるが、プルードン以後の理論的発展まで見通しているものとして、Wegelin, Walter, *Tauschsozialismus und Freigeld*, Schweitzer Verlag, 1921. を、また、現代的関心からの研究として、Suhr, Dieter, *Befreiung der Marktwirtschaft vom Kapitalismus*, Basis Verlag, 1986. を参照のこと。
（7）Proudhon, P. J., *Les confessions d'un révolutionnaire*, Garnier Frères, 1851, pp.31-39.
（8）拙稿「国有化と自主管理」（『アナキズム』第一五号、所収）を参照のこと。
（9）*Œuvre complètes*, t.19, Lacroix, p.6.
（10）こうした考え方はルイ・ブランの著作の随所に見られる。特に信用改革というプルードンが経済革命の中心に据えた議論に対しては、個人主義と競争の体制において資本利子を廃止することは不可能であり、協同体（アソシアシオン）の体制の外では、無償信用ないし信用の民主的組織は幻想であること、無償信用はただ協同体によってのみ実現されうることを主張している。ここで協同体とは国家の指導によって作られる国有のものが考えられているし、国家によって信用が与えられる点や過渡期を経る必要性（銀行の国有化）をも強調している。ここでは国家による革命の対象としてしか経済革命の課題が考えられていない。
（11）*Œuvre complètes*, t.19, Lacroix, p.10.

（12）（13）*Ibid.*, p.8.
（14）（15）*Ibid.*, p.9.
（16）*Ibid.*, p.10.
（17）アルケーという観念の多義性や変遷については、例えば、The encyclopedia of philosophy, ed, Paul Edward, Vol. I, pp.145-146. 参照。
（18）*Œuvre completes*, t.19, Lacroix, p.11.
（19）*Ibid.*, p.11.
（20）（21）（22）*Ibid.*, p.12.

二　統治と社会的意識

プルードンは、アリストテレス流の国家形態分類論に対する批判から、〈社会―国家〉の枠組の中で統治のあり方を問う視角を確立しようとする。そしてアルケーが社会がおのれ自身を自らで統治しえないという仮説に立脚することを確認した。だが、ここにはある困難ないし矛盾が存在している。なにゆえ社会はその起源よりおのれをおのれ自身で統治しえず外的な統治主体を上部に受胎してしまったのか[1]、それがまた現時点に至るや、なにゆえ、おのが統治の主体性を意識にもち来すことになるのか[2]、長い間、なにゆえ社会的意識は外的な統治主体を正当なものとして受けいれていたのか、という問いを避けて通れないからである。そこで社会と社会を活動的主体たらしめる社会的意識の歴史的変遷を検討しておく必要がでてくる。この作業を抜きにしては先に進むことができない。プルードンはすでにこうした作業を一八四三年の『人類における秩序の創造』ならびに一八四六年の『経済的諸矛盾の体係』の、とりわけ「プロローグ」と「経済科学」の章で行っている。だがここでは、一八四九年一一月五日付の『人民の声』紙上の論文、「政府とはなにか、神とはなにか[3]」を検討することとしたい。

この矛盾、統治主体をめぐる転倒性ないし疎外は、人類が長い間、もっとも完全な宗教を追い求めてきたのと同様に、最良の政府形態を追い求めてきたという社会的意識の有り方そのものに含くまれている。最良の政府形態という観念自体が「矛盾した観念」であることを確認する必要がある。正立していると思い込んでいる観念を逆立したものと捉え返し、転倒すること、人類史がいまや、「問題がどうしたら我々がもっとも良く統治されるかを知ることではなく、いかにしたらもっとも自由であるかを知ることである[4]」という段階にあることを確認し、これまでの人類の自然成長的諸発現の総体を捉え返し正立せしめること、人類の社会的意識の逆立性を認識しうる地平にたつことが必要である。つまり、プルードンは国家という諸個人に上位する人格を必然なものとしたこれまでの社会的意識の有り方を歴史的に総括する必要にせまられている。

そこでまず、宗教に関する議論から取り上げよう。すでにプルードンは宗教に簡潔な定義を与えていた。「私は、本能的で象徴的な社会が普遍的秩序についてその見解を表す簡略な表現を宗教とよぶ。別言すれば、宗教は人間の諸関係の総和、文明化の揺籃、人間の中に存在するイメージ、宇宙と神、至高の組織者である。より控えめに見れば、宗教はあらゆることについて真理の前兆である[5]」と。ここでは宗教が社会がおのれ自身を意識的に領有し主体として成立せしめる最初の形式であることが主張されている。「どの人民においても変らぬ仕方で人間精神が確認すること」は、「創造者への崇拝行為」が「思考（PENSÉE）に次いで」「わが種の主要な属性」(6)であり、このことによって人類は社会としての主体的歩みを開始したことが理解される。(7)

さて、人間は「神とはなにか」と問うことによっておのれ自身が何であるかを問う。従って、この初発の問いは、神と人類との間の諸関係の体系への関心を呼び起こすから、数ある宗教のなかで、最良の宗教とはなにかを併せて問題とする。だがプルードンによればこれらに可能な回答はない。「神性の定義は知性の範囲外」であるからであり、人間は「迷信から迷信へと漂う」ほかなかったのである。「神性の本質と属性の問題は……人類をその起源以来、責めさいなんだのである。(8)」

おのれを疎外された形で諒解しようとする人間には可能な回答がなかった。従って、宗教は、「神を理解せず、それを否定する党派にたつ少数の人間たち」すなわち無神論を分泌せざるをえない。しかし無神論は、「つねに存続している」「至高の存在に対する自然発生的信仰という否定しがたい始源的事実(9)」を克服するものではない。

そこで重要な地位にたつのがカントである。「彼はもはや……神とはなにか、なにが真の宗教かと自問することはない」。「事実（fait）の問題よりも形式（forme）の問題」と考える彼は、「宗教の中に、無限の存在の外的で超自然的な啓示ではなく、我々の悟性の現象をみる」ことになる。それゆえ、カントは、プルードンによれば、「かかる（神の）観念の伝記学を作り始める(10)」ことになる。人間がおのれに与えた問いの回答不可能性とそのことの自覚による断念（カント）までのうちに見なければならぬこと、それは、「我々が神の中に探求し、見るものが、絶えず我々の想像力が膨らませる幻想的な本質であり、まったく我々の精神が作りあげる観念に依拠している[11]」ということであり、「神学者が彼が教示するドグマの中で追求するものが」「我々の集合的で個体的な自然発生性の法則である[12]」ということである。ここでプルードンは宗教によっておのが諒解をなす社会の自然発生的一段階をみ、あわせて宗教の本質を把握することに成功している。「それ（人間の魂）はおのれをおのれ自身の外部で認識する。あたかもそれが向き合った位置にいる、異なった存在であるかのように。神と呼ばれるのはこの逆立したイメージなのである[13]。」

かかる見地に立ってこそ、「道徳、正義、秩序、法がもはや高みから啓示され……創造者によってわが自由な意思に課せられるものではないこと[14]」が認識されるばかりでなく、「宗教と社会という……二つの用語が同義のものである[15]」ことが理解される。この見解の重要性はプルードンが、「カトリシスムと社会主義は形式でしか異なっていない[16]」というときにもっとも良く示される。つまり、無神論を表現する社会主義も、カトリシスムも共に「神への崇拝という始源的事実[17]」より始まる宗教の、従って社会の発展の一表現であるという位置づけが可能となるからである。

このように社会的自然発生性の発現として宗教を、従ってそこに表現される人類の社会的意識を把握すると、ただちにもう一つの自然発生性の発現である、ある信仰が課題化される。それは権威に対する信仰である。「人間が社会の中で集団で存在するところではどこでも、宗教の原基とともに、権力の原基、政府の奇形種がある。この事実も宗教のそれと同様に始源的で普遍的で否定しがたいものである[18]」。

権力、政府についても、宗教についてそうであったのと同じ事情が存在している。宗教の運動のなかで、人間は最良の宗教を求めた。しかしそれを決定することができず、カントは「伝記学」を作り上げるほかなかった。同様に政府についても、最良の政府形態が求められたが、「社会の起源以来続く論争は成功していない。」我々はこれまでの政府の歴史のなかに、「抑圧と恣意の実行しか[19]」経験していないのである。それゆえいまや、政府や権力という人類のもつ観念自体の正当性を問う地点に我々は来ている。従って「人間社会において、権威、権力の観念、国家と呼ばれる上級の人格の虚構[20]」が問われねばならないのである。宗教によって実は社会はおのれの本質を探求していた。同様に、社会は政治的神秘によっておのれの望むものを求める。だがここに少なくとも確認されるべきは、「政治的諸制度は、それ自身によってもそれ自身のためにも存在していない[21]」ということである。絶対論者は政府の中に、社会の器官と表現とを、空論家は治安と秩序の装置を、過激派は革命の手段をみている。だが、そこにはこのことの確認が欠けている。

「人類が宗教の中に探求し、神と呼ぶものはおのれ自身である」ように、「市民が政府の中に求め、君主、皇帝、大統領と名づけるものもまたおのれ自身であり、それは自由である[22]」とプルードンはいう。ここで自由は社会と表現しなおしても良い。「人類の外部には決して神はなく、神学的概念は意味をもたない。自由の外部では、政府は存在せず、政治的観念は価値をもたない[23]」といわれるとき、自由の外部とは社会の外部であり、社会によってこそ政府の意味が問われることが確認されねばならない。

ここにきてようやく、最良の政治形態を求めることの逆説性が理解されると同時に、社会自身がおのれ自身の統治を獲得する時代に我々がさしかかっていることが理解される。しかしここで獲得された視角から、社会史を歴史的に総括し現状を位置づける作業が残っている。それが提出されれば、具体的な革命状況におけるプルードンの国家の分析が理解されていくことになる。

（1）しかしここでは始源の問題には立ち入らない。ここではただ、社会が活動的主体としての社会〈Société en acte〉としておのれを確立すること、すなわち、非〈観念―実在〉的な分割されざる一全体（l'un）から精神と物質、主体と客体への始源分割、二元性の出生という形で成立する次第は、神に擬制化された疎外された形で宗教的教義の中に見てとれることを確認しておくにとどめる。この点について、プルードンは『経済的諸矛盾の体系』の「プロローグ」で、神名の起源に関する周知の、〈われ有り〉から〈彼有り〉ないしは〈彼は有らしめる〉への推移に関する議論を念頭において、社会の主体としての成立が同時にその始源的疎外でもあることを議論している。

（2）彼は次のような歴史的見通しに立っている。「位階制が未成熟な諸社会の条件であるように、アナルシーは成熟した社会の存在条件である。人間社会には、位階割からアナルシーへの絶えざる進歩が存在する」（*Œuvre complètes*, T.19, Lacroix, p.9）。

（3）プルードンの有名なこの論文はガルニエ・フレール刊の『一革命家の告白』の序文として収録されている。

（4）*Les confessions d'un révolutionnaire*, Garnier Frères, 1851, p.21.

（5）Proudhon, P. J., *De la création de l'ordre dans l'humanité*, Rivière, 1927, p.37.

（6）*Les confessions d'un révolutionnaire*, p.5.

（7）プルードンはこの例としてユダヤ人を挙げており、「政治体、国家の支配的部分として司祭団が出現した」ことに注目している（*De la création de l'ordre*, p.50.）

（8）*Les confessions d'un révolutionnaire*, p.6.

（9）（10）*Ibid.*, p.7.

（11）（12）（13）（14）（15）（16）（17）*Ibid.*, p.8.

（18）*Ibid.*, p.9.

（19）（20）*Ibid.*, p.10.

（21）（22）*Ibid.*, p.11.

（23）*Ibid.*, p.12.

三　人類史と永続革命

社会がおのれの本質を探求すること、つまり人間が集団を構成し、一つの集合として活動的主体となる根拠を、彼らが意識的に社会的な仕方で領有する有り方として宗教を捉え、そしてまた、活動的主体たる社会（société en acte）の渇仰の対象として権威（autorité）を確認し、アルケー（本源）そのものの疎外をみた。

しかしこれは、いまだ基本的見地の確認にすぎない。当面する、進行中の〈社会主義的な〉政治革命に対するプルードンの認識や位置づけが、これから直接でてくるという訳ではない。従って、先に確認した事情が社会の自然発生的諸展開においていかなる諸発現となって現れてきたのかを問題にしておく必要がある。だが、ア・ナルシーによって社会がおのれの有り方を主体的に意識化しうる時代にあることも同時に確認した訳であるから、人類史における諸革命を理解しうる地点にたって、これを議論するのでなければならない。したがって先決的に、革命とはなにか、そもそもプルードンにおいて、革命とはいかに理解されていたのか、を検討しておく必要がある。

実際、革命をいかに把握するかは、実践的なプルードンにとって大きな問題であった。論説「革命に祝杯を」（一八四八年一〇月一七日付『人民』紙掲載）では論敵たちの非難を意識しながら、また四九年二月一九日より連載開始の続物の論説「理論的・実践的な社会主義の論証」では詳細に、プルードンはこれを明らかにしようと努めている。

いうまでもないがプルードンにとって、論敵たちには二種類あった。一方では、彼を「革命家ではないと非難する」臨時政府の「わが民主共和制の友人」が、他方では、プルードンが「所有、家族、文明を破壊し、台無しにすることを望んでいる」として「中傷と侮蔑を浴びせる」「わがブルジョアジーの論敵たち[1]」とがである。彼はルイ・ブランのような社会主義者からも、またブルジョアジーからも非難される。プルードンはプロレタリアとブルジョアの間をうろつく小ブルジョア的位置にいたのであろうか[2]。だが表面的な政治状況における位置によって彼を性格づけるべきではない。何をもって革命と考え、何を状況の中で実践しようとしていたのかによって、それを定めるべきである。従って、プルードンとともに、社会主義者に対しては、「伝統のなかにいるのは、彼らなのか、我々なのか、本当の革命的実践のなかにいるのは、彼らなのか、我々なのか」を、ブルジョアジーに対しては、

「保守派の呼び名にもっとも良く値するのは、我々なのか、わが論敵たちなのか[3]」を検討してみなければならない。ここで核心的問題は、革命によって何が理解されるべきか、である。

プルードンは、革命について簡潔でありながら深遠な説明を与えている。「諸革命は人類における正義の継起的諸発現である。――この点から、あらゆる革命は先立つ革命にその出発点をもつということになる……。それゆえ、革命をいうことは必然的に進歩（progrès）をいうことであり、従って保守（conservation）をいうことですらある。そこから、革命は歴史において永続的であり、いわば幾つもの諸革命が存在するのではなく、ただ一つの、同一の、永続革命が存在するということになる[4]。

もしこの文言から、革命とは永続革命であるとの、空疎な確認のみが引き出されるのであれば、「理念なくして始められた[5]」革命のなかでプルードンが提起した思想と実践からなにも学ぶことはできない。まず「革命が永続的」であるとの認識が進行中の革命の渦中で獲得されていることに注意したい。彼は眼前の革命の性格を規定しなければならない。そのために、先立つ「わが父たちの[6]」大革命にとどまらず、人類史を革命の視点から捉え直し、現在の状況を位置づける必要を感じている。何が何によって革命され、それがまたなにゆえ新たな革命を必要としているのか、そしてまた、それを貫くものはなにか、これらがプルードンにとって緊急の問題であった。

彼は、「社会の歴史を一瞥して」「人類とあらゆる有機体に一般的で共通な法則である、支配的事実」に止目する。それは進歩であるというのであるが、「社会における進歩は、とくに文明化（civilisation）と呼ばれるものである」ともいう。この進歩あるいは文明化は、「諸社会の統治のなかに継起する、地球表層を構成する地層のように少しづつ諸国民の社会的（moral）かつ知的地層を蓄積する、諸原理の絶えざる出現よりなる」。かかる歴史的見地にたてば、「諸制度は滅亡せず、それは転換され、相互に扶助し、支持しあうに役立っ」ていること、そしてまた、「進歩が持続的であり、画一的ではない」こと、革命という急激な変化の時期があることが見えてくる。(7) ここで重要なのは、社会的諸制度を制度化する（institutionnaliser）期成的な主語である、諸原理である。ましてや、「革命行動が進化の系列の省略よりなる」のであれば、諸制度の変換をもたらす原理の性格が問われねばならず、それを通してその発現たる革命の質を問うことができよう。(8)

それではこうした視点から、プルードンは、これまでの歴史における永続的な革命の諸展開をいかに把握したのであろうか。

プルードンによれば、急速に原理上の転換をもたらした歴史の諸結節、つまり、「人類が今日までになしとげた諸革命には、おもに四種ある(9)」。これに、彼が「社会の基礎を転換し、文明の基軸を変えようと望み」、「労働と資本の諸関係を転倒する(10)」ものと考え、「社会革命の出発のとき(11)」と位置づける二月革命を加えると五種となる。便宜的にこれを〈五段階革命〉と名づければ、次のようになる。第一革命、「多神教的（polythéiste）あるいは神話的（mythologique）な革命」、第二革命、キリスト教革命（révolution chrétienne）あるいは一神教革命、第三革命、哲学（philosophisme）による哲学革命、第四革命、民主主義（démocratie）による政治革命、さらに来るべき社会革命、これら五種である。これら諸革命の原理上の性格は、それでは、いかに把握されるのであろうか。

多神教革命とはなにか。何を革命し、何を打ち立てたのか。プルードンが始源におく社会は、個体的フェティシスム（fétichisme individuel）あるいは原始的フェティシスム（fétichisme primitif）に立つ社会である。もちろんこの状態が社会と呼べるかどうかは、多神教革命が課題としたのが、「諸民族の区別（la distinction des nationalités）による否定的共同体を目的としていた[12]」ことを考えると、不明である。しかし、「個体的フェティシスムと野蛮状態を廃止すること」を目的としたこの革命が、それらを「国民的文化におきかえ、象徴的思想から解放し、人民を否定的共同体[13]へとさしむけ、人種の区別と自律性の原理の上に人類をはじめて組織すること[14]」に成功したことは間違いない。従ってここでは、多神教革命によって人類がはじめてナショナリティとして一個の意識的集団として成立したということが確認される。プルードンにとって多神教革命は文明化、進歩の開始と考えられているのである[15]。もちろん、かかる側面と同時にその保守的な側面、その否定相が忘れられている訳ではない。つまり、多神教は「その感覚論と特権とによって、……堕落と隷属の原理となった[16]」のである。まさに革命は進歩と保守の両面においてその性格を把握しなければならない。

この事情は、「直接の先行者である多神教と原始的フェティシスムとに同時に対立し[17]」、これらを克服しようとする、キリスト教による一神教革命をも条件づける。プルードンは、「キリストによって救済されたとき人類は堕落した」という。これが意味するのは、キリストが「救世主（Sauveur）と贖主（Rédempteur）の二重の資格、いわばわが政治的用語では保守主義者と革命家を、光栄ある使命として課せられた[18]」からである。つまり、キリストは堕落した人類の罪をあがない、ナショナリティの区別による戦争状態と隷属から人類を救済しなければならないということである。人類を救済するということが同時にその罪をあがなうことでもなければならなかった革命家キリスト。まさに、こうした形で最初の革命家キリストを成立させることで、人類はおのが堕落を維持しつづけていく。このように「世界を更新し、更新しつつそれを保守していく[19]」革命は、「先立つ革命にその出発点をもっている」。それでは、キリスト教革命は何を何へと変革したのであろうか。

「その基本的教義は神の統一性、その標語は神の前の万人の平等であった。古代の奴隷は神々の敵対性、不等性に基づいており、人種についての劣等性と戦争状態を意味していた。キリスト教は国際法と諸国民の友愛を創造した。これが偶像崇拝と奴隷状態とを同時に廃止する、その教義と標語の根拠であった[20]」。キリスト教における神の統一性と神の前の万人の平等という観念、これは、「ナショナリティの融合（fusion）によって、奴隷とカストを否定[21]」するものであった。

しかしプルードンにとって、第二革命の意義、それは「諸文化の融合」や「奴隷とカストの廃止による国際法」の創造にばかりあるのではない。重要なのは、それが「初めて、人類におのれ自身の意識を与えた[22]」点にこそある。神の統一性という観念によってではあるが、神を媒介にして人類はおのが主体性を意識的に領有したということである。これがためには多神教革命がなしとげたナショナリティの原理とその保守的側面である、奴隷状態と戦争状態をともにキリスト教革命は克服対象としなければならなかった。だが多神教革命において進歩を表現しているナショナリティを克服しようとする一神教革命の努力は、それもまた進歩であるのだろうか。

プルードンのみるところでは、そうではない。「キリスト教は、偶像崇拝的な宗教を廃止し、唯一神の崇拝を宣言しながらも、けっしてナショナリティを廃止してはいない。反対に、それは、諸国民を同じ君主に従う者、同じ共和制の市民として再結合させるべき法的諸関係を創造しつつ、その原理を認めてしまう[23]」のである。キリスト教革命は、疎外された人類の主体性のうちにナショナリティの原理を統合し完成しようとする。その意味では、先の革命では進歩を表現していた、制度化された原理をより高次にではあるが維持していくという点で、これはその保守的側面を示しているともいえる。

もちろん人類にそれ自身の意識を確立させたという点についてはその進歩的側面であることは疑問の余地はない。くわえて、神の前の万人の平等の教義が、「人間による人間の物理的かつ粗野な抑圧と、多神教思想における宗教の戦争状態と同義の、人種の戦争状態とを廃止しているだけ[24]」にしても、進歩的側面を示しているといってよい。従って、「その総体において理解された多神教はカオスであり、キリスト教は完全な体制（système）である」という性格の相違と、「二つの革命の共通性格は象徴主義と信仰、つまり人類の上位の、そして外部の神秘的原理の再認識である[25]」という両革命の関係における二側面が理解される。

ところがこのキリスト教革命という「現存した超自然的で精神主義的な革命が正義のもっとも物質的な側面、身体の解放しか表現しなかった」ことも確かである。そこに革命の進歩的側面をみようとも、「信仰の上に打ち立てられたそれが、奴隷的思考を放置し、精神であるとともに肉体であり、物質でありかつ知性である人間の解放に十分ではなかった」ことは確認しておくべきだ。「それが別の革命を必要とした[26]」ということをである。

したがって第三革命は、プルードンが「キリストの到来以後千年、彼が創設したその中で、経験したことのない動揺、新たな進歩の序曲が始まる[27]」というように、体制となったキリスト教そのものの内部で発生する。「キリスト教と多神教によって表現される宗教的時期を終らせ」、「個体的理性の権威を神の対抗的権威に引き上げる合理論的（rationaliste）時期の端緒となる[28]」哲学による革命がそれである。

一六世紀の、この哲学革命はもちろんスコラ学に始まる変化をさしている。プルードンは、「スコラ学は教会と聖書とならんで理性の権成をもった」という。「それは教義として理性の自由……、標語として理性の前の万人の平等を有した」。神の前の万人の平等から理性の前の万人の平等への転回。これは大きな質的転換である。なぜなら、「ここにその二重の本質、魂と肉体において不可侵にして自由と宣言された人間がいる」からである。また「賢者のいうように人間の運命は神の仕事を瞑想することであった。心と信仰で神を認識したあとで、人間が理性でそれを認識するときがやってきたのである。教会は人間にとつて初等教育であったが、いまや成人して高等教育を欲している[29]」ということを意味しているからでもある。

しかしなぜ他ならぬキリスト教の中で、このような転回がなされたのであろうか。逆にいえばなにゆえ「キリスト教が……哲学や理性の崇拝に先在」しなければならないのか。プルードンは「普遍的宗教は普遍的合理論に到達しなければならない」からだとしているが、なぜそうなのか。「キリスト教は社会状態を革命したように、理性を革命した」点に止目する必要がある。キリスト教革命は、「恐れなしに一つの観念を考えることに精神を慣れ」させたし、「唯一の対象に思弁を集中して、それを悟性の中に整序する」ように「人類の精神的諸力を集中化した」のである。これは次の革命への準備であった。

歴史を観察すれば、「中世の中頃から、カトリックの教義とローマに対して抵抗が組織され」たのがわかる。「スコラ学者たちによって長い間醸成され、君主たちによって支持された革命が一五世紀初め頃……現れる」。すなわちルネサンスの世紀である。この時代は「無限の意見分裂の時期であった」。信仰に属するものと科学の対象となるもの、精神的なものと世俗的なもの、聖的なものと俗的なもの、市民的権利と宗規上の権利、これらはすべて、「世界の人類による統治と摂理の統治との間の区別[30]」に還元される。

このように理性の権成と自由に立脚する哲学革命は、永遠の理性である神に対して漸進的な理性である人類を対置し、転倒した人類の意識の再転倒にむけた開始となる。しかしこの「社会を若返らせ、救済する」革命には不十分性が存在する。プルードンは、哲学革命の「自由がいまだ……個体的なものでしかない」という。彼は「公的領域に自由を確立すべき」こと、「意識から法の中へとそれを移行させるべき[31]」ことを指摘し、哲学革命の限界を確認する。

（1）Proudhon, P. J., *Œuvre complètes*, t. 17, Lacroix, p.142.

（2）K・マルクス、『哲学の貧困』参照。

（3）（4）*Ibid.*, p. 143.

（5）一八四八年二月二五日付のモーリスへの手紙でプルードンは「二月二四日は思想なくしてなされた。運動に方向を与えることが問題だ」と書いている（*CORRESPONDANCE DE P. J. PROUDHON*, t. 2, Lacroix, p.280.）

（6）*Ibid.*, p.145.

（7）「私は革命という言葉によって理解すべきことを知っている。人類の持続的で永遠な進歩における運動の並はずれた加速ということを。」（Œuvre complètes, t.18, Lacroix, p.18.）
（8）こうした議論を始めると、即座に『哲学の貧困』におけるマルクスの論難を想起する人がいる。マルクスはプルードンの議論を観念的な歴史叙述であるとして、おのれの史的唯物論的知見を対置する訳である。これに対しては、プールドンはマルクスのいうような「歴史的継起などというものはない」（*Système des Contradictions Economiques*, t.2, Rivière, p.417）とコメントし返している。しかしここでの問題は、プルードンが所有に関する三つの覚書などで社会経済的次元での歴史的な論理を組み立てている訳であるから、別問題といってよい。プルードンにとっては、渦中にある革命の性格を把握せんがために、社会的事実を構成する社会的意識の変遷を論理＝歴史的に捉え返すことが問題となっている。「実際、文明化の運動を近くで観察するものにとっては誰にでも、進歩は無限の弁証法的連鎖として現れ、普遍的歴史は長期の推論以外のものではない。革命を予見し理解するのを可能とするのは、……歴史と論理の同一性である。人類の弁証法的態度は、……たえず支配的思想に新思想を対立させることよりなる。問題は、……分析によってまたすでに確立された正当性と適法性と認容の条件のもとで、その対立物により、社会の将来を構成する原理を引き出すことのほかにはない」（*Œuvre complètes*, t.18, Lacroix, pp.28-29.）のである。プルードンにとっては、革命の神秘的必然性を社会経済の史的研究に求めることは問題ではない。革命はより実践的に社会的事実の中にあり、それを構成している思想がなによりも問題である。
（9）*Œuvre complètes*, t.18, Lacroix, p.20.
（10）*Ibid.*, pp.1-2.
（11）*Ibid.*, p.7.

（12）*Ibid.*, p.29.

（13）ここで使用されている否定的共同体は、『所有とはなにか』での歴史の論理的な三段階把握（共同体→所有→アナルシー）における共同体と同じものと考えてよい。そこでは所有によって否定される消極的意義において議論されている（『所有とはなにか』、長谷川進訳、三一書房、第五章参照）。

（14）*Ibid.*, p.20.

（15）多神教革命によって確立されるナショナリティは次のキリスト教革命によって克服されつくしてしまう訳ではない。「なによりもナショナリティは、六千年の期間に渡って、原始的諸国家の首長たちや普遍的共和制の創設者たちが繰り返した思想で」あり、当時の「ヨーロッパの一部の諸国民を扇動している思想」、「フランスの民主主義が長い間その政策の戒律として適用した」（*Ibid.*, p.20.）思想であり、この意味では社会的諸形成の基層にあって他の諸原理と結合して様々に発現する原理であり続けている。この視点はプルードンの当時のヨーロッパの状況の分析、政治的次元における連合主義の形成のなかで議論されるべきである。

（16）*Œuvre complètes*, t.17, Lacroix, p.143.

（17）*Œuvre complètes*, t.17, Lacroix, p.29.

（18）*Œuvre complètes*, t.17, Lacroix, p.143.

（19）（20）*Ibid.*, p.143.

（21）*Œuvre complètes*, t.18, Lacroix, p.29.

（22）*Ibid.*, p.20.

（23）*Ibid.*, p.20.

(24) *Ibid.*, pp.20-21.
(25) *Ibid.*, p.21.
(26) *Œuvre complètes*, t.17, Lacroix, pp.143-144.
(27) *Ibid.*, p.144.
(28) *Œuvre complètes*, t.18, Lacroix, p.29.
(29) *Œuvre complètes*, t.17, Lacroix, p.144.
(30) *Œuvre complètes*, t.18, Lacroix, pp.21-22.
(31) *Œuvre complètes*, t.17, p.144.

四　政治革命ないし民主主義の批判

プルードンは、第一、第二の革命を宗教的という共通性で括ったうえで、「第二のそれは哲学的であったが、第三の革命は政治的である。それは社会契約（CONTRAT SOCIAL）と呼ばれる(1)」という。すなわち第四革命である、政治革命あるいは「民主主義は、哲学によって描かれた理性の諸規定を政治的事柄に適用し、唯一人の、あるいは幾人かの理性に万人の理性を対立させ、人民主権のドグマを宣言して、封建制と神聖な権利である君主制に自身を対立させ、次いで個人的理性に上位する集合的ないし大衆的理性を認めて……哲学それ自体にも対立する(2)」。つまり、政治革命は、キリスト教革命と比較していえば、教義としては、神の統一性に対して人民主権、標語においては、神の前の平等に対して法の前の平等であるといえる。[3] 一七八九年の革命について、プルードンが、「誰がわが父たちによって六〇年前に革命で企てられたことを否定しよう」というように、政治革命は進歩であった。[4]

しかしプルードンは、「八九年の革命は人類の救済であった」と評価すると同時に、「八九年に正義はその最後の言葉を語っていない」という。たしかにプルードンの直面する一八四八年の現実は、「封建時代と同じように貧困で」、「精神と意識の抑圧、人間のあらゆる能力の低下」が見られ、「歴史のもっとも暗澹たる時代」であるにしても、[5] 正義が最後の言葉を語っていないとは、政治革命がすべてを解決しなかったということだけを立言している訳ではなかろう。それでは、プルードンによって政治革命とそれを導く思想はいかに分析されているのであろうか。とりわけ、哲学革命から政治革命に至る諸思想が。さて、これまでの議論のプルードン自身の要約を引用することから始めよう。

「多神教の支配下で、奴隷が作りだされ永続化された。いかなる原理の名においてか。宗教の権威において。……まさしく宗教の権威において奴隷を廃止する、キリストが出現した……。

今度はキリスト教が理性を信仰に従属させ、哲学がこれを転倒した。それは信仰を理性に従属させた……。

哲学の権威において、封建制は、万人を隷属化する。労働者をブルジョアジーに、ブルジョアジーを貴族に、貴族を君主に、君主を司祭に、司祭を死んだ文字に従属させた。……同様に哲学の権威において、八九年は万人を法に従属させ、もはや人間たちのなかに市民をしか認めない……。今日、労働は資本の思いのままである。いかにも、革命はこの秩序を転換するよう主張する。資本に対して労働の優越性と、労働者の意のままになる用具であることを認めさせせつつあるのだ……。[6]」

このように整理された諸革命の性格的な諸特徴をつかんでおく必要がある。多神教革命とキリスト教革命はプルードンによって進歩の宗教的時期と位置づけられ、「哲学と民主主義は、進歩の合理論的時期を形づくる」とされていた。宗教的、合理論的な「この二つの時期は共通の性格として主観性(subjectivité)を提供する[7]」と彼は述べる。政治革命の本質を把握するためには、プルードンのいうこの主観性が何であるかを理解しなければならない。

プルードンが哲学革命から政治革命に至る過程で重要な役割を演じ、当面する革命のなかで反革命的役割を果たしている思想と考えるものには三つある。それは、教理論(doctrinarisme)、政治経済学(économisme)、それにカトリシスムである。

教理論を取りあげよう。先に政治革命の基本的原理が人民主権であることをみた。八九年の政治革命は、「一般理性(raison générale)の権威の上に社会を構成する、つまり民主的に」社会を構成しようという目的をもっていた。「しかし、人民主権の原理を適用すること、民主主義を現実化することの不可能性が、社会の現存の経済的諸条件の中で、ほどなくして現れる[8]」ことになった、とプルードンは指摘する。つまり、人民主権の原理は政治革命の中では実現されない訳である。本質的にその目的を達成できなかった政治革命において、「だから我々は共和制の代わりに教理論をもったのである」。

ではこの教理論とはなにか。それは、「宗教と自由意志(franc arbitre)、君主制と民主制より構成された折衷主義あるいは中間論(juste milieu)」である。プルードンによればこれは、代議政体やら立憲君主制、諸権力の均衡やら多数の支配などの様々の観点で要求されたものであるという。「カトリックや合理論者、政治家たちのだれもが、……社会体制を別な形で思い描くことの、進歩において更なる一歩を踏み出すことの不可能を認めることでは意見が一致した」[9]。つまり、これまでの諸革命の中で獲得されてきた、人民主権という観念、それはあくまで神の統一性の観念の対極にあるものにすぎないのであるが、この観念、原理をこの世の秩序の中で打ち立てなければならない。しかしそれを現実化できないので、誰もが意見の一致をみ、またそうしえたのは、人民主権の原理の対極にある原理との妥協に逃れていたからである。すなわち、神の権威と人民の権威との妥協である[10]。またそうすることで、教会も合理論者も政治家たちも、「社会の経済的基礎つまり……富の分配の体制をわがもの」にしようという点でも一致しえた。教理論とはまさに政治革命の進歩的側面と旧守的な側面との妥協の理論的表現ともいえる。とすればブルジョア政治理論の諸観点が様々に提起されようが最終的には、つねにカトリシスムにいきつくほかはない。「実際、教理論者の理論は原罪のドグマに基づく神学の体系と同じものである。ルイ・ボナパルトやオディロン・バローの権威のもとでは、支配し統治するのはつねにカトリシスムであった[11]」。従って、教理論に示される神秘的権威の導入が政治革命の質を決定していることが理解されよう。プルードンのいう主観性とはかかる意味においてである。人民主権は政治革命においてはそれが真に展開さるべき場所を見出してはいない。

それでは、政治革命を支えるもう一つの原理、政治経済学はどうであろうか。プルードンは端的に、「政治経済学はカトリシスムとその教義の追認」であるという。またその「実践的論証[12]」でもあるという。なぜか。彼にとって「政治経済学は、教理論が恣意（arbitraire）の理論であり、カトリシスムが絶望のそれであり、まったく完全な体系が不条理であるように、偶然（hasard）の理論である」。プルードンによればかかる見解は人民自身が主張したものである。[13] 政治経済学の公理、自由放任、これは「各自は自分のことだけ構えばよく、他人のことなど神に任せておけ」（chacun chez soi, chacun pour soi' Dieu pour tous）とイコールであり、需要と供給、これは「天は自ら助くるものを助く」のことである。「嬰児殺しと貧困」「人間による人間の搾取」を論結する政治経済学は、実証的でも、現実的でも、真実でもないこと、これは二月革命において人民自身が宣言したことであったのだ。政治経済学がカトリシスムの教義の世俗化であることは至高の理性によって見抜かれている。それは自らを科学と考えている。だが人民はそれを否定した。「立憲君主制を転覆し普通選挙を宣言してその教義を否定した。それ（人民）は社会の統治の条件として、万人の幸福と平等を提起しつつ、……ついにはカトリシスムを否定した[14]」のである。

ところで、政治経済学が偶然の理論であるとは、なにを意味しているのであろうか。政治経済学はプルードンにおいて単純にカトリシスムと同一視されている訳ではない。それ自身は神について積極的に語ることがないように、カトリシスムとは表面上異なっている。政治経済学は「主観的創造の極限」に位置していることを確認する必要がある。つまり「偶然がその法則であり、好みがその判断であり、貧困がその神である[15]」ことは、それが経験的観察に依拠していようとも、体系的な社会の秩序の知見を提起してはいないということである。かかる意味でそれはいまだカトリシスム、教理論とともに主観的といわれざるをえない。

さて、これら諸理論を乗り越える理論をこそ、次なる革命は要求している。それは、「政治経済学に依拠しながら」も、「政治経済学を脱した」「体系的で、実証的で、論証された社会科学（science social）、事実の直接の観察と分析に基づいた科学」「現実的で、実証的で科学的な」思想、「客観性（objectivité）を性格として有する」[16]思想である。だがこれは第五革命を問題にするなかで明らかにされる。

その前に検討しておくべき事柄が存在する。それは第五革命、社会革命を真にもたらすべき原理の発現の直接の前史、直接の先行者の問題である。別言すれば第四革命における難点を共有していながら、第五革命を導こうとしている諸思想についてである。それは、サン・シモン、フーリエ、そしてルイ・ブランの思想であるが、これらの社会的性格を簡単に評価しておく必要がある。

プルードンは先行する革命の原理に対立する新た思想を客観性という概念において把握しようとしている。[17]「客観性」とは「観念の実証的で科学的性格」であるが、ここではこの視角からこれら諸思想を検討しておこう。

サン・シモンの思想についてプルードンは問う。「サン・シモン学派は実証的であったか」と。否である。サン・シモン主義は「社会における経済的諸制度と自由主義の発展に対して、宗教への傾斜から、嫌悪の念さえもっている」[18]からである。さらに先立つ既成の思想に対立をなしているかを問うてみる。この場合もまったく反対に、否である。プルードンは、「サン・シモン学派は本質的に回顧的で退行的である」という。なぜなら「キリスト教的精神主義に対するアンチテーゼとして説教の復権を提起したのち、哲学的観念論に達する代わりに、……キリスト教的心性と同様に合理論的習慣をも遠ざけて」しまったからである。また、「人民の人民による匿名の統治という純粋民主主義を肯定する代わりに、……教皇の全知全能(omniarchie papale)と封建制の再建を提案した」からでもある。従ってサン・シモン主義が「その共産主義的傾向によって」「結婚、家族、相続、自由を危険に晒し」、経済体制を変革しようとしてはいても、かかる本質を有している限り、「それが闘っているのは、……人類そのもの」ということになってしまう。それゆえ、プルードンのみるところ、サン・シモン主義は、「その抗議によっては革命的」であるが「その諸原理によって反革命的である。」

それでは、サン・シモンに次いで出現したフーリエはどうか。プルードンはフーリエを非常に評価している。彼はフーリエ以上に誰も新たな革命がもたねばならない客観的性格に関する純粋な観念をもたなかったといっている。すなわち、フーリエは「新たな科学の必要性を宣言したばかりでなく「この科学の案出者(inventeur)とまでいうのである。フーリエの弟子たちも同様で、「彼らにとって、人類は科学によって再生しなければならず、フーリエはこの再生のキリストなのである」[19]。プルードンはフーリエが革命が客観的な性格をもった科学に基づかなければならないという見地を有していることを評価するのである。そこでその内容はいかなるものか、が問題となろう[20]。しかし「今、問題なのはフーリエの体系の内在的価値の問題ではけっしてない」[21]。フーリエの思想に対しても、「既成の体系と直接に対立しているか」をみてみるべきだ。プルードンは、「フーリエの体系はそれが評価するものであれ批判するものであれ、すべてを否定し、なにものとも対立していない」という。つまり、フーリエは、「君主制的統治と民主制、労働と資本、平等と不平等、理性と信仰」という相反するものを等しく認め、また、「堕落のドグマと貧困の必然性を否定し」、そのことで「神学者と経済学者と闘う」が、「資本利子と自然的不平等を肯定し」「別の道を通って政治経済学とカトリシスムに回帰してしまう[22]」のである。従って、フーリエ思想は社会科学の構成が新たな革命にとって必要であると気づいている点では評価できるが、しかしその理論の本質的な性格において、政治革命を支える思想と決定的な対立を形成していないので不十分である。

国家による労働の組織を提起しているルイ・ブランの思想は、それではどうか。もちろんそこでもその理論の内的性格[23]は問題ではなく、その社会的性格が問題である。ルイ・ブランの思考の根底に見出されるものは、国家の諸機能が集中化されているように、農・工・商の諸機能を集中化しようという観念である。ここにあるのは、政治や国家に対する過大な評価である[24]。既成的な統治の習慣にそれは対立するものではなく、この意味では、「ルイ・ブランの体系は、教理論を持続するものでしかない」。古い政治経済学を転換し、新たな社会科学の必要性を考える立場よりすれば、これは、「専制主義と不平等の最後の砦[25]」にみえる。それではルイ・ブランの体系には評価しうる側面はないのであろうか。「サン・シモン学派は、……新たな革命の必要性を提起した。フーリエ学派は科学を要求しながら、そのことによってこの革命の客観的性格を決定した。ルイ・ブランは労働の組織を提起しつつ、その経済的性格を決定した[26]」。こうプルードンがいうように、ブランは、その思考が教理論的傾向があるとはいえ、新たな革命が経済的でなければならないと認識している限りでは評価されるのである。

しからばその経済的性格をもった革命とはいかなるものか。これに答えることが、第五革命の内容を十全に明らかにすることになる。それはプルードン自身の二月革命での実践が示すことになる。交換銀行に始まる彼の経済革命論がそれである。プルードンが真に革命的であったか否かはこれを明らかにする作業によって答えがでることになる。

（1）*Œuvre complètes*, t.17, Lacroix, p.145.

（2）*Œuvre complètes*, t.18, Lacroix, p.29.

（3）「それ（政治革命）は教義として人民主権を有し、キリスト教の教義、神の統一性の対極である」。「その標語は法の前の平等であった。それは以前その旗に書かれた神の前の平等、理性の前の平等の系である」（*Œuvre complètes*, t.17, Lacroix, p.145.）。

（4）*Ibid.*, p.145. 自由、平等、友愛をプルードンはこう理解している。「それぞれの革命で、自由は我々に正義の用具（instrument）として現れ、その基準としては平等として現れる」。「第三の名辞は正義の目的であり、この目的は友愛である」。

（5）*Ibid.*, p.145.

（6）*Ibid.*, pp.146-147.

（7）*Œuvre compleites*, t.18, Lacroix, p.31.

（8）*Ibid.*, pp.29-30.

（9）*Ibid.*, p.30.

（10）「フランス革命は、……不倶戴天の敵であるカトリシスムを公式には決して廃棄しなかった。まったく反対に、革命は神と理性とを同時に要求した。教会と哲学によって宣誓したのである……それは出版の自由、商工業の自由、あらゆる人間的自由、信仰の自由と共に、つまりは自由を否定する自由さえ宣言した。あらゆる経済改革を聖職者に課して、……カトリックは一時期、国家の宗教であった」。「革命は君主制によって象徴化された、権威の原理を廃棄せず、この原理を保持した」（*Ibid.*, p.25.）.

(11)(12) *Ibid.*, p.30.

(13)「これは二月に高らかに語った、至高の理性の結論でもある。それは二月に、公理として自由放任、……需要と供給をもつ理論を否定した。」(*Ibid.*, p.30)

(14) *Ibid.*, p.30.

(15) *Ibid.*, p31.

(16) *Ibid.*, pp.31-32.

(17)「我々はここで、オーギュスト・コント氏によって、宗教、哲学そして科学の三概念のなかで定義された人間的進化の法則をみいだすであろう」(*Ibid.*,p.32.) 実は〈五段階革命論〉の内容は、コントの人間的進化の法則を念頭において(前半部だけではあるが)構成されている『人類における秩序の創造』(一八四三年)の参照を要求している。

(18) *Ibid.*,p.32.

(19) *Ibid.*,p.33.

(20) フーリエの科学的体系の根幹に存在するのは、情念引力論と系列理論である。これらに基づいてフーリエは新たな社会構成の原理、方法を提出する。しかし社会を把握しその構成原理を考えるに情念の研究をもってなしうるかは問題である。プルードンは労働の分析こそそれに応えるものと考えている。

(21) プルードンにすれば「フーリエは空想家でしかない」(*Ibid.*,p.33.)

(22) *Ibid.*, p.34.

(23) ルイ・ブランの労働の組織の要点は、国家社会主義者にふさわしく、「唯一の生産者、唯一の分配者……となった国家に」土地、資本、労働が帰属するということである。権力は中心にあって、富の生産、流通、分配を規制する。人民はただ一つの作業所にいるがごとくすべてを生産し、ただ一つの家政におけるがごとく消費するのである（*Ibid.*,pp.34-35.）。

（24）「ルイ・ブランは経済学に触れることなしに、政治に夢中になっている」（*Ibid.*,p.35.）。

（25）*Ibid.*,p.35.

（26）*Ibid.*, pp.35-36.

Ⅱ　グローバル化の渦中で

金融のグローバル化に見る不安定な構図

はじめに

この国の金融機関が抱える不良債権の総額は金利減免債権も含めて四〇兆円ほどというのが大蔵省（現・財務省）の見積りだ。しかし、この額を信じる者など誰もいなかろう。海外の調査機関のなかには一〇〇兆円を超える数字を出しているところもあるからだ。この不良債権問題の象徴がいま処理が進められている住専問題だが、いかにもお役人と政治家が談合まがいにことを処理しようとの様子で、国民の強い反発を買っている。もともと預金者などいないノンバンクの一種の住専に財政資金を投じようとするものだからだ。バブルの頃に、いいようにノンバンクを利用して土地投機に狂奔してきた金融機関をなぜ助けなければならないのかというのは国民の素朴な感情である。

大蔵省にいわせれば、住専処理に誤ると、バブル末期に土地取引向けの融資の総量規制から外されたことをいいことに住専七社に五兆五千億円も貸しこみ地上げ融資に手を貸した農林系統金融機関には経営基盤が弱いところが多いので、取付け騒ぎが発生し、金融システム全体に累が及んだら大変だということかもしれない。一方で住専設立の母体行に負担を求めながらも、他方で、一九九五年の株価維持のPKOから低金利政策、不良債権の無税償却の検討と金融機関救済を画策し続け、住専処理では受け皿になる住専処理機構への民間金融機関の融資に預金保険機構の元本保証までつけようとしている。こうした相変わらずの銀行保護行政はとうてい国民の納得できるものではない[1]。

政府は国民の反発を少しでも和らげようと、やれ景気回復だの国際的信用だのとおよそ考えつきそうな口実に動員をかけ、ジャパンプレミアムに象徴される国際金融市場での邦銀の立場の悪化まで持ち出してくる。だが海外の目は情報開示に消極的な大蔵省や邦銀に向けられているのであって、不透明な彼らの処理策を認めてのことではないだろう。かえって事を隠蔽したままの対応が市場の不安をかき立て、グローバルに連動した金融市場に与える影響を心配しているのが実状といってよい。

もともと金融システムという信用創造を可能とする場にいる者には、それが無からの貨幣権力の創出を意味するだけに、他の経済主体に倍する自己責任があって当然だが、国民が不良債権問題の推移に見るのはバブル期の野放図な土地投機に始まり、不良債権処理での御上頼みの、どうせ政府が助けてくれるというモラルハザードである[2]。当面、国民の怒りは収まりそうにないが、それが単なる政治家や官僚の談合的解決に対するものに止まっているのであれば、引き延ばされる事の解決のなかで風化してしまう恐れもある。そこに登場する巨額の数字をみても、実体経済の中にいて数百円の賃上げ幅にしのぎをけずり、リストラに苦しむ労働者には一見無縁に見えるが、金融のあり方は私たちに大きな影響を与え続けていく。いま、金融業者とその世界について考え始めるよい機会かもしれない。

金融市場激変の端緒

金融の世界はここ数十年大きな変貌を遂げてきたので、まずこれを概観してみる必要がある。なぜなら、一九八〇年代の金融の自由化を経た今日、金融をいうことは国際という形容詞がつくそれを同時に語ることになっているからである。したがって、どの先進国でも、一九三〇年代の危機の記憶に縛られた当局によって他産業に比べ厳しい規制のもとにあった過去の金融業を前提に物を考えるわけにはいかなくなっている。国境がなくなったといわれる今日の状況とその由来を尋ねてみよう。

金融に国際が付くようになったのは一九八〇年代初めであるが、国際金融は歴史的に三つのステップを踏んできている(3)。まず、各国間における貯蓄と投資機会の偏在を理由とする十九世紀の国際金融の変化があるが、これについてはここでは触れない。一九六〇年代の国家の規制から独立したユーロ市場の成立とグローバル化というタームで表現される一九八〇年代の大きな変化に簡単に触れておくことにする。

かつてユーロ市場とかオフショアセンター、ユーロカレンシー市場という言葉で語られる、規制の網を被せられた国内市場とは区別された形の国際金融市場が成立した。ユーロカレンシー市場の起源を探すと、その出発点は一九五三年にさかのぼれる。それは政治的な理由に根ざしたものだ。朝鮮戦争と米ソの冷戦である。ソ連及び東欧諸国は米国にあるドル資産の封鎖を恐れ、これをソビエトの銀行のヨーロッパにある二つの子会社に預ける決定をした。このパリにあった子会社がテレックスで

「ユーロバンク」といわれた。それでこのドル預金をユーロドルというようになったのである。つまりユーロという表現にはヨーロッパとの直接の関係はないわけだ。この事実から当初はユーロカレンシー市場はユーロドルの市場そのものであったといえる。

また、この状況には経済的な説明もできる。一九五七年に、英国の銀行はポンド圏以外の諸国の取引へのファイナンスにポンドの活用を禁止しようとした。他の通貨が求められ、ドルが唯一その地位についたという事実がある。(4) 翌年、主要な西欧諸国は自国の通貨の対外交換性を認め、ユーロ市場の存在にとっては非常に好都合となった。

そして一九六〇年代に入るとすぐ、米国はこのユーロ市場に意図せざる刺激を与えてしまった。ケネディ大統領がドル防衛のため導入したレギュレーションQである。(5) これは銀行預金の金利を制限するもので、ドルを保有する米国の非居住者にとっては米国へ資本を送金した場合にペナルティを課されることを意味した。当然、米国以外に新たなドル市場を求めることになるが、これは社会主義諸国にとっても同様であった。そうしてユーロ市場は発展を始め、次第に他国の通貨もユーロ市場でドルと結び付いていくようになる。

こうして国家的規制から解き放たれた通貨が取引されていくなかでユーロ金融・資本市場が興隆していくことになる。ホットマネーという短期に動き回る資金ばかりか、中長期の取引がユーロ債やユーロクレジットのかたちで現れたのである。

ユーロ債についてはその市場の始まりははっきりしている。一九六三年七月一八日の米国での利子平衡税の導入がきっかけである。この金利を調整する税である利子平衡税の導入は米国人が外国債券を購入するのに課税したわけだ。その目的は米国資本の流出をくい止めることであり、また、増大する国際収支の赤字対策でもあった。これで米国内の投資家はある基準を超える利回り以外には外国債券に興味をもてなくなり、借り手には融資先を別に求めさせることとなった。これは単なる税の導入で法的な禁止ではなかったが、一九七四年に廃止されるまで、事実上、米国の外国債券市場を閉鎖状態に追い込んでいたことはよく知られている。これに対して、米国の商業銀行などが海外の借り手の信頼回復を狙ってとった対応は、そのロンドンにある子会社でドル建ての債券を発行することであった。つまり、ドル建てユーロ債の発行であった。これは成功し、ユーロ市場の発展に資していくことになる。

一九七〇年代初め、冷戦構造の中で米国が世界に垂れ流したドルは三〇〇〇億ドルにものぼるといわれている。米国の最大の輸出品はドルだ、と揶揄されるほどであったが、このドルが国際的な信用メカニズムの中で膨張し、巨額のユーロドルを形作っていくことになる[6]。そうした状況のなか、大規模な国際プロジェクトなどへの融資が、変動金利でのユーロドル建て貸付のかたちで行われるようになり、ユーロクレジット市場が成立、発展してきたと考えられている。これが注目されたのは一九七三年と一九七九年の石油危機である。国際業務を手掛ける銀行は産油国のドルの環流に乗り出したからだ。つまり、産油国の余裕資金を赤字国に融資するのに活用したというわけである。一九八〇年代に入りこの市場が低調となるや、一九八二年に第三世界の莫大な債務による危機が発生したことはよく知られている[7]。その後、市場は一九八八年に欧米企業の企業買収などの活発化でこれへの融資が要請されたことから一定の活動水準まで回復してきた。

これが金融市場の踏んだ第二ステップであり、外国為替及び国際資本市場の興隆にとってきわめて重要なものであったが、今日からみれば、市場の次のステップに比べれば、金融技術の領域でもまたリスクをカバーする技術においても、相対的に穏やかなものであった。

金融市場のグローバル化

一九八〇年代、金融市場は歴史に先例のない変化を経験する。グローバリゼイション（地球規模化）は流行語でさえあった。金融の世界は急速に、国際的に一つのものに統合されていったのである。その直接の原因は、それ以前の為替と資本管理の制限である。こうした保護主義は各国の国民経済にとっては理由のあるものであったが、経済の相互依存性の観点からは障害と受け止められた。ある国には他国における優位な投資機会に参入する動機が発生していたし、そうする実際の機会も必要であった。こうした資本市場の効率化への要求が一九八〇年代に芽生え、一九九〇年代に発展してきている。これに、一九八〇年代以降、驚異的に発展した金融技術と情報技術、通信技術の進歩が重なる。

各国で金融機関に対する規制が緩和されてゆき、国内資本市場は世界化されていった。金融商品はソフィスティケートされ、取引の戦略は地球規模のものになった。様々な資本市場の間の障害は取り除かれ、国内でも、世界的規模でも連動するものとなり、市場は世界的に統合されていったのである。この時代を彩った言葉であるグローバル化、規制緩和、証券化、非間接金融化などは金融市場のトレンドを表現していた。それが金融市場にもたらしたものは国内市場がしばしば国際市場と混同され、直接に競争するという事態であった。

しかし、それは一方では第三世界の莫大な累積債務を発生させながら進行してきたプロセスでもある。世界的に統合された金融市場が根底では実に脆弱な構造をもつにすぎないことをそれは象徴している。例えば当時よく指摘された事実を回顧してみよう。

「ほとんどのラテンアメリカ諸国は極めて高額の債務を抱えている。その輸出収入はそのおよそ半分が債務の履行のなかで消えてしまう。債務の処理が目の前に突きつけられているのだ。一九八五年三月三日、チリのサンチャゴで深刻な地震があり、チリの港湾都市のパルパライソでは二万戸の住宅が破壊され、四万戸が損害を受けた。その損害額は五〇億ドルにものぼったといわれた。この額は、チリの毎年の対外債務の金利（償却すべき負債額ではない）にあたる。新聞報道によれば、一九八六年、メキシコは毎月、六〇億ドルの金利を外国に支払った。ブラジルは一九八七年に総額で九五億ドルの債務を負った。すべてを合わせれば、発展途上国の一九八七年初めの外国に対する金利負担はおよそ八〇〇億ドルであり、債務総額は一九八七年末になると、一兆一九四〇億ドルに膨らんだ。恒常的な新規債務が継続されることで債務負担額は増加していく(8)」。

こうした事態は現在に至るも存在している(9)。一九九五年二月の為替相場の急激な変動もメキシコの累積債務に関するうわさが引き金になったことを想起するだけでもわかるであろう。一九八七年の一兆一九四〇億ドルという債務総額は、例えば、一九八九年の世界全体の年間ＧＮＰの五兆二三〇〇億ドルと比較してみればその巨額さが想像できるであろう。世界銀行の「九六年世界債務白書」によれば、現在、途上国の対外債務残高は全体でなんと前年比七・七％増の二兆六八〇〇億ドルにまで膨らんでいる。
しかし、こうした問題を根底に抱えながらも、グローバル化のプロセスは幾つもの側面での変化を通して実現してきている。それはそのそれぞれの側面において統合化された金融市場の脆弱性を示すものであるが、相互に関連しあう諸要因を法的、量的、地理的、技術的な水準で整理することができる。

まず法的水準での変化があった。それは規制緩和の動きである。先進諸国では金融部門は一九三〇年代の危機以降、厳格な規制のもとにおかれてきた。しかし一九八〇年代の初め、自由化が各国で資本市場の効率性を理由に重要視され、とりわけ米国ではこの動きは一九八一年に始まるレーガン大統領の経済政策や理念に結びついていた。その理念は簡単にいえば、経済にとって最大の問題は規制が多すぎることから生まれ、当局の介入が少なければ少ないほど、企業や消費者のパフォーマンスはよくなるというものであった。これは自由放任を実践しようとするものにすぎなかったが、銀行、金融部門は一九八二年に自由化され、他産業も例えばAT&Tが一九八四年に分割されることになった。

この銀行、金融部門の自由化は米国ばかりか他の先進工業国にとって大きなインパクトとなった。それまで金融業は他産業に比べ経済活動の自由という点で大きな違いがあった。つまり、銀行は金融商品も金利も規制の対象であったのであり、例えば一九八〇年以前の欧州では他国やユーロ市場では存在した変動金利の債券を販売することさえできなかった。また、米国やカナダ、日本などは硬直的な銀行、金融システムをもっており、投資銀行は商業銀行と同じ業務を扱えなかった。ところが、こうした古典的な銀行、金融システムに課されていた規制が経済の変化と齟齬を来していることが明白になったからである。これは現代の金融業がなによりも機会を重視するものに変貌してきていることを示している。しかしこの規制を変え、なくそうとする努力は私的部門のイニシアティブで始まったとはいえ、規制緩和の発端は当局の手によるものであった。このことは各国で程度の差はあるが、当局が改革に取り組み始めたことを示している。だが、当局の規制緩和の推進は結果的に国家の独立性を蚕食する事態を発生させざるをえなかった。グローバル化が経済活動にとって多大の影響をもつのは当然にしても、各国の経済政策に対しても同様であるからだ。つまり、各国が独立した経済政策を遂行することができにくくなっていくという問題が生まれたのである。例えば、一九九〇年代になってはっきりしてきたことだが、かつては金融政策につき中央銀行の国内での政治的独立性があったが、次第にグローバル化した市場が各国の中央銀行の経済的独立性を制約している事実は明白となっている[10]。

また、この規制緩和と法規制上の変更に加えて、二つの事情が相互依存性の程度を増大させている。一つは量的なもので、グローバルマーケットへのわが国の登場であり、もう一つは質的なもので、新たな金融技術の出現である。

国際金融シーンへのわが国の登場はその規模を一層巨大なものとした。当時、日本には積極的にグローバルマーケットに進出しようとの意図はなかったようにみえる。衆目の見るところ、それは恐らく米国が推進した政策との間のやりとりの結果である。一九八〇年代の初めに戻ってみると、わが国は大きな財政赤字を抱えており、米国も巨額の赤字を抱え始めたところであった。当時、米国の財政スタンスは一九八二年の大減税で急速に変化して行ったが、財政赤字の増加は国防支出の拡大が原因であった。この財政上の要素と消費者の旺盛な消費行動が相まって、米国では、需要に対する国内貯蓄の不足が拡大することになる。そして、この米国の財政赤字は増加し続ける。他方、日本は財政赤字削減の方針を実施する。これは現行の税率では将来予測される高齢化社会の到来による赤字を賄えないとの判断による。わが国が一方で人口の高齢化に伴い増え続ける社会保障支出を抑えようとし、他方で貯蓄率を抑制するような政策をとったことは記憶の片隅に残っていよう。これは同じ時期、ヨーロッパ諸国の多くが採用したものでもあった。

しかし内需拡大は思い通りに進まず、貯蓄率が相対的に高いまま、財政支出削減を実施したから、国内貯蓄が投資を超過することとなった。理論的に考えれば、事後的な国内貯蓄と投資の均衡化がかなり高水準の失業率で達成されることになるが、これは受け入れられるものではない。そこで強く輸出ドライブがかけられることになる。輸出産業振興のもたらしたものは、莫大な貿易黒字であるが、国内は貯蓄超過のため、どうしても海外に流出せざるをえなかった。輸出ドライブをかけることで経済拡大を図ろうとする方向へのシフトが政府にとって意図的なものであったかどうかはわからない。しかし、このシフトは米国との関わりで理解されるべきだろう。なぜなら他方には国内貯蓄の不足を増やし続ける米国が存在したからである。日本の貿易黒字は米国に吸引され、日本経済は急速に世界経済に統合されていくことになる。この海外へ向かう日本の貯蓄の動きはもちろん米国の歓迎するところである。その莫大な財政赤字にファイナンスする手段としても、国内貯蓄を上回る国内投資の超過額にファイナンスするものとしても、そうであった。日本の貯蓄の流入がなければ、一九八〇年代の米国の金利はもっと高い水準にあったであろうし、一九九〇年の米国のリセッションはもっと早く到来することになったとの見方があるくらいである。

ところで、国際的な資金フローからわが国の資金流出をみてみよう。一九七〇年代後半、主要先進諸国の純資本流出は年平均で一七五億ドル程度であった。それが一九八九年には二六九〇億ドルに増加している。したがって先進国からの純額でみた長期資本流出は莫大な規模で増加したことがわかる。この内、日本からの寄与がその二五%を下回ることはないと見積もられている。この事実はわが国を世界の金融の舞台で無視できないものにさせた。日本の資本流出は信託銀行や年金基金、生保などの活動を反映しており、わが国は、一九八〇年代を通して、その海外資産への投資を増加させ続けてきた。投資総額はその証券保有総額の一五から二〇%の範囲にあるという。このことが示しているのはわが国の主な金融機関が新たな状況に一斉に適応したということである[11]。これは一九八〇年代における金融市場国際化の大きな要因であった。将来は、わが国からの長期資本の純流出はより穏やかなものになるであろうが、国境を越える流出総量は密接に連携した市場にとっては大変大きなものである。つまり、わが国の外国市場での取引が相当巨額の資金フローを発生させ続けるからである。この資金フローが表現しているのは、わが国の金融機関がスペキュレーター[12]として投機的なポジションをとったり、アービトラジャー[13]として収益を極大化しようとしたり、大企業がヘッジャー[14]としてヘッジングを行ったりという取り組みに伴う売り買いである。日本の投資家たちの海外の公社債、主に公債であるが、その純購入額をみると、それは一九八四年に二七〇億ドルであったものが一九八九年には九四〇億ドルに増加している。これは純額である。しかし売りと買いを合わせた総取引額は一九八四年に八六〇億ドルであったが、一九八九年には三兆三千億ドルに増加している。したがって増加額の大きさはかなり人目を引くものだ。一九九〇年と九一年には、資本の純流出が急速に細ったが、総流量は僅かな減少をみたにすぎない。この事実は国際金融市場が日本の投資家との広範な相互関係をもつに至っていることを示している。[15] わが国の金融機関の巨額の不良債権処理の行方に注がれる海外の目はこうした事実を下敷きにしているといってよい。

ところで、わが国の国際金融市場への登場が与えてきた影響は、その規模に関わる、つまり量的水準でのものである。しかし、同じ時期、国際金融市場には規模の巨大化のプロセスとともに、いわば質的な変化ともいうべき一大変化が生じていた。それは情報技術並びに通信技術の驚異的な発展であり、これは金融取引から地理的な距離の隔たりという障害を取り除き、[16] さらに高度に複雑化された金融商品を提供する金融技術における革新の基礎ともなっている。

情報技術革命と金融技術の革新

わが国の金融機関は一九七〇年代からほぼ一〇年刻みで第一次オン、第二次オンと情報化投資を続け、いま第三次オンライン化の最中だ。その間、世界大の規模でも、情報技術と遠隔地通信技術の革新の成果はこの惑星を包み込むようなグローバル・メッシュ（地球規模の網の目）となって実現されてきた。この情報ネットワークは海底ケーブルや衛星で繋がれている。例えば外国銀行発行の小切手を受領したとして、それを近くの銀行に持ち込めば、世界大の銀行ネット上で清算される。[17] このように、網のように張り巡らされた金融ネット上では金融・資本取引が盛んに行われている。[18] 莫大な貨幣及び貨幣情報がいま地球上を飛び交っており、それは国民経済のなかでナショナル・フラッグを背負った通貨に慣れ親しんでいる国民にはなかなか見えにくいものだ[19]。

しかし、ネット上で、貨幣は全く新しい形態に把握されて確かに存在している。貨幣はディジタル化されて存在するのだ。光ファイバー網では光量子化され、通信回線上では電子化され、電算機のメモリに格納される場合は磁気化され、衛星回線上ではマイクロ波の形態をとっている。この新たな形態は価値移転の手段としての貨幣に新たな性格を与えている。それは貨幣や貨幣情報のフローのスピードに関係している[20]。つまり超高速で移動する貨幣や貨幣情報が存在するのである。例えば、あるトレーダーが資本取引のため、東京の証券会社のオフィスにいたとする。彼は米国にいたときと全く同じトレーディングスクリーンをみることができる。それは証券会社のオフィスにとどまらない。どの企業のトレーディングルームにいても事情は同じである。同じキーを叩けば同じ情報が手に入るし、取引が可能だ。つまり、これは各国で文化や企業経営の在り方に違いがあろうが、技術上の変化が市場参加者の間に共通の国際的な文化を出現させたことを意味している。

このことはこのシステムに、ある危険が内在することを暗示している。もともと市場は無数の参加者の多様な読みや予測、それに基づく売りや買いによって織りなされているはずだが、それとは反対に、このシステムは人々が同じ情報に容易に、そして迅速に影響され、行動し始めている事態を招来しているからである。人は容易に同じゴシップに影響されるだろうし、同じ感情、同じ判断を持ちがちだ。例えば、ニューヨークの株価の値動きに日本と米国で同じようにいらいらしたり、不安に駆られたりする感情が発生することになる。これは市場を特定方向への行き過ぎに導きやすいものだ。いま、どの国のトレーダーも大変似て来ている。トレーダーは薄い利幅でもすばやい反応でリスクテイクしているから、同じ情報フローに対する同様の反応はトレーダーの数が多いほど、またポジションのサイズが大きくなるほど、先物やオプションの変化率の標準偏差の幅（ボラティリティ）を拡大する。特にある方向へのボラティリティへの過大評価にみなが同意してしまうような場合には世界経済に実に甚大な影響を持つことになる。多くの人間が同じ情報に基づき同じ判断で一つの確率に賭けることはシステムにとってきわめて危険である。しかし情報技術がもたらしたシステムと金融技術の革新の結果である先端的金融商品の取引におけるこの矛盾は解決できないものである。この危険性を実際に知らしめたのが、一九八七年一〇月一九日の株式市場のクラッシュであった。その後プログラム売買などの見直しが行われたが、矛盾が情報技術の属性そのものに根拠を持つ限り、市場クラッシュの可能性は存在し続ける。

情報ネットワークの整備とそこを超高速に流れる貨幣並びに貨幣情報を前提に、金融技術上でもそれまでになかった新金融商品が案出されてきた[21]。それはデリバティブズの出現であり、非常に高度化されたコンピューター利用の売買戦略に関連している。これらのほとんどはヘッジングやアービトラージ（裁定取引）の戦略である。後者は価格の関係の僅かな乖離でも利用して利益を得ようとするものだ。このようなアービトラージは常に可能であり、市場で、先物市場と現物市場の価格の開きがだれの目にも明らかなとき利ざやをとるわけだ。

こうした技術は情報技術の発展がなければ不可能である。複雑化した売買状況を十分に識別するには手や計算機を使っていたのでは時間がかかりすぎてしまう。それに人手などの資源を無駄に使ってコストがかかるようでは話にならない。コンピューターがあってこその取引だ。それはナノセコンドのスピードのなかでこれを可能とする。このことはロング（ストラングル）[22]やショート（ストラドル）[23]のような合成ポジションを駆使したオプション取引を可能にする総合的な戦略の立案が僅かの時間で可能となることを意味する。そしてこれまでなかったような規模で数量的な変化の予測、計算を可能にしているのだ。今日の金融市場ではコンピューターがいつボタンを押すべきか教えてくれる。他の市場参加者より一秒でも先んじてボタンを押せば、資金が転がり込むという寸法である。

情報技術が国際的に共通した取引文化を発展させ、デリバティブズによる取引の容易さと流動性が国境を超えた金融活動の驚異的な拡大に貢献している。マーケットは世界中でよく似たものになり、また、かつてなかったほど相互に反応しあうものになっている。国民生活の視角から重要視される各国の経済の基調にどれほどの相違があろうとも、また各地の金融市場がこれにどの程度の反応を示そうが、この傾向に変わりはない。

金融の世界規模化は今日も進行し続け、証券市場の国際的な相互関連性は深まるばかりである。そこに潜在する不安定性は一九八七年のクラッシュで噴出したが、これを翌年夏、ニューヨーク連銀が分析している。これをステファン・アクシロッドが整理しているので、これを要約することで、その不安定性を再確認しておきたい[24]。

第一に、一九八七年は、それまでの統計的予測よりも主要な市場から他の市場へのより高度なボラティリティのスプレッド（開き）が顕著に大きかったということである。これは別言すれば、「市場はより迅速に反応した」ということだ。このことはこうした状況のなかでは期待されたことでもある。

米国で不安が存在するとき、日本のトレーダーはたいそう傷つけられて目覚めることになる。そしてロンドンで目覚めるときは日本と米国で人々が打撃を受けたこと知り、いっそう不安に陥っている。

第二に、「長期の観点から観察された」主要市場における株式価格の動きが一九七〇年代及びそれ以前よりも一九八〇年代になって顕著に類似してきていることである。この発展は一般に国境を越えた取引が拡大することからなっている。しかしながら、値動きの類似性が深まるといっても、それは比較的小さいとの指摘もある。このことは当然、生産性の伸び率の国による相違やインフレ率の相違が長期には市場に影響を与える余地を残していることを示している。

第三に、「ニューヨーク、東京、ロンドン」という三大証券市場にとって、国境を越えた投資が果たした役割が明確に識別されるということである。市場崩壊の間の海外証券投資は二つの事例、つまり、一〇月二〇日の東京市場での非居住者の強烈な売りとニューヨークでの一九日の英国の米国預金証書（ＡＤＲ）の価格下落により抑制された。

賭博場の不安定性

さて、こうした不安定性に加え、国際金融市場には別の不安定化要因も存在する。それはもともと金融システムに内在する問題が情報化や国際化によって異様なほどに拡大されたことに関連している。具体的には、金融ネットワーク上を流れる資金量の巨額さであり、また、デリバティブズに象徴される新式の取引技術に関わる問題である。

実際、世界の情報ネットワークを飛び交う資金量はだれも正確には把握できないという現実がある[25]。エリノア・ソロモンにいわせれば、一九八九年の年間の世界全体のGNP総額が五兆二三〇〇億ドルなのに対して一九八七年の連銀データを基に推計されたネットワーク上の資金流量は一日当たりで一兆七五〇〇億ドルにもなるという[26]。年間の数字を計算するのが恐ろしいほどだ。それに比べれば、実際の経済活動の成果を示すGNPなどの数字はとるに足らないものにみえる。しかしそれは、それぞれの国民経済のなかにいて、国境の内側で活動する我々の経済活動がそうみえるということをも意味する。国境外に追放された貨幣がなぜかくも巨大に成長してしまうのか。そこにはなにもないところから貨幣をひねりだす信用メカニズムが関係している。

教科書が教えてくれるのは、この信用創造の起源が一七世紀の英国で商人から貴金属を預託された金匠（ゴールドスミス）が発行した金地金の倉荷証券（ゴールドスミスノート）にあり、金匠が実際に保有する貴金属の量を超えてこれを表象するノートを発行したのが始まりだという事実である[27]。その後の信用経済の発展のなかで、金融業者のもつ信用創造機能は中央銀行制度の確立で、ある程度管理されるものになってきている。現在、国家が有する信用創造機能はここでは触れないが、金融機関のそれについては簡単に確認しておきたい。経済理論の上では各種の議論があるが[28]、ここではジョエル・クルツマンの簡潔な説明に依拠しよう。

国家が市中銀行を管理し、流通する貨幣量を調節する手段の一つに預金準備をさせる方法がある。例えば米国では連邦準備制度理事会はその会員銀行に平均一二％の預金準備をもつように要求する。これをもって、会員銀行は預金者がそれを引き出すのに備えるわけだ。銀行が預金準備として保有する貨幣は流通の外部にある貨幣であり、連邦準備銀行のリザーブアカウントに無利息で預金されなければならない。しかし一〇〇%の預金準備ではないので、銀行には相変わらず伝統的な貨幣創造の方法が残されている。それは預金を貸付けることによる。例えば、銀行Aが一〇〇ドルの預金を受け取り、この貨幣を口座に入れる。そのうち必要な預金準備率は一二%だから、預金として受け入れた一〇〇ドルの内、八八ドルは貸付けにまわすことができる。このとき銀行Aの帳簿には初めの一〇〇ドルが記載されている。八八ドルは顧客に貸付けてしまったのにである。この顧客はこれを銀行Bに預金する。銀行Bは新たに貸付ける現金をもつことになる。一二%ルールに従い、七七ドルを貸付ける。この七七ドルは銀行Cにいく。たった三回の取引で初めの一〇〇ドルは二六五ドルに成長した。各銀行のバランスシートには、それぞれ一〇〇ドル、八八ドル、七七ドルが記載されている。さらに回数を重ねていけばいくらになるのか。銀行システムにとっては、その金庫に貨幣をおいておくことは負債を意味する。それには利子を支払わねばならない。ところが貸し出すことは利子支払いを受けるがゆえに資産である。したがって貨幣を貸し出すのは銀行の利益である。そうして信用貨幣が作り出され、貨幣供給は成長していくことになる。つまり、貨幣が創造される仕方には魔術的ななにかがある。貨幣量は負債を通して成長する。貸付けが行われるほどにより多くの貨幣が生まれ、負債があればあるほど貨幣も存在することになる。(29)

ところが、貨幣創造が国際的になると政府の統制を受けなくなる。そして、こうした国際金融の場で取引される貨幣は、我々が日常手にしている貨幣や貨幣類似物ではなく、通信ネット上やコンピューター記憶装置に電子的にか、あるいは磁気的に情報として存在している。そうした場所でディジタル化した貨幣の信用創造が行われたらどうなるか。そのサイズにおいてもスピードにおいても驚異的なものとなる。まして、国民国家内でのように当局の規制も受けず、当然、支払いに備えた準備預金の必要もないとなれば、受け入れた預金はそのまま一〇〇％貸し出しされることになる[30]。それが快速のスピードで金融機関を飛び回っているうちにどれほどに成長していくかは想像もつかない。

このメカニズムは金融機関の権力を象徴している。これを制約するものはあるのであろうか。確かに、一般にいわれているように、「銀行の貨幣創造の力に対する制限は銀行ローンを別の融資先に変えてしまう借り手の力にある。しかし、実際上はこのような代替には重大な障害があり、借り手によっては代替的な融資先をもってはいない[31]」ものだ。

さすがに、無際限に膨らむ信用貨幣を、国際的な協調で抑制しようとの動きがでてくる。世界の中央銀行は、一九八七年、バーゼルにあるＢＩＳ（国際決済銀行）で会合をもち、協調して規制の網を被せようとした[32]。これは一九九二年のＢＩＳの第一次規制となって結実し、銀行の総資産に占める自己資本比率を八％に維持する基準が策定され、この体制が同年一二月にスタートした[33]。この総資産は貸出金のような信用リスクをとった資産や債券や株式などの短期の市場取引でのリスクテイクのような資産からなるから、この数字が果たして貸し倒れに十分相応できるものかどうかは疑わしい。それに保有外貨や株式の取引勘定などは常に市場リスクにさらされている。そこでＢＩＳ第二次規制が一九九六年一二月に実施を予定されている。これがあまりにも巨大化してしまった国際金融市場でどれほどの効果を持つかは注目されるところである。

さて、こうしたサイズの問題に加えて、先物市場で駆使される最新の取引技術が象徴するような特質が市場に与えられている。例えば、清算期日が来ても思惑が当たらなければさらにヘッジを続けるロール・オーバー（乗り換え）が示すような、けっして清算されることのない取引が存在している。ここに含まれている問題は実に重大である。

いま、世界は時代の碩学、モーリス・アレの警告に耳を傾けるべきときにきているように思われてならない。

「世界経済は今日、負債の巨大なピラミッドの上にまるごと置かれ、危うい均衡の内にお互いを支えあっている。過去これまでに、一度としてこれほどの約束手形が積み重ねられた記録はない。……世界は巨大なカジノと化し……至るところで投機が信用によって助長されている……人々は支払うことなく買い入れ、現物を手に握りもせずに売り払う……なんらの直接間接の、有効な実物担保もないまま支払いや負債が清算され、……無から生じた貨幣の創造と短期借入による資金の長期融資、これらの上に築かれた信用メカニズムは……無秩序の大きな増幅をもたらす。あらゆる大恐慌は信用、約束手形、手形決済が過度に進んだためであり、……投機のためであった。……相場が問題となるときは……実体経済の与件と投機によって決定される名目的な相場との間の乖離に直面する。……熱狂的となった投機が現に機能している信用によって認められ栄養を与えられ増幅される。これまでに一度たりともこのような投機の盛況をみたことはない。株式市場と通貨市場の刻一刻の絶え間のない値付けは信用の不安定な結果を増幅させるだけである。[34]」

（1） 拙稿「住専処理策の強行がもたらすもの」、図書新聞、第二二八九号、一九九六年四月一三日、参照。

(2)拙稿、「金融機関の救済とモラルハザード」、図書新聞、第二二六〇号、一九九五年九月二日を、また、詳しくはDaniel Goyeau, Alain Sauviat, Amine Tarazi, "*La prévention des ruées bancaires*", Revue d'économie politique, No.6 nov.-dec. 1994.を参照のこと。

(3)Claude Dufloux, Laurent Margulici, *Finance internationale et marchés de gré à gré*, Ed. Economica, 1991,pp.18-20.

(4)米国の覇権の確立との関連についてはAndrew Walter, *World power and world money*, Harvester Wheatsheaf, 1993,pp.188-189.を参照。

(5)レギュレーションQがユーロドル市場の繁栄につながった点に関しては、Rene Sandretto, *Le pouvoir & la mommaie*, Economica, 1993,p.186.を参照。

(6)Joel Kurtzman, *The Death of Money*, Little, Brown and Company, 1993,p.86.

(7)例えば、当時、経済発展を追い続けていたブラジルは、一九七八年に、ユーロクレジット市場の取り手として総貸付額のおよそ八％を占めていた。しかし変動金利の軽視が同国を苦境に追い込むこととなった。Karin Lissakers, *Banks, Borrowers, and Establishment*, Basic Books, 1993,p64.を参照。

(8)Peter, Knaue, "*Wer bezahlt den Jokervorteil?*", *in Die Neue Gesellschaft-Frankfurter Heft*, 36. Jahrgang 1989 Nr.1,S.41.

(9)第三世界から国際金融秩序を見れば、米国が地球大に広がった賭博場の胴元である。一九八〇年代、そして今日も、あれほど累積債務問題で苦しめられた発展途上の諸国も準備通貨としてドルを選好している。いや選好せざるをえない。地球上にグローバルに網の目のように張りめぐらされた金融秩序のなかで国民経済を立てていかなければならないかぎり、胴元の振り出す賭け札（ドル）が必要だ。

自分たちの通貨はソフトカレンシーにすぎず容易に国境を超えられない地位に置かれているから。こんなゲームは平等ではない、と誰しも考えるだろう。しかし、この賭場を担保しているのは米国の強大な軍事力なのだ。これに比肩しうる実力をどの国も持ち得ない限り、米国はいかなる額の貿易赤字をためようが財政赤字を増やそうがそれほど深刻に考える必要はないのかもしれない。究極的には米国の輪転機の能力にかかっているからだ。この胴元の信念は、現行の国際経済体制において、米国の事情に他の諸国は常に調子を合わせるべきだとの米国の頑迷な自信となって、各国の国民が米国との通商摩擦のさいに何度も思い知らされてきたところである。

（10）C. Dufloux et L. Margulici, *op.cit.* pp.22-24. こうした傾向にもっぱら国家管理主義に対立する民主的な貨幣（democratic money）の姿を見ようとする議論がある。これは、例えば、Judy Shelton, *Money Meltdown*, The Free Press, 1994, pp.276-279. で吟味されている。

（11）国民から見れば、八〇年代、わが国は乗用車をはじめとする労働の成果をアメリカに輸出し、貿易黒字の形で流入した資金を再びアメリカに投資してきたが、その投資対象はもっぱら三十年物の米国債で、営々と作り上げた労働の成果が米国の紙切れ（ドル）と交換されたことになる。そして止めどなく進むように仕組まれた円高で、海外への不動産投資のような直接投資や証券取得での投資が膨大な為替差損を被ったのは周知の事実。ようやく事の本質に気づいたのか、九〇年代に入ってからはかつてのようなやみくもな長期資本の海外流出は見られない。しかし、それは国内のバブル崩壊による企業の業績悪化を受けた海外資産の処分の性格が強かったから、これからもＦＲＢの強いドルの演出で何度も同じ目にあうことであろう。

（12）先物市場で市況変動を収益の機会とする参加者。

(13) 先物市場で市場価格と理論価格の開きを収益の機会とする裁定者をいう。
(14) ヘッジ目的の先物市場参加者で、実体経済を担う企業などが先物市場に関わる。
(15) 米国に即して考えれば、一九八〇年代、米国への外国の投資は増大し続けたが、また米国の海外投資も年々三〇%の増加をみるほど活発であり、一九九二年には米国の外国証券の購入は四八六億ドルを記録するまでになった。これは前年の記録的な水準をさらに三六億ドルも上回るものであり、米国のポートフォリオの一〇%以上が外国証券への投資であるとする指摘がある(William S. Sachs and Frank Elston, *The Information Technology Revolution in Financial Services*, Probus Publishing Company, 1994, p.297.)。これは一九八〇年代以降の資本の国境を越えた移動の容易さの傍証となるであろう。
(16) 例えば、Richard O'Brien, *Global Financial Integration: The End of Geography*, The Royal Institute of International Affairs, 1992. を参照。
(17) このネットワークはスイフト(Swift)と呼ばれ、Society for Worldwide Interbank Financial Telecommunications の頭字をとったもの。スイスのバーゼルにある。これは世界各地にある銀行ネットワークと結ばれている。
(18) 拙稿、「情報技術革命の悪夢とユートピア」、図書新聞、二二四六号、九五年五月二〇日、参照。
(19) 国民生活で使用される支払い手段は電子取引が発展しているとはいいながら、主要先進国では七五から九〇%が伝統的な紙幣や小切手類に留まっているとの調査もある。Jean-Pierre Toernig, *Les systèmes electroniques de paiement*, Eyrolles, 1991, p.15. を参照のこと。
(20) 拙稿、「電子金融時代の貨幣」、図書新聞、二二八二号、九六年二月一七日、参照。

(21) 金融の新たな取引技術や新商品が米国のロケット技術者や数学者たちによって開発されたことはよく知られている。Joel Kurtzman, *The Death of Money*, Little, Brown and Company, 1993, pp.22-25. を参照。

(22) 株価の大きな変動に賭けるポジション。

(23) 同量、同一価格のプットとコールを売る。株価の安定に賭けるポジション。

(24) Stephen H.Axilrod, “*The Globalization of World Financial Markets*”, in *The Art of Monetary Policy*, M. E. Sharpe, Inc., 1994, pp.153-154.

(25) 「もはや世界にどれくらい貨幣があるのか尺度するどのような方法も存在しない」(Joel Kurtzman, *The Death of Money*, Little, Brown Company, 1993, p.87.)

(26) Elinor Harris Solomon, “*Today's Money: Image and Reality*”, in Electronic Money Flows: The Molding of a New Financial Order, edited by Elinor Harris Solomon, Kluwer Academic Publishers, 1991, p.35.

(27) 銀行の場合は、「一六四〇年頃ストックホルムの銀行が初めて通常の割引業務にくわえて貴金属貨幣を表象する紙券を発行したといわれている」(Jean-Pierre Toernig, *Les systèmes electroniques de paiement*, Eyrolles, 1991, p.8.) このときから、銀行は金庫のなかに保管した貴金属紙幣の額を超える紙幣を発行するようになった。

(28) 信用メカニズムによって、貨幣が無から(ex nihilo)創造され、社会の不利益を考慮することのない購買力が作り出される次第についてはMaurice Allais, *L'impôt sur le captial et la réforme monétaire*, nouvelle édition, Hermann, 1977, pp.176-192. を参照のこと。

(29) Joel Kurtzman, *op. cit.*, pp.81-84.

(30)「一九八七年まで、ユーロドルの銀行取引では口座に保有されるドルの一〇〇%が貸付けられた」(op. cit., p87.)。

(31) J. C. R. Dow and I. D. Saville, *A Critique of Monetary Policy*, Clarendon Press, 1990, p.39.

(32) Joel Kurtzman, *op. cit.*, p89.

(33) わが国は一九九三年三月からスタートした。

(34) モーリス・アレ「市場経済の貨幣的条件」、中久保邦夫訳、『自由経済研究』第二号、ゲゼル研究会発行、一九九五年一一月、五〇—五一頁（Maurice Allais, "*Les conditions monétaires d'une économie de marchés des enseignements du passé aux réformes de demain*", Revue d'économie politique, Tome 103, no.3 mai-juin 1993.）

「日本的システム」と資本の国際主義

不況のなか、出口なき「過渡期経済」か

「過渡期経済」という言葉がある。共産主義に馴染みのあった者には、解釈に色合いの違いはあっただろうが、その実現に向かうプロセスにおいて成立する過渡的な段階を指した。しかしいまそうした意味で使われることはまれだ。周知のように、ソビエトロシア崩壊後、旧共産主義諸国が資本主義に向かってその経済体制を変革しようとしてきた。こうした経済を指して、つまりは資本主義に向かった「過渡期経済」として使われている。共産主義が国家による統制的な経済運営をその特徴の一つとしていたのであれば、巷間、冗談まじりに、わが国はいまだ生きながらえている「社会主義国」だといわれてきたが、この言葉はわが国の経済を表現するのにもふさわしいのかもしれない。

実際、官僚機構が絶大な権限をもち、恣意的な裁量に基づく行政指導や口頭指導が行われ、官民の協調がこの国の資本主義を特徴づけてきた。資本主義のルールでプレーしているはずの業界も実際には官に協力するなかでメリットを受け、官僚も権限の行使と業界の秩序維持を図ってきた。業界はカ

ルテル体質に染め上げられ、それを官僚が統括する。こうした規制と業界の自己規制が癒着を生み、この間、マスコミを賑わした腐敗や不公正、不透明な事件を生んできもした。

金融システムにおいても、国民の保有する資金を効果的に産業界に供給するため、企業が社債や株式という直接金融で資金調達する道を実質的に規制しながら、銀行を経由した間接金融主体の資金供給構造を作り上げてきた。これは端的にこのほうが官僚的な統制が効きやすいということであったからだ。官僚はいわゆる護送船団方式で金融機関を掌握していればその意志を貫徹できたわけだ。こうした「日本的システム」はよく指摘されるように、生きながらえた戦時の経済体制ともいいうるであろう。戦後このシステムが経済再建とその後の経済成長に威力を発揮したことも事実である。しかし、この間、ひとが見てきたのは、世界第二の「経済大国」に登りつめた資本主義が、モノの生産に秀でた産業資本主義の顔から次なる「寄生的な」金融資本主義への脱皮に失敗し、あたかも以前の成功の原因が次の失敗の原因になるかの事態であった。バブル期、世界にその巨大な姿を現した日本の金融機関が、数年後には、国際金融の舞台で日本の金融機関であればどこであれ、「ジャパン・プレミアム」という上乗せ金利を強いられるようになったのだから。そのきっかけになったのは、一九九五年の大和銀行ニューヨーク支店が出した巨額損失事件であった。そこで世界が見せつけられたのは、BISの通報義務に関する規制を踏みにじり、損失を隠し、大蔵省（現・財務省）が「日米文化の相違」としてこれを擁護しようとした、不透明な「日本的システム」であった。当然、国際金融市場は日本の金融システムに疑いの目をむけ、見放すこととなる。

しかし、官と民が癒着するこの構造のもつ問題点が解決されることはなく、バブル崩壊後のこの八年間にわたり、巨額の不良債権を抱えた金融機関を救済しようとする各種の政策が実行されてきたことはひとのよく知るところだ。こうした産業界優先の経済政策が一貫して遂行されてきても、消費者は批判を持ちながらも、こうした社会経済の構造を変革することのできぬ無力感と、消費者にしても国民、やはりお上だのみの依存心をどこかにもっていたのか、そうした気持ちのないまぜのなか、諦念に生きてきたというのが実態かもしれない。一見、平静さを失わぬその姿を保証しているのは個人の全融資産千二百兆円のもたらす余裕というものなのか。

しかし、日本人は、自分たちの生きる経済社会がもはやハピネス・エコノミーではないことを知ったバブル崩壊以降、景気浮揚のために八十兆円規模にもならんとする財政支出をしながらいっこうに不況から脱出できず、いま、いよいよデフレ・スパイラルへと突入する過酷な状況のなかに放り込まれている。物の値段は下がっても売れぬ、売れねば在庫が増え、生産は停滞する、そして収入は減り、消費の落ち込みで、さらに物は売れぬ、という事態は、かなり高齢の人間を除いて、国民には初めての体験に違いない。ここに低インフレと低失業率を共存させえたこれまでの日本経済の姿はない。

一九八〇年代から一九九〇年代へと、二%台を維持していた失業率は（表1）、昨年には平均完全失業者数が二百三十万人となり、四年連続で過去最高記録を更新したし、この三月には、総務庁労働力調査によれば、完全失業率は季調済み値で前月比〇・三ポイントも増加して、三・九%にもなった。完全失業者数は前月比、三十一万人増の二百七十七万人を記録する事態になっているのだ（表2も参照）。

そうしたなかで、金融機関への税金注入や、すでに流動性のトラップにはまりこみ、なんらの景気

表１　わが国の失業率

1986 年	2.5%
1990 年	2.5%
1996 年	2.7%

(sourse:OECD)

表２　労働力調査（98 年３月）

98 年３月の雇用労働者数は 6468 万人で、前年比 31 万人、0.3％の減少。失業者数は 277 万人で、前年比４万３千人、18.4%増加。

	（万人）	前年比（%）
就労者	6,468	− 0.3
失業者	277	18.4

(sourse:http://www.stst.go.jp/154.htm)

への実効性が期待できないのに、史上最低の金利水準を採用し続ける金融政策が採用され続け、これなぞ、常に日米で実効金利差があるようにしてドル高を維持し続けたい米国へ配慮せざるをえないという事情が他方でありながらも、明白に金融機関を救済するためのものであったのに、国民はこうした光景をただ見せつけられるばかりで行き場のない感情にとらわれている。投資は金利の減少関数だから低金利政策を採用すれば株価は上がるはずだが、それは流動性の罠にはまりこむ前の水準までの話。ならばと、さらに郵貯資金などの国民の金をつぎ込んだ株価維持政策なども展開され続けてきた。なんとも金融機関には手厚い施策が施されてきたわけだが、こうした事態は、例えば、多額の債務を抱え込みながらも、住宅を持ちたいという夢をかなえた勤労者のなかで、ローン破産予備軍は三百万を上回るといわれるから、こうした人たちの目には、いったいどう映ってきたことか。

資本の国際主義の攻勢

ところで、こうした官僚主導の経済は、一九八〇年代以降、世界的な資本主義のグローバル化、収益機会をどん欲に追求する資本の新たな動きのなかで市場開放や規制緩和の要求という攻撃を受けてきた。

振り返ってみると、これまで世界的に、グローバリゼイションと呼ばれる資本の国際化の進展に歩調を合わせた動きが各国でみられる。一九七〇年代以降の第三世界の累積債務問題では、先進国、とりわけ米国の利害を代弁するIMFが、ラテンアメリカやアフリカの債務国に厳格な市場経済の基準を適用させようとする構造調整プログラムを押しつけてきた事実がある。それは柔軟な労働市場や国家の役割の削減、公営企業の民営化、外国資本への市場開放、資本に都合のよい金融政策などであった。それがもたらしたものは、途上国の債務は増大するばかりで、その経済は後退を余儀なくされ、人民は耐乏を強いられてきたという事実である。こうした政策は、一九八二年以来、先進資本主義国にも適用され、どの国もお互いにとって過酷な、厳しい「改革」に着手することとなった。そして共産主義諸国の崩壊以降は、IMFの専門家は権力を握る官僚たちが市場経済への移行を決定した東欧諸国で大いに仕事の場を見つけたという事実も思い起こされるだろう。

この国も例外ではなく、こうした資本の要求に応える「改革」を要求されてきた。また、国内でも、これを積極的に推進するのでなければ、この国は世界的な大競争のなかで生き抜けぬ、という議論を生んできたわけだ。この主張の根底には、いわゆる新古典派経済学、それも、社会には所得分配の構造の公正さを決定するに際し演ずべき役割があり、またそうすべきであるということを否定する市場の神聖さを信奉する一種の宗教と化した教義が存在する。これは市場万能論の形をとり、資本主義のルネッサンスのイデオロギー的推進力でもある。この思考はまるでこの国全体を魔法にかけたかのようにに席巻してきたようにみえる。そして、こうした思考に基づき外為法も改正され、金融のビックバンも実行に移された。しかし考えてみれば、国民にとって、自由化は目的なのか手段なのか、手段だとすればなんのためのそれか、国民に十分に意識化されているわけではない。

例えば、アジア通貨危機を例に取れば、その発端になったタイで、同国が自由化要求をのみ資本規制を自由化したことが、高収益を狙う短期の外資流入を生み、非貿易財などへの投機に使われバブル現象を生じたことが危機の引き金のひとつであったことは明白となっている。しかし、この一か月、マスコミはビックバンに備える国民の心構えを説くばかりであった。だが、財政政策もリフレ効果がない、金融政策も効かないという状況のなか、あれこれ業界を救済するかの統制色の強い対策をみせられながら、他面では、これからは自己責任の時代といわれても国民は容易に納得するわけにはいかない。

そもそも、一九七〇年代の第三世界の債務の爆発的拡大から、一九八二年のメキシコの通貨危機、そして今日のアジア通貨危機にいたる度重なる危機が示してきたのは、第三世界の債務国の債務の発生原因がＩＭＦが述べてきたような債務国自身の「過剰な消費」に原因があるのではなく、金融資本に収益の機会を提供する、非生産的用途への投資、資本家自身が絶えずこうした収益機会を探求し続けていることに原因があるということだろう。これは一般的にいえば、地球規模での金融資本の支配の確立を示しているし、商品輸出に対する資本輸出の優位性を明白に表現し、生産プロセスに対する寄生的な金融・経済メカニズムの優位性を表してもいるということだろう。

金融ビッグバンで、わが国もそうしたどん欲な資本に、すなわちカジノ資本主義に、一層の収益機会を提供するように強いられたわけだ。これが国民の望むべき目的ではないことは明らかではないのか。過剰な資本は生産的用途以外の投資先を世界のどこであろうが、追い求めたい。つまり生産によって利潤を上げさせるのでなく過剰なドルの投機を計るものだが、これを可能にするメカニズムへの迎合を要求されてきたわけだ。しかし問題は資本の立場からではなく、国民の次元から立てられるべきではないのか。

だがこうした自由化がどのような結果をもたらすかは、先進国であるわが国で考えてみる前に、例えば経済危機に見舞われているインドネシアのこの間の経緯を見てみればわかる。

同国は、昨年来の経済危機の最中でさえ、世界銀行が、インドネシア経済はこの十年間顕著な経済発展における成功を収めており、東アジア経済のなかで最良のパフォーマンスを示していたとする報告書を明らかにしていたほどであった。同報告書では、「インドネシアは経済の大幅な多様化を達成し、健全なマクロ経済の管理を通して私的部門の競争力を向上させてきたし、規制緩和を推進しインフラへの投資を増加させてきた。今日、内外の投資はブームとなっており、……インドネシアの投資水準は着々と増加しており、いま発展途上国のなかで最高の水準にある。こうしたダイナミズムの多くは、貿易と金融の自由化、外国からの投資の促進と規制緩和という政府の改革プログラムによるといってよいだろう」と。この話は、一九九七年、五〇％もの株式市場での下落に見舞われ、通貨は七〇％以上下落し、その「ダイナミックな」経済が四百三十億ドルのＩＭＦの融資と引き替えに驚くほど詳細な介入の対象とされてしまった国についてのことなのだ。ＩＭＦと世界銀行はほぼ同一視してもよいほどだから、彼らは一緒になって一方で資本の国際化の擁護者として、自由化、規制緩和を迫り、それが経済発展につながることを主張してきた。だが、アジア通貨危機が示したのは、ほかならぬそうした政策の強要こそが、国際的な短期資本の身軽な流入と逃避の動きを引き起こし、危機を醸成したという事実である。そして、他方で、そうなれば今度は、救済者であるかのごとく現れ、より深く経済運営に介入し、経済、金融の構造を再編し、常に資本に対する飢餓状態のなかで緊縮財政を強いることで、国際的な資本の支配をより強固ならしめる条件を整えるという事実だ。

彼らが、つまり国際金融資本が要求してきた自由化が一九九七年七月、タイのバーツが米国ドルに対するペッグ制を放棄するや、投資家や通貨投機家たちの、株式の売り浴びせや債務償還の要求、通貨の投げ売りによる東アジア諸国の「ファンダメンタルズ」を試す行動を許したことは明らかだろう。これが同地域に伝染的効果をもったことも、もうすでによく知られている。マレーシアもフィリピンも厳しい影響を受け、通貨に対する容赦のない攻撃に直面したのであった。同地域の通貨はどれもペッグ制放棄に追い込まれ、通貨価値を市場が決定することとなった。インドネシアもタイも、通貨に対する攻撃で経済に打撃を受けやすいという弱点をさらすことになった。対外債務は増大し、民間部門の債務の増大や融資先としての信頼性の低下を露呈してしまい、政府の問題解決能力の信頼性も失墜した。だが明白になったのは、米国ドルに対するペッグ制が同地域の通貨の過大評価であったとはいえ、海外からの投資が同地域の資産インフレを演出してきたという事実である。ＩＭＦや世銀がいうように、同地域の諸国のマクロ経済指標はどこも悪くなく、健全に見えていたのだ。ただ、金融部門のみがもっとも弱い環であったのだ。

強者はより強く、弱者はより悲惨に

こうしたアジア経済危機を一瞥するだけで、いま世界に蠢いている新たな金融資本主義の姿を推測することができる。そして、この国もまた、アジア諸国ほどではないにしても、金融部門が弱い環であることは事実だ。官僚は保護するばかりで、金融システムの不良債権処理も、ひたすらな問題先送り体質で解決できないできた。国民は自由化の先にあるものを予感しながらも、一方で規制に縛られた経済や、いかんともし難い官僚主義を見せつけられてきた。そうして、規制緩和や自由化がこれからの進みゆく道であるのはやむを得ないのかもしれないと感じてしまいがちだ。しかし、自由化は果たして国民にとって歓迎すべきものであるのかどうか、始まったばかりの金融ビッグバンの帰結を予想してみれば、答えを出すのに役立つであろう。

ビッグバンが実施されて、明らかなのは、勝ち組は外資系の銀行などで、負け組はこの国の金融機関と、そこで報酬が高すぎると、とかく批判される職員だということである。勝ち組には日本の資産家などその恩恵にあずかれる豊かな消費者も含まれよう。負け組どころか、惨敗組に入るのが、低所得層や不況の直撃を受けている中小事業者だ。金のない人間は不利な扱いを受けるだけだろう。ビッグバンのもたらすはずの世界は金持ちが優遇される世界であり、金融機関は個人をその保有する預金残高に応じて扱うであろうからだ。

ビッグバンで利益を受けると考えられる日本の富裕層は巷間いわれている数字では、一億二千万の人口中の四万七千人だ。彼らが千二百兆円という個人金融資産のうち二百四十兆円を保有しているといわれる。また別の数字では、千二百兆円の一五％に当たる百八十五兆円を五十三万人の富裕層が所有しているともいわれる。ただこれらの数字は金融業界などでささやかれているもので、本当のところはわからない。しかし当たらずとも遠からずだろう。意外に資産家の数が多いと感ずるか、そうでないかは個人の置かれた状況によって異なるだろうが、これらの数字が示しているのは、この国が「社会主義的な」税制のお陰か、いまだ中間層が生きながらえていて、米国などとは所得格差の有りようで大いに異なっているということである。

だが、これからもこうした状態が続くのか。明日の日本の姿を知るには今日の米国をみてみればよい。

最近になって株価が九千ドルを抜くようになってさすがにバブルではないかと警告する声がでてきたが、米国経済は絶好調だ。世界中の資金を集めて沸騰する状況はやみそうもない。米経済のパフォーマンスも、商務省の発表する数字では、一九九七年のＧＤＰは、この九年間で最速のペースで成長したという。米国で産出された財とサービスの総計は同年三・八％増加した。特に、第４四半期は四・三％の驚異的といってもよい成長率を示した。これはエコノミストの予測、平均三・六％をも上回るものであった。そしてつい最近発表された九八年第１四半期のＧＤＰの伸び率は四・二％とさらなる上昇率を示している。だが、こうした好況が米国民にどれだけ恩恵を与えているのか。実質所得の推移をみてみれば、米国が世界に押しつけるグローバル・スタンダードという、その実、米国標準にすぎないものの内実が知れる。

図１　各所得階層の年間実質所得　1967-96（単位ドル、1996）

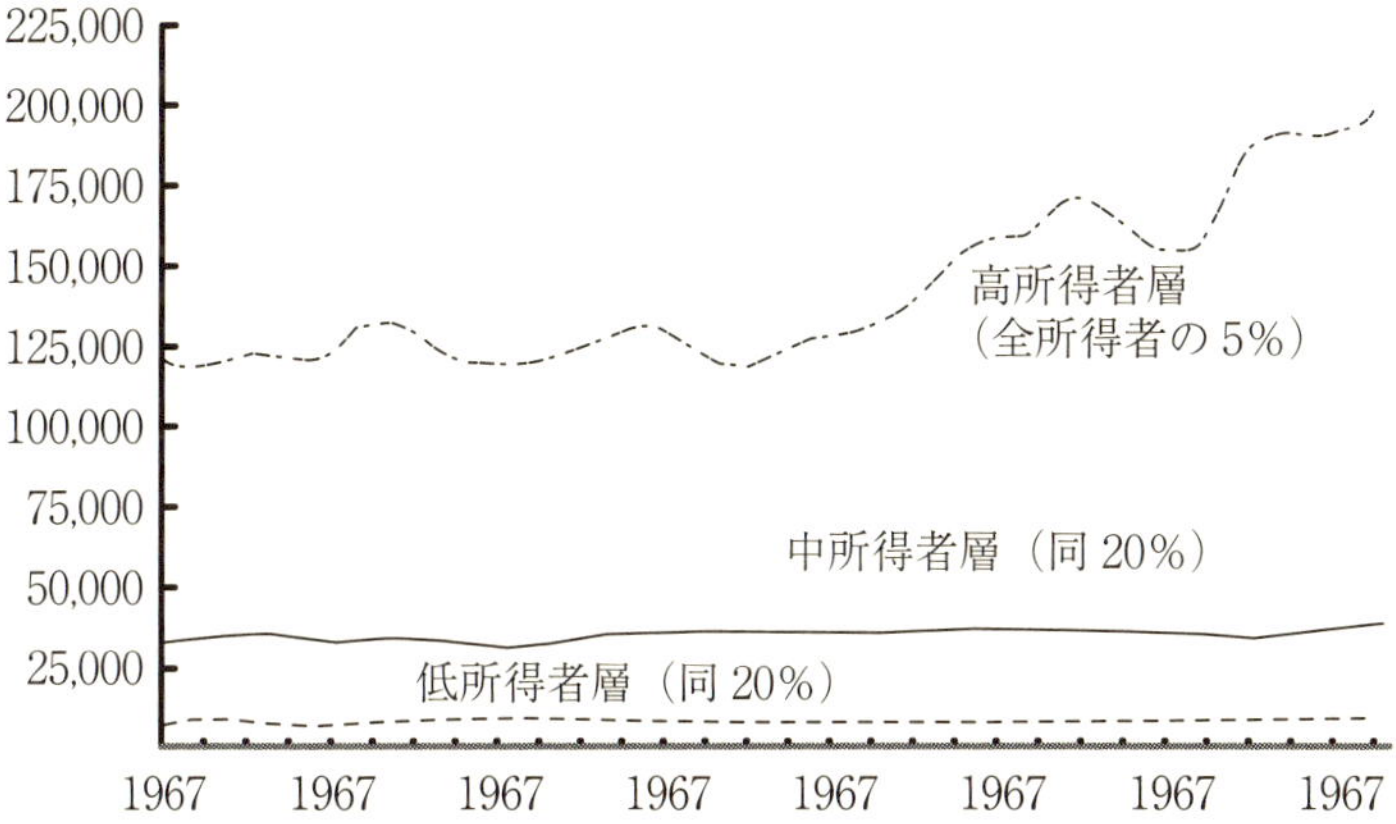

図１の表　所得階層別所得増加率

	1973-96	1969-96
低所得者	＋ 0.7%	－ 3.2%
中所得者	＋ 2.6%	－ 3.0%
高所得者	＋ 49.6%	－ 15.1%

(sourse:http://www.panix.com/ ～ dhenwood/Stats-incpov.html)

グラフからもわかるように（図1）、この三十年間、実質所得を増加させてきたのは、全所得者の僅か五％を占めるにすぎない高所得層である。国民の大部分を占める、中、低所得層はほとんど実質所得は増えていないのだ。昨年までの、二十年間でみても、高所得層は、五〇％近い所得の伸びを経験しているのに反し、それ以外の人間は横這いである。時の経過につれ所得の格差は拡大している。この九〇年以降の好景気の連続がいったいどこに反映しているかといえば、高所得者層の所得の伸びのなかでしかないとも思えるほどだ。実際、米国経済が経済の効率化によって好調ということは所得分配における格差とうらはらな関係にあるのではないか。

好業績の企業ほどリストラの手を緩めないのが米国流だという。米労働省が発表したばかりの、九八年四月の雇用統計では、景気拡大を反映して失業率が二十八年ぶりの低水準にあることを伝えているが、中味をよく見てみれば、製造業就業者数は同年三月に七千人減、四月には一万人減と相変わらずリストラは続いている。これを吸収しているのがサービス業などで、そこでは労働者は低所得で不安定な職を得ているにすぎない。この二十年間、米国は自国通貨で評価した時間当たり労働コストの上昇率は年五％であったが、日本、オランダ、スイスを除き他の各国はこれを上回る率を示してきた。日本と対照的な景気拡大の続く八年間が含まれるにもかかわらず、日本の上昇率が五％を下回るとはいえ日本のそれとさほど変わらぬ数字は勤労者の厳しい実態を推測させるものだ（表3）。情報通信革命で生産性を高めたゆえの、米経済の好調さが喧伝され、九七年は、もはや米国経済は情報通信産業の牽引する好景気で、景気循環の影響からも解放されたとするニュー・エコノミー論まで飛び出したが、それはことの一面にすぎないのではないか。情報化投資と人員削減のセットがイコール業績アップと好景気、株高につながるという米国式がほんとうに米国民のためになっているのかどうか疑問なのである。

この国でも、ビックバンで日本進出を狙う外国のプライベートバンクの優良な顧客になりうる層は、比較的豊かな人間たちだけだろう。庶民など相手にされるはずもなく、自由化は豊かな層をより豊かにする方向に動くだけであろう。勤労階級は経済政策に無力な政府に税金を取られ、その税金は業界保護的色彩の強い使われ方をして、負担の増加のなかで生活の厳しさが加速されるだけだろう。この国の所得格差や資産格差が拡大していく先行きがみえる。規制緩和論は競争力のある産業を生み出す経済構造に、と主張するが、それは失業と極端な所得格差のある社会を選択することになりはしないか。

表3　自国通貨でみた時間当たり労働コストの年変化率

	米国	日本
1975-96	5.0	4.6
1975-80	9.2	7.0
1980-85	5.7	4.0
1985-90	2.8	4.2
1990-96	2.9	3.4
1993	2.6	2.7
1994	2.2	2.3
1995	1.9	2.7
1996	3.0	1.4

(sourse:http://www.news.release/ichcc.t05.htm)

資本の国際主義でもなく経済ナショナリズムでもなく

では、規制が多く、政官民が不透明に癒着してきた構造を維持していくだけでよいのか。そうした構造であっても政策のよろしきを得れば、国民は幸せなのか。

いま個人も企業も萎縮した状況にある。不況の出口も有効な対策も見えぬ。考えてもみなかった金融機関の倒産なども経験した。改めてこの経済社会が大きな転換期にあることも知らされた。そして、諸外国からは、あれこれ経済運営に注文がつき、アジア通貨危機もなにもかにも日本が悪い、という日本敵役論も聞こえてくる。

規制緩和、自由化の圧力をかけていた米国は、内需拡大の要求では、今度はにわかにケインジアンに舞い戻り「機能的財政」を唱え始めたかのように、スペンディングを要求する。バブル崩壊後の多額の財政資金の投入もデフレギャップを埋めきれず、批判されるような硬直的な支出構造を政官財癒着の構造のなかで行ってきただけの政府も結局、前例を踏襲するかのように、夏の選挙日当てもあってか、渡りに船と要求に応える。そして矢継ぎ早に次は減税要求だ。それも一時的では効果はない。恒久的にやれ、と。確かに、恒久減税でなければ景気を刺激する消費は活発にならなかろう。しかし、政府にすれば財政の構造を考えると踏みだしにくい。そこで今般の総合経済対策では、特別減税を実施することでごまかす。だが、これなぞ、消費の刺激に役立つことは期待できないのは明白だ。なぜなら定額控除だからで、年収が数千万にもなる高額所得者も恩恵を受けるようなものだからだ。消費性向の高かかるを余儀なくされているような低所得階層に多額の減税を実施してこそ、消費支出も上向くというものだ。減税論議のなかで見過ごしにできないのは、個人所得税ばかりでなく法人課税がもちだされ、ここでも国際的な関連から、国際標準へのサヤよせということで法人課税の引き下げを財界が要求し、政府がこれに応えていこうとしている姿だ。資本にしてみれば外国の資本と同等の競争条件が欲しいということだろうが、そうしたすべてのツケは国民にまわってくるしかなかろう。

「日本的システム」への注文は止むことはないだろう。しかし、諸外国もマーケットも公正な第三者ではない。自分たちの利害を背景にものをいっている。しかし、一方で攘夷的な反発を示しつつも、結局、自律的な判断が生み出されることはない。外からの圧力に屈する形で経済政策が採られていく。ビックバンの推進力である新自由主義イデオロギーは各種の産業保護政策を攻撃するたちのものだ。だから外国資本にとっての障害を除去しようとする多国間投資協定の策動も続いている。政府はこれを推進する構えのようだが、それは国際標準に達し、海外に収益機会を求めるこの国の「優良」資本にとっては歓迎すべきことだろう。しかし、こんな協定が成立すれば、中小企業や労働者に対する各種保護政策など次々やりだまにあげられていくはずだ。一般的に規制がよいか悪いか議論しても不毛であることは周知のことだ。しかしいま「日本的システム」はこれからの経済社会像を国民に明らかにする能力を欠いている。将来像を描けぬまま国際主義と攘夷論の間をさまよっているようにみえるのだ。

米国に比べて日本の産業の生産性は低い。九五年の数字だが、労働者一人当たりのGDP額は米国を一〇〇とするとわが国は七五・七で、僅かに英国を上回るが、多くの欧州諸国よりも低い水準だ(表4)。一部の、自動車などの高生産性部門を抱えてはいるが全産業でみれば低い。戦略なき無思慮な国際標準へのすりよりが進行するほどに、地域経済に根ざした多くの産業が苦境に陥るかもしれず、健全な中産階級の存立しうる民主的な経済社会の基盤も消失していくかもしれない。そして、どうしてもその先に見える状況をかなり暗いものと考えてしまう。なぜなら、歴史に尋ねてしまいがちになるからだ。

実は資本の国際主義はかつても存在したのである。そして、これを導く同じような市場万能を唱え

表４　労働者一人当たりＧＤＰ（米国＝100％）

	1980	1990	1995
ベルギー	92.6%	98.2%	101.1%
カナダ	81.0%	81.4%	81.4%
デンマーク	70.2%	73.3%	78.8%
フランス	83.9%	92.7%	93.9%
ドイツ	83.3%	88.3%	91.5%
イタリア*	82.9%	91.5%	97.4%
日本	65.7%	77.2%	75.7%
韓国	25.1%	40.5%	49.1%
オランダ	80.7%	79.7%	78.1%
ノルウェー	72.8%	79.8%	88.1%
スウェーデン	64.9%	66.0%	71.5%
英国	66.4%	72.1%	75.2%

1980年の数値は1981年のもの
(sourse:U.S.Bureau of Labor Statistics,unpublished data)

るイデオロギーとともに存在したのだ。十九世紀末から今世紀のおおよそ二〇年代くらいまで、資本の国際主義がやはり攻勢をかけていた時期が存在するのだ。では今日と異なる点はどこか。当時は、もう一つの国際主義が存在した。然り、共産主義という国際主義である。相い拮抗するこの二つの国際主義はそれぞれ対抗し合い、またその要素を取り入れながら揺らぎ漂流していたが、同時にまた、この二つの国際主義を巡ってあれやこれやの内国的定式に捕らわれたイデオロギーが新しい現実に己を問われていったのであった。そして、それまで自覚的に捉え返すことの少なかったナショナリティの意義、国民経済ばかりか、国民性、国民文化の捉え返しを迫られたのだ。

例えば、英国では、この二つの国際主義に対立する形で、functionalism（各国国民経済の特性を重視する立場）が登場し、民族性を重視する傾向が強まる。この潮流は社会的富の再配分を唱えていたダグラス少佐の理論を採用していくことになるが、当初これに対立していたギルド社会主義者たちも巻き込まれていく。そして次第にナショナルな傾向を強めていき、もとクエーカー教徒であったジョン・ハーグレイブの参加を通してきわめて戦闘的なミリタントの構成するグリーン・シャツ・ムーブメントに変質する。そしてかつて自由な社会主義の一形態であったギルド社会主義はイタリアの協同組合国家の理論、すなわちファシズムを採用していくことになってしまった。かつてコミュニティやアソシエーションを重視する思想が変質していった時代環境がいま目の前で再現されていくのではないかという懸念が頭をかすめるのである。内外の資本の国際主義の荒波とこれに反発する攘夷的な経済ナショナリズムはかつてと同様に穏健な国際協調主義を放擲する潮流を生み出すのだろうか。そして国民にはこの二つ以外に選択肢は存在しないのだろうか。

いやオプションはまだ存在するはずだ。資本の国際主義は世界中の貧者に対する戦争であり、これはいまも進行中だ。豊かな先進国には貧しい国から富が流入し続け、富んだ国のなかでも、一部の富者へと所得が集中している。そしてこれが、人間や環境に与えている破滅的な影響は計り知れない。これに対抗するためには、各国国民が穏健な国際協調主義のなかで、それぞれの国民経済の特質を尊重したうえで、各国の各地域経済の民主的で抑制的な発展のモデルを探求し、環境を尊重する新たな持続維持可能な国民経済の発展経路を見いだすことが必要ではないだろうか。そしてそうした模索が世界各地で実践され始めていることも事実なのである。

情報資本主義と金利生活者の繁栄

情報化のトレンドと金融業者たち

はじめに断っておくべきは、ここで金利生活者とは、貧しい社会保障制度のなかで貯蓄を実質的に「強制」され、これをかき集めた金融機関が産業界に発展資金をファイナンスするという間接金融主体の、いわゆる「日本的システム」のなかでこどもの寝顔しかみれぬほどに働かされてきた企業戦士の、リタイアしてわずかの蓄えに付く利息を生活の足しにしている層をいうのではない。金融上の、職業的な投資家や投機家を指すケインズ的な意味で使用している。

『一般理論』の随所で言及されているように、ますます生産的になっていく経済社会に生きている人間は三つの主要な階級、すなわち事業会社を所有するが経営はしない投資家や投機家の階級、企業を所有しないが経営する積極的なビジネス階級、そして企業家に「個人的な用益」を販売することで、つまり労働によって稼得する階級に分割されている。こうした諸階級は社会経済の、技術的な、また制度的な変化の入り交じったプロセスのなかに置かれているが、近年の情報技術革命といわれる、情報のコンピューター処理や遠隔地通信システムの発展などが大きく産業社会を変貌させるなかで、とりわけ金融機関などの投資を職業的に手がける層の情報インフラの利用と受益、またそれを通した興隆が顕著である。その姿は、かつて資本の蓄積が進行し、資金需要に比した資金の相対的希少性が減ずるほどに、金利生活者が果たす役割が減少するはずとのケインズの期待に反して、ますますその経済的力量を増し、貨幣の権力の行使を通して実物経済部門への影響力を強めているかにみえる。また他方では、金融の自由化を通して国境のなくなりつつある金融の世界が、とりわけ変動相場制に移行してからというもの、実物部門の動きとは切り離されて、独自の論理で動き始め、世界的に巨大な金融資産が積み上がり、その急速な流入や逃避が、今般のアジア通貨危機にみられるように各国国民経済に多大の影響を与えるほどになっていることも確認される。

また、実物部門に属するビジネス階級も、電子データ交換（ＥＤＩ）からＥ―ロジスティック、Ｅ―ビジネスの発展にみられるように、研究開発、生産から販売までのプロセスにおける企業間取引の電子的処理の進行によって大きく企業活動の姿を変えつつあり、コストの削減、生産効率の向上、経済環境の変化への迅速な対応力を実現し始めている。二一世紀に向かった資本主義のトレンドが情報化、ソフト化にあることは間違いなく、情報産業の興隆と社会のソフト化によって経済社会はその構造的諸条件を不断に革新し、生産プロセスの内外からのソフト化圧力は産業の姿を変え始めている。いま目前に見えている光景は電子データ交換網に統合されなければ生産業務を継続できないような環境に資本家企業が例外なく置かれていくかのような状況である。金融部門で起きてきたことが、あらゆる部分で起きようとしている。そして資本の構造革新に金がまわるように仕上げられている金融システムがもっとも効率的に、先端的にソフト化を実現し、資本の絶えざる革新を保証している。要するに、われわれは次の千年紀に向かって、次のような基調の変化のなかにあることは間違いなさそうなのだ。

1 投資会社などまで含めた金融サービス企業が驚異的に成長していくこと、そして各種の事業に手を広げていくこと。その基本にはこれらが提供、販売するデリバティブズなどを含めた金融エンジニアリングの成果である金融複合商品の多様化がある。

2 商業、金融の引き続くグローバル化。

3 拡大一途のコンピューター化。これは広域化し続ける市場における情報の処理と競争の必然性の原因であり、また結果でもある。

そしてこうした傾向のなかで、技術的側面においても、その展開に即応し、また促進するかたちで技術の革新が常にもたらされている。すなわち、インタラクティブメディアとかＥＤＩ（電子データ交換）やＥＦＴ（電子資金転送）、イメージ処理など、話題になる技術上のトピックがそうである。こうした傾向は、根本的には、情報化による取引コストの削減努力、リスクテイクの効率化から流出しているようにみえる。これが社会経済的にもつ意味を考察しなければならないが、本稿では特に情報経済化の核心に位置すると思われる金融ないし貨幣の電子的形態での取引がもつ意味に焦点を当ててみたい。

なぜなら、巷間、インターネットに関連して、電子マネーや電子商取引が話題となって久しいが、電子マネーにしても、インターネット上の株式投資まで活発に行われるような形勢ではあるが、基本的には、それはリテール・バンキングがカバーしうる領域のものだ。ところが、金融業者たちが作り上げる金融ネットワーク上ではすでにかなり以前から貨幣は電子的形態で取引されており、われわれが消費者として直接に関心を及ぼしやすい領域に想像力を限定していて、職業的な金利生活者階級が手がけている世界を軽視すると判断を誤る可能性もあるからだ。こうした階級は銀行などの金融機関や投資家からなるが、大きく分けて次の三者になるだろう。比較的長期にわたる投資を手がける年金や保険、比較的短期の投資を手がける銀行や投資銀行、証券会社、各国中銀など、そして高収益を狙うためにリスク選好度が高いヘッジファンドなどの投資家である。こうしたなかでとりわけ短期の資金取引を手がける存在が関心をひいているが、いずれであっても、変動相場制のなか、リスク・リターンの観点でみて為替変動による損失をカバーしきれない可能性のある相対的に低収益率の長期投資よりは短期の取引が好まれる基調は存在する。

とにかくも、目下の、爆発的に情報化し続ける資本主義のなかで最大の受益者にしてプレーヤーは、金融ネット上に、一日に一兆ドルをはるかに超える資金フローを作り出し、莫大な金融資産を積み上げている各種の金融業者であることに間違いはない。今日の産業部門には、とりわけ先進諸国において、各国に巨大な生産能力が蓄積し、常にその構造革新が行われ、供給能力が維持されているが、こうした資本の蓄積構造を成立させるために、金融部門などの信用―貨幣循環が機能していて、規模の巨大化のなかでこうした機能の社会的重みを増し続けているわけだが、こうした金融部門の性格は相変わらず問題でありつづけてはいるにしても、金融業務がいまや国際的なネットワークのなかで成立しており、短期の金融市場や資本市場、さらには国際商品市場を自在に活用してもいる。こうした側面はとりわけ情報化と不可分に発展してきているし、情報化という乗り物を得て、力を増す一方にみえる金融資本の姿がいちばんの問題であるかにみえる側面でもある。内国的に、また国際的に、すなわち全地球的に確立されている情報インフラを活用してなにが起こっているかに、まずは関心が向かうはずである。

カジノ資本主義の情報基盤と金融のグローバル化

情報技術の淵源を尋ねれば、およそ七〇年以上も前、電子信号を増幅する真空管の一種である電子管が利用され始め、その名称、electron tube からエレクトロニクスという電子技術を表わす言葉が広く人口に膾炙するようになった事実を知る。電気を熱源や光源、動力源のような、いわば生の力の電力として活用する電気の電気的使い方から電気の電子的な利用法が発生してきたのだ。高速で動作する電子スイッチで電流を流したり止めたりすることで情報の処理への途が切り開かれたのである。それから今日まで、情報処理の技術は遠隔地通信技術の発展と相俟って、幾何級数的ともいえるスピードで進歩を加速させてきた。その急速な発展のさまは、つい最近の、好調な米国経済を牽引してきたコンピューター産業があまりの技術革新の速さで、陳腐化の急速な製品在庫を抱えて収益を悪化させたほどの速さにまで達している。

また、インターネットにしても、もはやさして話題にもならぬごく普通のインフラになっており、多くのひとが電子メールやＷＷＷ（ワールド・ワイド・ウェッブ）が提供する情報の海を利用している。ここでウェッブとは蜘蛛の巣の意味であるが、地球上を通信回線が覆っているという事実を想像させる。インターネットの影に隠れて、一般の人間の関心をあまりひかないかもしれないが、通信事業の自由化が定着してからというもの、多国籍企業をはじめとして企業は自社専用の通信回線を有しているし、金融機関の場合は地球上を網の目のように覆うグローバル・メッシュといわれる回線網で結ばれている。この情報ネットワークを使って莫大な金融取引が行われており、銀行間の資金取引や決済ばかりか、八〇年代から九〇年代にかけて繰り返される国際通貨危機を引き起こす通貨取引への投機や国際的な証券投資なども、こうした情報インフラの上で繰り広げられているわけである。

もちろん、この情報基盤の上では、これまで経済活動を制約していた地理的な懸隔は消失している。そうしてこの基盤の上にグローバル化する金融のネットワークがそびえて立っているのだ。今日、国境を越えた金融取引はおもに、直接的な資本取引から証券投資、銀行間貸借による銀行取引などからなっているが、こうした取引は、情報通信のメッシュのように編み上げられたネットワークの上で展開されているのにふさわしく緊密で複雑な金融的つながりとなっている。

銀行を主要なプレーヤーとする国際資金取引は、一九八〇年代以降、年を追うごとに活発化している。唯一の例外は、一九九二年末までに自己資本比率八%以上というＢＩＳ規制が行われ、銀行は債権債務ポジションを圧縮せざるをえず、いったん停滞したケースだが、今日にいたるまで増大の趨勢に変化はない。緊密に連携した各国の金融市場と国境を超えた資金取引による債権債務関係はそのボリュームにおいて巨額になり、その取引の関係も複雑化する一方である。こうしたクロスボーダーの取引には非銀行部門も関係しているが、外貨建ての銀行間取引、つまりユーロ資金取引が中心となっていることはよく知られている。

ユーロ資金取引とは、簡単にいえば、例えばドル建て資金をロンドンで取引する場合のような、通貨発行国の外でその通貨建ての資金を取引することをいう。そうする利点は国境の内側で取引する際に受ける国家の規制を逃れられることにある。すなわち、預金準備率を課されたり、金利規制や為替管理があったりするのは当事者には取引コストがかさむからである。実際、世界のオフショア市場をみれば、米国のIBF（International Banking Facilities）を始め、日本のJOM（Japan Offshore Markets）やシンガポール、さらに内外金融市場が一体化しているロンドンや香港、明確にタックス・ヘイブン・タイプのケイマンやバハマまで、預金準備率や金利規制、為替管理といった制約はすべて、存在しないか、適用除外になっている。こうした当局の規制の不在と各国の金融機関の自由な参入による競争的な市場であることで効率的な資金貸借が可能となっているわけだ。

国境が無意味化し、各国の金融市場が世界的に統合され、規制から自由な、超国家的な一つの金融市場が成立している。この現実は、アナルコ・キャピタリストならずとも、われわれが教科書で習ったような抽象的なモデルでの理屈が現実に成立していくのではないかと思わせるほどだ。なぜなら理論的に考えれば、各国に存在する同種の資産価格は相違があれば、裁定を通して一物一価に収束するはずであるし、各国の資産リスクは自由な市場を介して外国人にも配分されるだろうし、さらにどの国の国民が作り出した貯蓄も、これまた自由な金融市場を通してもっとも生産的な投資先でもっとも効率的に運用されるはずだからだ。

そこで、世界の貯蓄を集めた資金プールから、資金は各国に、競争的に、従って効率的に再配分されると予測されるが、果たしてこれが実際どの程度のものかについては、日本開発銀行が、「国際金融取引におけるグローバリゼーションの動向」（『調査233号』、一九九七年一〇月）で、国際間の資本移動を推測している。同行の調査は、フェルドシュタインとホリカワが「国内貯蓄と国際資本フロー」で提供した国内投資率を国内貯蓄率で回帰する関数を使っている。

I/Y=a+bS/Y

ここでIは国内粗投資、Sは国内粗貯蓄、Yは国内総生産である。係数bは0から1のレンジの値をとるが、0の場合は各国の投資は各国の貯蓄となんらの関係ももたず、国際間には完全な資本移動が成立している。反対に1の場合は各国の貯蓄率の高さはその投資率の高さを決定し、国際間の資本移動は全く存在しない。フェルドシュタインとホリカワが一九六〇年から一九七四年の期間につき、OECD一六か国を対象に分析したときは、bは1に有意に異ならない、つまり貯蓄率の高い国は投資率も高く、国際的な資本移動は高くないという結論であったが、開銀が一九六〇年と一九九六年について分析したところ、bの値は、六〇年が〇・八四三三であったものが、一九九六年には、〇・六四四五に低下し、国際間の資本移動が高まっていることが観察されたという。完全に国家間に自由な資本移動がある場合でも、当局のマクロ政策のあり方や消費に占める非貿易財のシェアが高い場合、また投資家の自国資産への選好度が高い場合など、貯蓄と投資の高い相関性をもたらす要因の存在が指摘されていることを考えあわせると、この数字はグローバル化の進展を物語っているようにみえる。

そうはいっても、こうした分析に訴えずとも、金融のグローバル化が一九八〇年代以降、急速に進捗している様子は、国際金融市場を動く短期の、ホットマネーといわれる資金の投機的活動が幾度も欧州や中南米、そして今般のアジアと通貨危機を引き起こしてきた事実からも推測される。実際、一九九七年来のアジア通貨危機は世界のその他の地域を震え上がらせてきた。金融資本のグローバル化がひとびとをあらゆる面で不安定な状態におきつつあり、諸国民の生活をゆがめ、貶めているのではないかという懸念を生んできている事態は誰の日にも明白だからだ。

国際間の債券投資を例に取り上げれば、短期投資を好む、銀行や投資銀行また証券などと、リスク選好度の高い投機筋が重要な役割を果たしている。金融エンジニアリングの進歩はこうした先に各種のソフィスティケートされた投資手法を提供している。例えば、ヘッジファンドのような高リスク選好の先などは債券のイールド・カーブの形状を利用して裁定取引を盛んにおこなっているそうだ。その曲線がスティーブ化すると思えば、短期でロング、長期でショートのポジションを造成したり、曲線上に現れる割安、割高に止目して銘柄を入れ替える取引が行われているという。またヘッジファンドなどは、機動的に、かつ迅速に、実に大きなポジションを張ることもよくあるという。デリバティブズや、手元資金がなくても債券のポジションの造成が可能なレポ取引を使ってレバリッジを効かせるわけだ。

こうした取引はふつうの市民のよく想像しうる世界ではなかろう。投資とか投機とかいう名の、はやい話が博打である。博打には客と胴元が付き物だ。客の中には賭に勝つ者もいようが大半は負けて、巻き上げられるのが落ちというものだ。しかし注意しなければならないのは、常に儲ける胴元がいることである。これは時代劇の博打場のシーンからデリバティブズという金融機関が販売する新金融商品にいたるまで変わらない。レバリッジの原理を使って投資額の数十倍もの規模の取引が可能なデリバティブズはうまくいけば大儲け、失敗すれば大損という、まさしく博打なのだ。ここで投資する客をかもにして儲ける胴元は、もちろん、職業的な投資家や金融機関なわけである。

こうした機関はいま隠然たる政治力まで手に入れつつあるようだ。ヘッジファンドは各国の政財界の裏に通じ、そうした情報をもとに活発に投資活動を展開しているからだ。それは、例えば、ニューヨークに本拠を置く世界の有力なファンドの一つ、タイガー・マネジメントがあの英国の元首相、サッチャーを顧問にしていることからも推測できる。同ファンドはデリバティブズを駆使して為替相場や株式、また国際商品市場で常に活発な動きをみせているが、そこが、一九七九年に首相就任後、金融ビックバンや国内経済改革、社会福祉政策の改悪など、サッチャリズムといわれる新自由主義的な政策を展開し、グローバル化のイデオロギー的主導者の一人でもあったビッグ・ネームを登用しているのは実に象徴的だ。

ところで、情報技術と世界中に張り巡らされた情報基盤がこうしたことを可能にしている。その基盤の基幹的部分に存在するのが銀行間の資金決済ネットワークである。これもいくつかのタイプが存在するが、ヨシハル・オリタニがシームレスなグローバル・ネットの図を提供しているので参考にしておきたい(図1)。これはもちろん、オンラインで結ばれた情報ネットワークである。このシステムの上で銀行間の決済システムが稼働している。

ここで注意しなければならないのは、地球は回っているということである。例えば日銀は市中銀行

図1

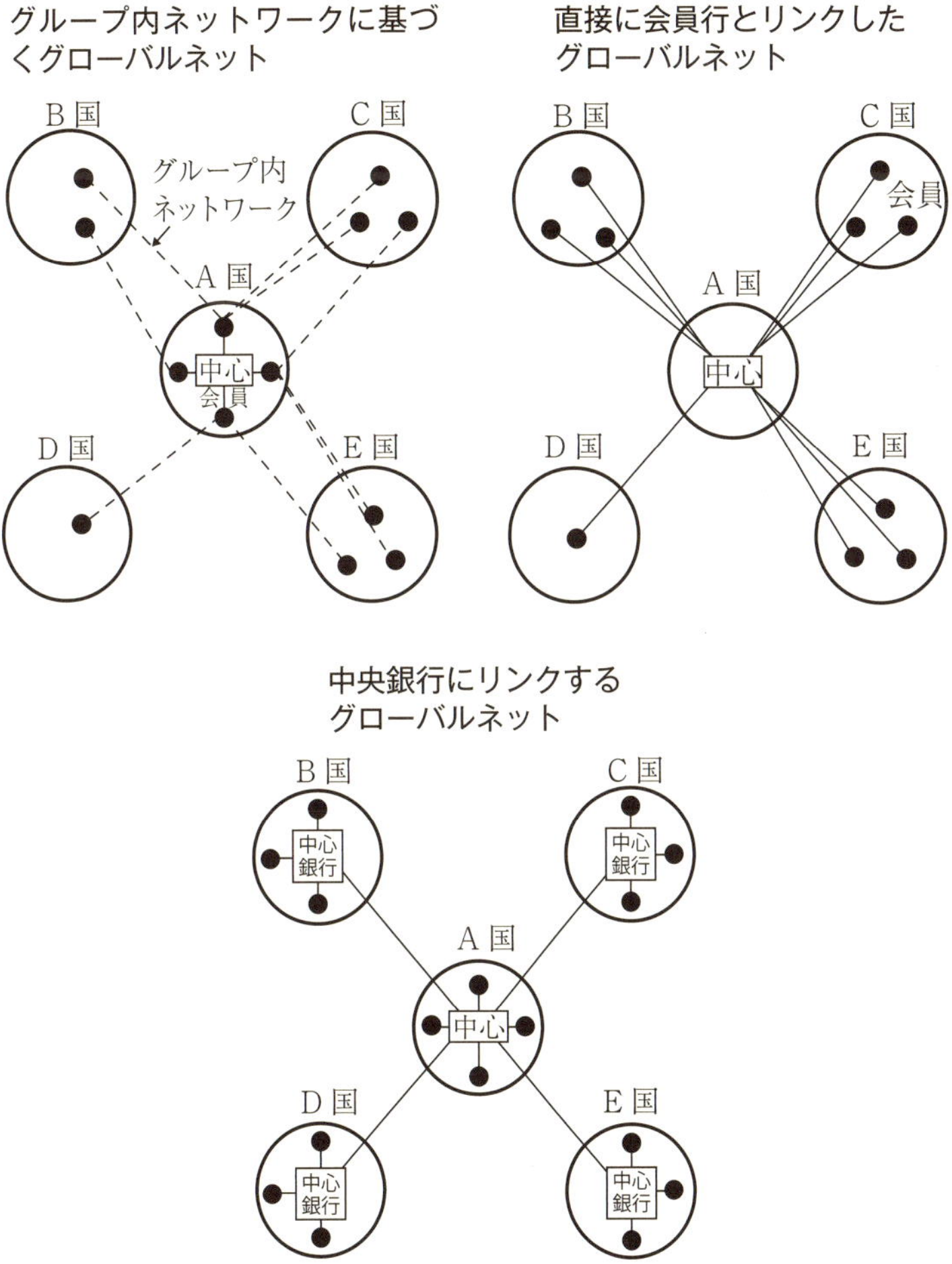

sourse: YoshiharuO ritani, Globalization of payment network and risk, in *Electronic Money Flows: The Molding of New Financial Order*, 1991, p.117, p.123.

向けにオンラインの当座預金振替サービスを提供しているが、これには開始時間と終了時間があるのである。国境をまたぐ金融取引ということは常に外為取引と不可分であり、これに伴う決済リスクが発生し、取引の増大とともにリスクも成長する。最終的に異なった通貨を決済する中銀のサービス提供時間が長ければ長いほど、市場参加者の金融機関は対策をとる時間的猶予が増えるから、このリスクを減らす手が打てる。日米や日独といった各国間の中銀の資金決済サービスの時間帯が重なっていれば、市場参加者には理想であろうが、しかし、いまのところ日米で二時間半、日独では一時間しか重なっていない。そこで各国とも、時間を延長する方向に動いていくことになる。米国の連銀が運営するFedwireは運行開始時間を九七年から八時間繰り上げ、午前〇時半からとした。これで現在、米国では、午後六時半の終了時間まで一八時間の資金決済サービスが実現されている。

　こうした資金決済のネットワークを基幹に編み上げられている情報ネットワーク上で、超国家的な、新たなグローバルな地平への金融市場の進化が続いている。それは内部に増大し続ける不安定性や変移性、システム・リスクを抱え込んでいるが、なんらかのかたちでこうした市場をコントロールしようとする方法を見いだそうとするひとたちの力は弱いし、そうした合意が形成されているともいえない。トービン・タックスのような、裸の金融取引を正規化しようとする改革のための目に見える提案があるにしても、超国家的な金融市場を統制しようというコンセンサスが得られる状況はまだ遠いように見える。しかしそうしたなかでも、情報技術革命の進行は止まるところを知らない。従ってその変化の趨勢のなかにある者には、情報化された金融取引の基本にある電子化された形態の貨幣システムの問題を確認する基礎的作業が必要であるように思われる。

信用創造と電子形態の貨幣

国際金融市場の機能はなにかといえば、各国に偏在する資金を再配分することだ。従って各国の金融市場は資金を引き出す源泉として、また資金の預け先、運用先として国際金融市場と結びつく。そうした金融市場の中核にあるのが、ユーロ資金市場であり、各国の銀行はそこで対外的なインターバンクの債権債務関係を取り結んでいる。たとえこのユーロ資金市場に関わりをもたない銀行であったにしても、ユーロ市場で活動する銀行と預金や資金調達の関係が生まれれば、対外債権や債務が発生する。この意味で各国の銀行はユーロ市場で資金取引を展開する銀行を介してユーロ資金市場に結びついているともいえる。このことから、資金再配分の機能を果たす国際的な資金取引には、資金の最終的な出し手から取り手の間にいくつもの銀行の介在があり、それが資金取引の中身をなしていることがわかる。ユーロ市場が準備金や税制などの国家的規制から自由であることの利点は、こうした規制が資金仲介のコスト要因となることを回避できることにある。それがないだけ、資金仲介が効率的に、また円滑に行われているわけだ。しかしこのことは、繰り返し何度も何度も資金が移転されることが実に容易に行えているということを意味してもいる。最終的な貸し手と最終的な借り手の間で資金仲介が繰り返されるほどに、実は、インターバンクの再預金が膨張するという現実が存在するのだ。準備率の規制がないのだから、自行に預金された資金は一〇〇%貸し出されるかたちで仲介されていく。それも、電子ネットワーク上の取引だから、そのスピードは光速で処理される。ここには、情報ネットワークというインフラによって異形な姿に成長した信用創造、信用貨幣の問題が存在するのである。

国際金融市場というクロスボーダーの銀行間資金取引システムのなかで、市場の仕組み自体が、銀行間再預金という一種の信用貨幣を発生させている。その仕掛けは、概念的に捉えれば、こんなものである。たとえば、ある国の資金の最終的な貸し手が同国の銀行aに一〇億ドル預金するとする。銀行aは国境を越えて、別の国の、ユーロ市場で資金取引を行う銀行bに、この一〇億ドルを預金する。銀行bは次に銀行cに同額を預金する。銀行dはクロスボーダーで銀行cから同額を調達する、そして国内の最終的な借り手に同額を貸し付ける。この場合、銀行を経由して一〇億ドルが最終的な貸し手から借り手に流れただけではない。それはネットの資金仲介額にすぎない。この一連の取引を通して、銀行a、b、cには一〇億ドル×3の三〇億ドルの国際的な債権が発生しており、また銀行b、c、dには国際債務一〇億ドル×3の三〇億ドルが発生する。債権のうち一〇億ドル、また債務のうち一〇億ドルはそれぞれ最終的貸し手からの受信額、最終的借り手への与信額であるから二〇億ドルがインターバンクの再預金ということになる。資金を仲介する銀行が増えるほどに、この再預金額は増加する。そして、この取引は情報ネットワーク上で展開されているわけだから、仲介銀行が増えることになんの物理的な障害もないし、ましてや社会的な規制があるわけではない。

こうした仕組みは、特段、電子ネットワークがなくても可能だと思われるかもしれない。しかし実際には、国境を越えた電子資金転送のシステムがあればこそ実現されている。そこでは移転される貨幣も、磁気テープ上では磁気データのかたちで、ネットワーク上では、電気的なデジタルデータの形をとり、このシステムのなかで取り扱われている。貨幣の物理的な担い手が情報に変じていることが必要な条件になっているといってよいだろう。そして、このことが、つまり、情報システムのなかで処理できるということが、こうした取引に格別のスピードを与えることになるが、それがまた、上記のような概念的な理解を超えて、現実のなかでのその実態をより巨額の、複雑な取引にしている。現実のなかでは上記のような仕組みが単独で処理されているわけではないし、格別のスピードをもって処理される資金取引のなかに組み込まれているからだ。総資金取引に再預金がどれほどの割合を占めているかはＢＩＳも推計しようとしている。一九九六年末で一〇兆ドルに届かんとする債権や、これに対応した債務額のうちネットの国際銀行信用は五兆ドルで残りは再預金ということだ。こうした巨額の資金は情報基盤に基づく金融システム全体が作り出している富であるといえるが、こうした富は人々の手に届かぬところで、その管理が金融機関や職業的な投資家階級の手に任されているわけだ。

ところで、電子ネットワークが金融システムに活用されることで、これまでの常識からは想像しにくい事態が起こっている。国際的な銀行間の資金取引でも、これを判断する数字は、もちろん事後的に集計されたものだ。しかし技術革新のせいで、時々刻々動いている貨幣フローの分析では、これまで、貨幣の通常の形態つまり中央銀行の集計する各種のＭでは不十分だといわれるようになっている。われわれは、ちょうど外出した子供たちの行動を把握しているわけではないのに、帰宅したその姿からそれを推し量っているように、通貨の動きを事後的に集計した値から考えようとしているだけではないのかというわけだ。

つまり現実には、財やサービスの支払いに充てられる貨幣価値の一部を各種のＭは表現しているだけで、販売者が受け入れる別の価値が公式のMの数値からは排除されているのではないのかという疑問である。なぜなら、電子ネットワーク上で、対価として受け入れられる電子的形態をとった価値はじつにスピードにあふれており、また短命でもあるので、捉えることが困難であるからだ。そこでは、通常の貨幣基準にうまく適合しない価値の形態が存在しているのではないか、というわけだ。

情報資本主義の時代、まったく新しい貨幣フローが発生しているようにみえる。その特質は格別のスピードにあり、光速で動いている。そしてまた、他の金融情報と混じり合ったかたちで貨幣価値が情報として動いてもいる。清算の仕方も通常とは異なっている。米国でいえば、預金通貨やフェド・ファンドによるばかりでなく将来の時点での財の先渡し要求や電子的バーターなども活用されている。あきらかにかつては想像もつかなかった技術上の芸当が貨幣の量ばかりか流通速度にも多大の影響を与えているようだ。持続的な貨幣フローが金融経済のパイプラインを通して二四時間の支出を可能としている現実がわれわれの前には存在するのである。そして、ネットワークを活用するプレーヤーたちの信用創造力も旧来のそれよりも格段に強化されたものになっている。

そこで、電子ネットワーク上で電子の形態をとる今日の貨幣のかたちを確認しておこう。議論は、もっぱらエリノア・ハリス・ソロモンの議論に依拠することになる。まず、ソロモンの作成した図を見てみよう（図2）。

彼によれば、新たな貨幣の分類が登場し始めているという。まず通常の貨幣、Aがあり、これには現金や預金、その他連銀のM_1やM_2、M_3、またLへと狭義から広義へと分類された貨幣が含まれる。M_1とM_2は一部、準備金で担保されるか、あるいは連銀の預金債務（いわゆるフェド・ファンド）と金庫に保管された準備金（R）で担保されている。ここで連銀のMは、もちろん分類されたものだから、一定時点での概念である。一日の終わりに量られるものなのだ。これらはしばしば、電子的な貨幣フローの決済残高として現れる。

Bは電子的な貨幣である。この潜在的な貨幣形態は連銀の資金決済ネットワークが運行を開始すると目を覚まし、運行が終わると眠りにつくものだ。つまり、「一日のうちだけの」当座貸越から創り出され、日内に電子的に流通するタイプの貨幣である。その創造プロセスは支払人である銀行が朝、電子的にフェドワイア上で資金を送ると、連銀のオーバードラフトによって発生する。しかしそれは一時的な、「日内の」貸付であり、一日の終わりに資金が回収されるときに消滅し、そして一事業日ごとの朝がくるたびに生まれるというわけだ。

図2　今日の貨幣の形

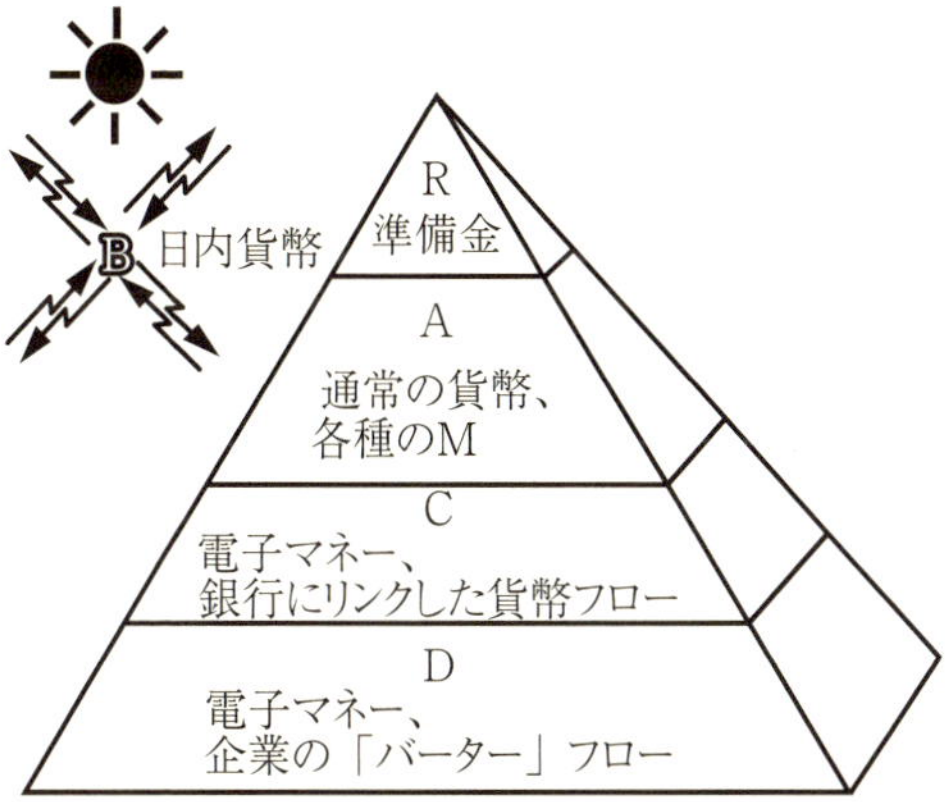

sourse:Elinor Harris Solomon, Today's money: image & reality, in *Electronic Money Flows: The Molding of a New Financial Order*,1991,p.17.

CとDはいくぶん持続性のある電子的貨幣を表現している。そのライフスパンは理論上、事業日内の時間を超えても広がっているからである。こうした貨幣はいくつかのタイプのいずれかからなっているが、本質的に電子上の価値を表象しているという。この価値は財やサービスに対する支払いとして使用されるが、しばしば、広域化した経済のなかでは、その他の、取引関連情報などの情報フローと混じり合っている。このメッセージは電子データ交換網という私的な回線上を流れ、衛星経由で光速のスピードで受取人に届く。これらは預金通貨やフェド・ファンド（連邦資金：連銀に預けた準備金で、フェド・ファンズ・マーケットで貸借が行われる）、電子的な財への要求（バーター）などで清算される。こうした情報に基づいた無形の「貨幣」の大部分が銀行預金のような旧来の計算貨幣を使って清算されている。ここで特徴的なのは、通常いかなる形式的な準備金の要求もないことだ。最終的に預金を使って清算するさいに指定された手形交換のための宛先とされた銀行はプライベートな非公式の残高要求をもってはいるが、あくまで私的なものにすぎない。

こうした電子ネットワーク上を動き回る貨幣は、一日の終わりに、規則的に、通常の貨幣システムにリンクされ清算されるわけだ。そうした意味で、それは少なくとも清算時間がきた段階で、いまだ通常の貨幣システムのなかにあるともいえるであろう。しかし電子化されネットワーク上で動く貨幣は、第三のタイプの貨幣ということもできる。通常の貨幣形態とリンクするところで、完全にか、部分的にか、電子的に消去されるが、電子ネットワーク上では貨幣として振る舞っているからだ。このような電子貨幣を銀行にリンクした貨幣フローと呼ぶことができる。

たとえば、この貨幣はキャッシュカードやあるいは自動化された手形交換所（ＡＣＨ）のような小売り電子ネットワーク上でも、商店やファーストフードやガソリンスタンドのオーナーなどに、支払代金として流れていく。転送されているものは通常の銀行預金であるわけだ。こうした電子形態の貨幣は銀行と非常に強固なリンクをもたざるをえない。また、大規模な私的ドルネットワークであるＣ

HIPS(ニューヨーク手形交換所協会の会員銀行間で電子ネットワークを使った資金の清算が行われている)で流れる貨幣類似の価値物は、日内に多くの市場を動き回る巨大な電子フローである。しかしこれらは一日の終わりにはフェド・ファンドで清算される。こうした銀行にリンクした貨幣フローの事例では、通常の貨幣形態とのリンクがおろそかにされているということはないが、すでに独自の形態で動いているといってよい現実がある。

その一つに、こうした銀行にリンクした電子ネット上を流れる貨幣の特質として、どの取引も追跡可能であるということがある。もちろんそれは相当のラグを伴っているが、クレジット・カードや信販会社などは年間のデータを取引ネットワークに関連情報として提供しているわけだ。また、少なくとも今のところは、顧客は通常の貨幣保有から資金を転送しているが、プリペイドカードやホームバンキングがポピュラーなものになれば必要なくなるわけで、通常の貨幣とのリンクはますます弱くなっていくであろう。

Dが示す電子形態の貨幣は非常につかみにくく、経済社会からその内実を隠蔽する私的性格の強いものだ。企業の情報フローのデータはバンドルされており、そこから正確な貨幣フローの額を抽出することは不可能となっている。もっともとらえにくい電子的な貨幣価値として「企業バーター・フロー」があるのである。企業のバーター・フローは一国や世界のさまざまな地域の間を私的な電子ネットワークや電子データ交換(EDI)を経由してバンドルされた情報として動く。これらは他のネットワーク上の電子的な貨幣信用や財、(バーターモードでの)財への要求などで最終的に清算される。しかし、場合によっては非公式な財基準、石油や航空券チケットなどの財基準も存在しており、その限りでは企業間の私的なネットワークのなかに囲い込まれている。それが社会の視線にさらされる可能性は、そこでの取引が電子データ交換の閉じられた輪の参加者が受け入れ可能な計算単位やシステムの運用可能性を維持するために、ある決まった将来の時点でのネットワークとネットワークの間の貨幣的清算を最終的に必要とする時点でだけである。現在のところ、こうしたネットワークにとっても銀行のネットワークとのリンクは必要不可欠なものではあるが、これが自己完結的に存在しうる可能性が増すほどに、銀行に課されるような準備金を必要としないわけで、こうした貨幣に似た価値物は急速に成長していくであろう。実際、企業間やまた企業内バーターフローの存在のなかには、国家的な、また超国家的なリンクのなかで通常の貨幣形態に置き換わったものが存在している事実があるのだから。しかし、情報の多くが独占された状態にあり、それゆえ分析は困難なのも事実であるが、電子データ交換というシステムの発展は、そうしたシステム自体が電子的な取引手段であり、価値を表象する手段を生み出しており、それが私的ネットワークのなかに隠し込まれているという問題を発生させていることがわかる。

技術進歩が可能とした、貨幣に関するこうした現実のなかで、それが社会経済に与えている諸問題は多いが、なかでも新たなシステム自体が新たな信用の創造の可能性を与える点、また、新たな貨幣類似物をシステムのプレーヤーが享受しうる点に潜む問題を探る必要がでてくる。

信用貨幣の社会性

なによりも量的次元の問題がある。それはこれまで貨幣乗数として議論されてきたものであるが、これが電子ネットワークの活用のなかで姿を進化させる貨幣において、どのような実態になっているかが興味をひくわけだ。そのために、ソロモンにしたがって、新たな貨幣分類をみておく必要がある。

通常の連銀が提供している貨幣分類は次のようなものだ。M_1は売買に使用される貨幣で、現金や預金、トラベラーズ・チェックなどを含む。M_2は小額の、貯蓄性預金などの貨幣類似の金融資産にM_1を加えたもの、M_3は大口の広義貨幣にM_2を加えたもの、Ｌは短期流動資産にM_3をプラスしたものである。

ソロモンによれば、これに、M_eとＢが加わるという。M_eは電子ベースのあらゆる貨幣を含み、Ｂは物理的なバーター形態での財のスワップで、このそれぞれは、電子的形態に応じて次のように分類される。M_eの構成要素として、まず$^*M_1$があり、これはM_1に電子キャッシュの代替対物としてのスマート・カード様の「貨幣」を加えたもの、$^*M_2$は小売段階の、小額の決済に使われる電子マネーにM_2をプラスしたもの、$^*M_3$は金融機関の卸段階の大口で、電子ネットワークで極めて高い回転率をもつ電子形態の資産にM_3をプラスしたもの、$^*L$は財務省証券のような流動性資産や対外債権にＬを加えたもの、そして$^*B$は企業間の電子データ交換網で物理的に、また電子的に取引されるあらゆるバーターでの電子的な価値を指す。

実はこうして分類された貨幣につき、それぞれの信用創造を示す貨幣乗数をソロモンが連銀のデータをもとに簡潔な表にしている（表1）。なお、表中のＣとＤは図２のＣとＤに同じ。ここで、注目すべきは、M_eの乗数値が１００から５００となっていることだ。私的なネットワーク上の乗数値が捉えられないのは当然としても、銀行にリンクされたネットワークにおいて、通常の貨幣ストック・アプローチとは比較にならない信用創造が行われうることをこれは示している。

通常、銀行の信用創造における貨幣乗数は、公衆が手元に現金を保有する程度によって制約される。そこでこの乗数は、教科書の教える通り、預金準備率の逆数倍よりは小さい範囲にあるが、貨幣が電子的形態をとるほどに貨幣乗数値は無限に準備率の逆数に近づいていく可能性が与えられる。そして電子ネットワークの提供する快速性が準備率すら無意味化する可能性をもたらしているかにみえるのだ。実はここに問題が潜んでいるのだが、ひとはこの事実に気づきにくいものだ。技術変化が可能にした貨幣の形態の変化があるという事実は直感的に理解しうるのだが、情報システムの進化が可能にした貨幣乗数値の無限大までの拡大のもつ社会経済における重大性については見過ごしがちにみえる。

では、こうした貨幣乗数に示される莫大な信用貨幣の創造はどのような視角から捉えかえされるべきか。われわれは貨幣が電子的形態をとる以前の段階の信用貨幣がもっていた問題点を改めて確認するところから始める必要がありそうだ。そこでの問題点が量的な規模で拡大されているからだし、電子システムが格別のスピードを貨幣に付与していることで、同時に質的な変化をもたらしているが、基本は連続しているようにみえるからである。

ここで改めて貨幣の基本性格を振り返ってみよう。その顕著な性格は、①流動性、②流通の持続性、③貨幣が信用である場合は、その限界生産費がゼロに近いという事実、④その持越費用がゼロであるという事実である。ここで、①と②は貨幣がモノの移転の媒介手段として社会的機能を果たしているということから直接出てくるが、ここでは立ち入らない。また④にも、貨幣経済を正規化するには重要なポイントだが立ち入らない。

表１　貨幣創造プロセスと貨幣乗数

	貨幣乗数m * (1989年末)
A貨幣ストック・コンセプト	
準備金ベースのストックに対するM_1ストック	2.8
準備金ベースのストックに対するM_2ストック	11.5
準備金ベースのストックに対するM_3ストック	14.2
準備金ベースのストックに対するＬストック	17.0
B貨幣フロー・コンセプト	
準備金ベースのストックに対するM_1フロー	25-40
準備金ベースのストックに対するM_2フロー	
準備金ベースのストックに対するM_3フロー	40-100
準備金ベースのストックに対するＬフロー	
電子マネーＣ＝Ｍｅ	100-500
電子マネーＤ＝Ｍｉ	尺度不能 基本的に貨幣乗数ｍは無限大にまで拡大する

（＊）　ｍは貨幣乗数を指すが、ここで$M = m \times B$の関係にあり、マネー・ベース（Ｂ）における変更が与えられると貨幣供給（Ｍ）がどれだけ変化するかを示す。
source: Elinor Harris Solomon, Todays's money: image and reality, in *Electoronic Money Flows: The Molding of a New Financial Order*, 1991,P.37,(ただし、表は一部簡略化してある)

③の現代の貨幣に特徴的な特質に止目してみると、この貨幣の限界生産費がゼロに近いという性格が示しているのは、このような貨幣の創造が自由競争に任されている場合には、財やサービスで表現した貨幣の価格、つまり購買力を指すが、これがその限界生産費すなわち、ほぼゼロに切り下げられるだろうし、またそのゆえにこそ、今日、貨幣が独占的な生産物になっているという事実である。まったく単純なことだが、独占的に創造されているがゆえに貨幣の価格はその限界コストより高い水準で成立しているわけだ。他の財やサービスにとっては、その価格は自由競争のもとでは、平均コスト＝価格＝限界コストであり、独占状態のもとでは、平均コスト＜価格＞限界コストであるが、貨幣の場合はそうではない。財やサービスの価格が限界生産費以下であるべきだというのは公衆の支持を受けるであろうが、貨幣の購買力がゼロであるべきだというのは公衆の支持するところではないし、不条理ですらある。このことが貨幣がコミュニティの制約を受けざるをえない一つの根拠である。

なぜなら、経済社会において貨幣量が変化する場合になにが起きるのかを考えてみればよい。一般に貨幣量が増加すれば、貨幣のタームで表現した価格や賃金、給与、利潤の高騰が引き起こされ、経済活動は刺激されることになる。その結果として、物価水準の上昇と経済活動の活発化はともに単位時間当たり支払額の増加をもたらす。この貨幣的にみた取引高の増加の動きを限界づけるのは経済プロセスのどの段階でも、非貨幣的な、実物的であったり心理的であったりする諸要因である。この限界に到達すると、貨幣量におけるさらなる増加はさらに経済活動を活発化させることに結びつかない。こうした臨界点を超えてしまうと、物価水準と貨幣的取引高の間の関係は直接的な比例関係に入ってしまうが、貨幣的な取引高における増減は人的、物質的諸資源の利用率の増減に示される経済活動の程度に部分的に依存しているがゆえに、この臨界点に達するまでの段階では物価水準はさほど貨幣的な取引高の増減に比例するものではない。経済活動の尺度として実質的な取引高を考えることができるが、これは貨幣的な取引高を一般物価水準で除せばよい。実質取引高は、貨幣的な取引高がゼロから始まるので、同様にゼロから始まり、非貨幣的要因が設定する極大点まで増加していき、そこから先は貨幣的な取引高が増加しても一定となる。概念的に簡単に図示するが（図3）、ここで、物価水準と、これと反比例する単位当たり貨幣の購買力、また実質取引高も貨幣的取引高の関数の形で示すことができる。

図３　貨幣的取引高と実質取引高の相関

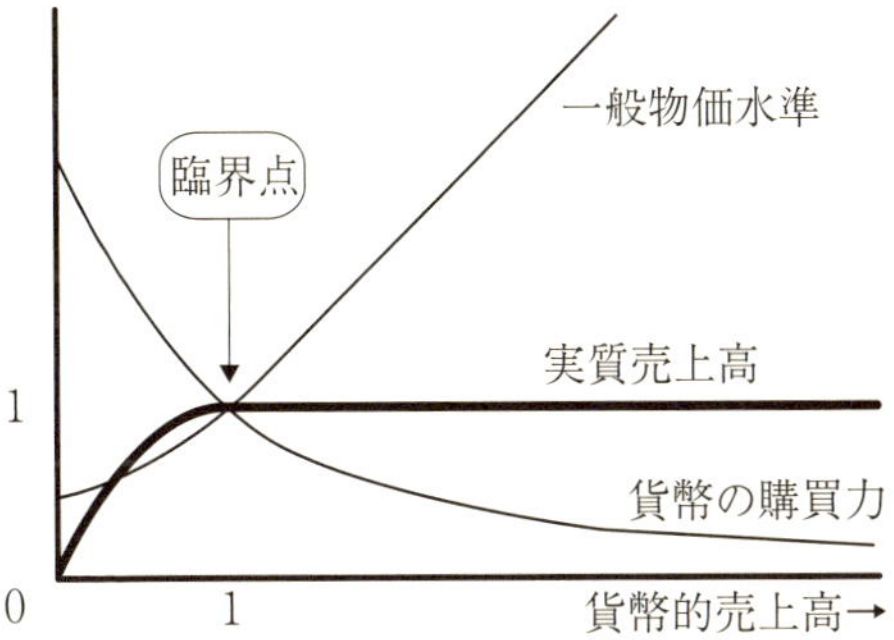

sourse: W.P.Roelots, *Acritical and Econometrical Study in "Social credit"*, 1951.p.8.

　貨幣の生産コストは、それが信用貨幣であるなら、かなり小さいものだし、限界生産費はゼロであろう。しかし他方で、信用貨幣は利子が発生する債務をも表現している。これはそうした貨幣が存在することに伴うコストでゼロではない。そしてこのコストは経済社会の総貨幣量にしめる利子を発生させる貨幣部分に比例するものだ。そして、利子が発生するかしないかでみた二種の貨幣の間の比率と貨幣量で貨幣的な売上高を除して得られる貨幣の回転率が一定であると仮定すれば、貨幣のタームで表現した利子コストは貨幣的な取引高に比例しようし、こうしたケースでは利子コストは実質売上高の一定率を示すことになる。

　こうしたことから、公衆が人間的ニーズに多大の満足をもたらす実質取引高を支持するのであれば、臨界点以下に貨幣的な取引高はとどまるべきであり、これを超えた増加は経済社会にとって意味のないインフレということになる。したがって、経済社会にとっては貨幣量の水準、また実質取引高が重要ということになる。このことは経済社会を構成する個人にとっても同様である。われわれの保有する貨幣量が半減したとしても、その回転数が二倍になればなんらの問題はないのかもしれない。この場合は、貨幣の効率性が二倍になっているにすぎない。貨幣量を判断する基準はあくまで経済社会の実質的な豊かさであるべきだ。実質的な富をどう定義するかはいろいろあろう。ある定義によれば、経済社会の富は信用貨幣を除いたわれわれが実質的に所有するすべてである。また別の定義によれば、要求されるとき、要求される場所で財やサービスを配分する社会の能力とその効率性が富であるという。そのいずれでもよいだろう。しかし信用貨幣が現われ、債権債務の関係が複雑化するところでは、そしてそれが情報技術によって驚異的に増幅される可能性が与えられるところでは、社会の実質的な購買力を考慮することのない、無から創造された貨幣が跋扈する。ここに孕まれている問題はいつの時代においても基本的なものにみえる。

　なぜなら、信用貨幣は債務の性格を帯びた貨幣として現れる。貨幣としてわれわれはこれを我らが社会資本や所有物に含めるわけだ。しかしながら、その特殊性はこれを借り入れただれもが、国家や組織された経済社会でさえこれを所有しないという点にある。債務が清算されるとき、信用貨幣は存在することを止める。こうした清算行為によって、一見したところ、だれの所有も減少するわけではない。にもかかわらず、われわれの社会的な総所有は減少するというわけだ。これは信用貨幣のパラドックスである。それは誰の所有物でもないが、社会的な所有物であり社会的な信用なのである。重要なのはこの社会性である。それは社会経済のシステムが作り出したものなのだ。しかし根本問題はこうした社会的な信用が、社会全体に責任を負うことのない私的な金融機関によって管理されていることであり、その意志によって貨幣をめぐる政策さえ決定されていることである。そしてなによりも私的な金融業者がその利益を独占的に享受していることである。システムが生み出したものはシステムに、社会が生み出したものは社会に帰属すべきなのだ。われわれはインターネットでよく見かける一部のアナルコ・キャピタリストのように、地球大の電子ヴィレッジではだれもが貨幣を作り出せるなどという、金利生活者階級の夢に囚われるわけにはいかない。

Ⅲ　貨幣改革論への途

自由主義と自由な社会主義の課題

アナーキズムの多様性

いまもってマルクス主義者や、あるいはこの主義をもって生活の糧とする知識人階級が少なからず存在し、社会のすみずみに集合主義的な組織と規制があふれ「隷従への道」にあるかのごときこの国はいざ知らず、主に欧米のラジカルズの議論に触れるにつけ、二つの接頭辞の乱用には悩まされる。エコとアナルコがそれだ。エコマルキシズム、エコファシズム、エコリバタリアニズム、アナルコキャピタリズム、アナルコフェミニズム、アナルコファシズム、アナルコフェデラリズム、などなど、これらは他を批判する際のレッテルとして使われたり、また自らの特質の表現として活用されたりもしている。おそまきながら、この国でも、それらのメニューの一つ、アナルコキャピタリズムないしラジカルキャピタリズムが語られるようになった(1)。一見するとそれは、欧州のリバタリアンの主張の一部が混入してはいるが、伝統的な米国の共和党右派のリバタリアニズムにみえる。左翼知識人のなかにはロールズの議論に取り組むひとも増えているようだから、われわれ労働者は太平洋のこちら側でも共和党と民主党の論争を見せられることになるのだろうか。

ところで、エコロジーを主張する者のなかには農業まで環境破壊であるとして拒否するファンダメンタリストが存在するから、そうした立場からすれば、これらの接辞をもつ主義はなんらかのハイブリッド性を示しているのかもしれない。しかし、アナルコの場合は事情は複雑である。アナーキズムはもっとも抽象的には、ギリシャ哲学におけるアルケーの第二語義、命令、支配、権力に対する対立を表現するものである。しかしその具体的な、政治的ないし社会的発現は実に多様だからだ。[2]

例えば、一方で、アナーキズムといえば権威や抑圧に対する武勲詩には事欠かないし、それは至福のときへの憧憬にあふれた精神や、あるいは反対に深い絶望と表裏一体となった反抗の精神と結びついているようにみられたものだ。しかし他方で、産業社会が発生すると同時にそれがもたらした社会問題を解決しようと社会主義が生まれるなかで、アナーキズムは徹底した自由主義的性格を帯びた社会主義として、つまりソシアリスム・リベルテールとして問題の現実的な解決策を探求してきもした。[3]

一例としてアナーキズムの父といわれるプルードンをみてみれば、所有批判から始まり、実証的アナルシーの具体的内容としてのアナルコ・フエデラリスムの社会構造を提起することによって終わっている。しかし、その道程には自由とともにアナーキズムの伝統といってもよい倫理的な性格もすでに刻印されている。プルードンは正義と、またこれとの関連で所有批判を探求したのであった。そのなかで国家、資本（所有）、宗教に示される抑圧の三重の形態に対する対立を、連合的に編成された政治秩序とこれらが構成する国家連合主義的国際政治秩序、正の流動性プレミアムの存在しえない市場経済を中身とする競争的でありながらも相互主義的に組織化された経済秩序、反神論の三重の論理で表現してきたのであった。

ところが、バクーニンの場合は対照的に、自由が第一義であるとする点で、本質的にリバタリアンであるといえる。彼は国家とその正当性に示される神秘主義に無限に自由に接近したアナルシーを対置したのであった[4]。この点でマックス・シュテイルナーも哲学的な基礎や用語法において彼とは異なっているが、バクーニンと非常に近い関係にあるだろう[5]。バクーニンの思考は本質的に革命的な用語に満ちており、アナーキズムを極左的な運動とみなそうとする自然な傾向があるともいえる。この傾向が、フランスのマルクス主義者、ダニエル・ゲランをしてバクーニンのなかにアナーキズム理論の無上の実践例を見出させたともいえるし、マルクス主義の権威主義的傾向に対する有益なリバタリアン的な対重を発見させたともいえる[6]。そうして、このバクーニンに始まるコミュニスム・リベルテール[7]は、プルードンに始まる自主管理的で連合主義的な自由な社会主義とともに現代においてもアナーキズムの一傾向を表現している。

これらに止まらず、アナーキズムのなかにはウィリアム・ゴドウィンなどにみられるように、ある種の幸福説的前提を第一義とする思想もあり、幸福が中心概念である。そこでは正義や自由はそれからの派生として考えられることになる。この考えは、新しいところではポール・グッドマンなどにもみられる。このように、他に例をあげればきりがないほどアナーキズムは多様であるが、もし資本主義がその敵対者の名称と自らを接合する新たなイデオロギーを獲得しているのであれば、アナーキズムが資本主義をどのように問題にし、なにを対置してきたのかがかえって問題である。そしてその議論が無視しうるほどのものであればアナーキズムは強者の自由にくら替えすればよい。そうでない場合は、それが多様でありながら、求心性をもつ理由を明らかにする一助になるかもしれないし、現代においてそれがいまだなにものかでありうるのかを考える助けになるかもしれない。

変化する問題状況の中で

いまだ世界が米ソの冷戦のなかにあり、共産主義が強大な勢力と権力を所有していた一九七〇年代の後半、モーリス・アレは社会主義と自由主義についてこう書いていた。

「数世紀の間、〝稼ぐことのない〟所得、労働なしの所得、地代、利子、所得と財産の不平等に村する抗議は抑えられることがなかった。教会の教父たちからフーリエ、オウエン、プルードン、マルクス、ヘンリー・ジョージ、ワルラスをへてシルビオ・ゲゼルとケインズにいたる抗議はつねに激しいものであったし、またしばしば素朴で、ときおりたいへん明快なものであった。これらはたいそう異なった諸傾向の精神に由来している。あるものは、国家が課す権威的な組織によってのみ、証明された不正義を真に解決できるとの確信に支配されており、また別のものは、同様の確信に鼓吹されてはいるが、適切に改革された自由で分権化された組織のみが、効率を維持しながら、正義を確実なものとする余地があるとする点で、まったく対立し合っている。前者は、共産主義タイプのものであれ、協同組合主義的ないしファシストタイプのものであれ、力のある政治運動を生み出すのに成功した。後者は大衆を導くのに成功しなかった。もちろんよりニュアンスに富み、より複雑なその思想が、まれにはデマゴギー的ではあったが、大衆を熱狂させるのに適していなかったからである。自由主義を援用する政治運動は国家管理主義的な、また全体主義的な教義との決定的な戦いから生まれ、その集団は、本質上、現存の秩序を維持しようとの利害で基本的に結びついたあらゆる社会階層から構成されていた。

そこに、おそらくは、自由主義の悲劇がある。その大部分にとって、真の支持者はその対立者の隊列のなかにおり、しばしばそこで持ち出されたものは根本的に自由に反する現実であった。自由主義者たちが現存の秩序の擁護者に変わろうとしなかったならば、集合主義の不可避的な失墜と実例に不足することのない非人間的な抑圧を十分に示しながら、彼らが唯一の存在となったことであろう」[8]。

ここで自由主義という場合に、アレはリバタリアニズムからリベラリズムまで広範な潮流を含めている。そして、その悲劇の理由を他方に存在する、不労所得に起因する社会問題の解決をもっぱら「国家が課す権威的な組織」によって果たそうとする存在との対抗に求めている。すべてをおのが政治勢力の拡大に集約し、最終的には自らが掌握した政治権力によって事を解決しようとする思考、それはまた現行秩序において限定的に実現している自由さえしばしば抑圧するものであったため、自由主義はこれに反撥する勢力を味方と誤認してしまった。実は真の依拠すべき勢力が敵対者側が取り込んでしまった勢力にあることを自覚できず、自らを現存秩序の擁護者にさえしようとしてしまったというのだ。

アレがこの文章を書いたのは一九七七年である。これが、七〇年を前後する時代の世界的な異議申し立ての運動のなかで、自由な精神に鼓吹されていた者たちの多くが、その後、とりわけ米国では伝統的な共和党の思考に接近し合流していく時期のものであることは注目されてもよい。第二次大戦後、ヒックスをして瞠目せしめたこの経済学者は、同時に強固なフェデラリストでもある。戦後フランスが解放されるとすぐに欧州の連合主義的に統合された政治・経済秩序を提言したことは欧州ではよく知られている。その彼が他方で冷戦構造のなかで「集合主義の不可避的な失墜」を予測しながら、一方では、自由主義の存在状況に異議のまなざしを向けている。しかし彼の指摘が顧みられることはなく、自由主義は、一九七〇年代からさらに一九八〇年代も、自由主義の長い歴史のなかで例外ではなく、真の依拠すべき勢力を知らず、かえって敵対するという悲劇の道を歩んでいたのである。

しかし永遠に続くかに思われた冷戦構造は終末を迎える。「大衆を熱狂させるのに適して」いた「国家管理主義的な、全体主義的な教義」は見捨てられる。それが約束した解決が得られず、人間性に対する抑圧が目立つばかりであったからである。つまり、バルデッリがいうように、「国家資本主義ないし共産主義においては、消費者の搾取は最悪であった。競争の不在のゆえに、国家権力は賃金や物価、消費者の直接の選択を統制した。そしてストライキ権は剥奪され、物価は完全に消費者のコントロール外のものであった。欲求は労働者として必要とされる限りでのみ考慮された。したがって共産主義諸国のなかに、形態はさまざまではあるが、資本主義の初期の、最悪の日々にあったのと同様の人間の欲求に対する無関心さを発見しても驚くには当たらない」からであった(9)。思想的にみて、この共産主義の崩壊が示したものは何であったのであろうか。

例えば、貨幣の数量方程式を考えてみれば、それを端的に理解しうる。すなわち、

P=M ＊ V/Q

ここで各変数が意味するのは、

P　価格水準
M　貨幣量
V　貨幣の流通速度
Q　国民総生産

である。周知のように、この方程式は価格Pがコントロールされうることを示している。共産主義者が提起していたのはこの価格Pの政府による決定と管理であった。また、生産量Qの政府による決定と管理も彼らの主張するところであった。しかし、共産主義諸国の崩壊並びに中央計画経済の崩壊でこれらは信用を失ったのである。いま人々には残りの二変数、貨幣量Mと貨幣の流通速度Vの正確な管理という主題が残されているだけである。[10]

この国家の支配し統制する権力に頼る思考が信用を失墜した[11]からといって、それだけで自由主義が「唯一の存在」になったわけではない。現在、共産主義が新たな状況に立たされていることは、同時に、これと敵対してきた自由主義も新たな状況に立たされていることを意味している。自由主義はこれまでの誤認から自己を解き放ち、真の自らの由来とその意義に関わる意識をもつべきときにきている。

それはモーリス・アレの問題意識でもある。ハイエクのいう「隷従への道」との闘いが必要であるにしても、彼はそれが不可避な道であることを拒否している。弟子のモンブリアルの要約にしたがえば[12]、「アレの目標とするところは『所得分配と社会的正義の観点から、教会の教父たちからプルードンやマルクスに至る偉大な改革家たちの着想と結論に完全に応える状況を経済にもたらすこと』である。アレが不労所得と労働所得の間の古臭くみえる区別を再度取り上げるのは、こうした意図に発している。前者の概念は純粋に物質的な財に結びついた賃料であり、この財のもたらす収入はそれを保有する者の活動からは独立した、それをただ所有するという事情に由来するのである。このことはまた地方政府や国家が施した改良事業によって土地からの所得が増大するような場合にもみられる。また価格の不安定性を通して債務と債権の実質価値が変動することから生まれる『偽りの権利』も原因を欠いた富裕化の要因と捉えられる。『私的所有に基づく市場経済に対立する力を生み出したのは不労所得である』とアレは指摘している」。

アレは自由主義が偉大な改革家たちの着想と結論に応える経済状況をもたらす任務を負っていると考える。それは自由についての長い思考と実践に彩られたアナーキズムの来し方についての関心を呼び起こすはずだ。たしかに、アナーキズムへの関心は一九七〇年を前後する時代にも存在した。それは例えば、プルードンを自主管理論の文脈で読み直す成果を上げたともいえる。しかし自主管理の経済システムが効率性の点で資本主義体制に劣るとはいいながら、十分に経済体制としても存立しうるとの論証(13)が行われながらも、その探求を支えたユーゴの共産主義という現実的基盤が崩壊するなかで、ひとの関心から外れていったのが現在の状況といえるだろう。ところがまたまたアナーキズムは息をふきかえすのである。それはその基本的原理、自由と平等においてであり、それも所得分配と社会的正義の観点からである。いま自由主義はアナーキズムとの類縁性を尋ねることでそれが真に依拠すべき隊列を見出しうる機会に遭遇している。

プルードン回顧

いつの時代にも接近の仕方によって新たな姿をみせてくれる豊穣な源泉が存在する。アナーキズムの場合は、例えばそれはプルードンである。かつてはプルードンを取り上げる際には意識的にか無意識的にか、必ずマルクスが他方に意識されていた。それは両者の類縁性や相違に関心を寄せるタイプの読み方となった。それは今日でも有力な理解であることに変わりはないが、ここではアンサール(14)やガイヤール(15)の議論に依拠しながら、プルードン思想の概要を把握してみたい。

以前は、プルードン理論への注目はその集合力理論から始まった。『経済的諸矛盾の体系』において、プルードンは、資本家の利潤が「盗奪」にすぎないこと、すなわち資本と労働のあいだの暴力的な状況による強奪であることの論証を試みた。これを彼は組織された労働の事実を観察することで果たそうとした。すなわち、組織的に再結合されることで労働者は一つの力量つまり「集合力」を構成し、個々的な力の単純な総和以上の力を生み出しているという事実である。労働の分割（分業）と組織化が集合力を生み出しているが、しかし、この力のもたらすものは資本家によって独占されている。したがって、資本主義は必然的に疎外の、また盗奪の関係、資本家と労働者の間の戦いの関係であることになる。この議論はある社会階級が生産手段を独占し、賃金において労働力を統制しはじめると、必然的に、盗奪と暴力と疎外が存在することをも意味する。この、プルードンによる集合力の社会学理論は、しばしばマルクスの剰余価値論の成立との関わりで議論された。

しかしこうした関心を外せば、所有とは盗奪である、とのスローガンで知られるプルードンの攻撃対象が資本家タイプの所有であることが分かる。単なる私的所有（「占有」）は盗奪の原因ではないことが素直に理解しうる。例えば、農民や小商工業者などが土地や生産手段を所有していても、彼らが他人の労働によって生活する資本家でないかぎりは問題はない。この区別はプルードンが社会革命の計画を練り上げるための出発点として重要であったと考えられる。プルードンが批判する資本家タイプの所有とは、「濫用権つまり労働せずに生産する権力」と彼が定義するものである。そうすると、問題は地代や利子といった賃料をもたらす土地資本や金融資本、産業資本ということになる。

ところで、集合力の社会学理論でプルードンが示しているのはどのような生産も集合的であり、これは生産が労働者たちの統一と調和、その努力の集中と同時性に由来する無限の力に負っているという事実である。しかし、資本家的所有者はただ個々的な諸力の総計に対応した賃金しか支払わず、したがって、社会には常に決して獲得されることのない、正義に反して所有者が享受する集合的所有権が残されていることになる。労働者の集合力によって生み出された生産物の価値と労働者に支払われた賃金とのあいだの相違は資本家的所有者が領有する剰余価値を構成する。この剰余価値はプルードンにとって盗奪を意味し、社会的不平等、階級分化、労働者の搾取の起源にあるものである。そうすると、彼にとって資本家タイプの所有は最悪となる。なぜなら、それは労働を欠いた利害の起源であるからである。剰余価値と集合力の二概念によってプルードンが資本家タイプの所有に与えた批判から出てくる結論は、社会的生産は個々の労働者が貢献しているがゆえに共同的所有でなければならない、という原則である。

しかし、彼は所有に同時にもう一つの側面をもみていた。それは『経済的諸矛盾の体系』において強調された「所有—自由」というその肯定的側面である。歴史的にその社会的、経済的機能を見てみれば、所有が農民をして自然と強固に結びつかせ、家族の発展による農民の豊穣化に貢献したこと、また資本蓄積を可能とし、したがって経済の発展を可能としたことを確認できる。さらに所有が郷土愛と市民精神の基礎であることさえみてとれるのだ。したがってプルードンは一方で「所有—盗奪」の克服と、他方で「所有—自由」の維持を実現しなければならない。それは所有の濫用と、一八四九年の『一革命家の告白』で述べたような所有の利点の均衡を可能としうる経済構造を生み出す必要性を意味している。そのプルードンによる解決は『一九世紀における革命の一般理念』で明らかにされている。

そこでは農業上の所有については、個的利害と共同利害を均衡させる真の土地所有法典がコミューンの責任のもとで所有者の権利と義務を決定するとされる。また工業上の所有に関連しては、プルードンは大企業の中に労働者の生産協同組合の創造を勧告しており、そこで個々の労働者は共同所有者としてその管理に参加するとしている。この点では、プルードンは、生産諸手段の所有者の搾取から生産者を解放しようとしている。それはマルクスも同様であろう。しかし、プルードンは共産主義者が提起した解決策とは対極をなすような解決策に到達している。国家の抑圧性に対立するプルードンは一貫して個人の自由の擁護を考慮しているからである。この解決策こそ、この間の自主管理論的視角からのプルードン研究が注目してきたものだ。実現されるべき共同体の基礎には、政治的連合主義ばかりか自主管理された企業を基礎単位とする経済的連合主義が同時に必要不可欠である。プルードンは『所有の理論』においても、自らの所有に関する思考の一貫性を述べながら、「所有―盗奪」を除去するための手段と真の「所有―自由」を樹立する手段を探求している。そこではまず所有相互の間での自然な平衡が議論され、各所有者の自由が他の所有者の自由によって制限され、また国家と所有の相互制約によって所有が中立化され私的所有の濫用が制限されるとしている。これを確認したうえで、さらに現実的な観点からプルードンは所有の具体的な保証構造をまず経済的次元で、次いで政治的次元で明らかにしている。それは経済的領域で相互主義と連合主義の原理が実践に移されることで作り上げられる。例えば、農業の水準では、個人所有は協同組合を通した農業連合に再集団化される協同的な在り方に導かれる。また、巨大産業の水準においては、企業は集合的に所有され、企業は企業間では競争的でありながら産業連合のなかでは協同的な関係に導かれる。職人や商人などの、個人的な生産手段の所有者は職能連合や商工連合に再集団化される。そうして最終的に農工連合が編成され、全生産者が社会的に再統合される。こうした構造のなかで、さまざまな所有者の利害は互いに対抗し合いながらたえず均衡していく。そしてこうした「所有―自由」の実現過程は同時に人民の意識構造を公共性を重視するものに変えていくとも期待された。

プルードンの場合、彼の構想する政治制度は連合主義を主要な基礎とするものであるが、この、経済次元で相互主義を実現する「所有―自由」は政治制度にも反映される。プルードンが探求した国家は連合主義的で、分権化されたものだ。政治生活の基本単位はコミューンになり、それは自己管理される。また政治権力は、個人の、また集団の自由と平等を保証する権利を市民が享受しうるようにするため、社会のあらゆる水準に拡散される。この分権化された連合国家は政治上の有機体（コミューンや地域の連合）と同様、経済有機体（産業アソシアシオン、サンディカ、所有者のアソシアシオンなどなど）からも編成される。連合国家においては、一方で政治権力が経済的諸決定の策定に参加し、他方で経済有機体が政治的決定に参画し、二種の権力は相互に牽制し合い、対重となり合うのである。

こうした社会像は新たな社会契約の定義を提起しているともいえる。それは政治権力と社会的な勢力性である各人の権力に対して各人の自由と平等を同時に保証する構想であるからだ。これは単に政治次元に止まるものでもなければ、社会経済関係を偏重する経済主義でもない。それはプルードンのかなりソフィスティケートされた反国家の論理を基礎に導き出されている。彼の基本視角は国家と市民社会の間の本質的な対立に置かれている。国家権力が生産者全体と同じ利害をもつという幻想は彼の辛辣な告発の対象であった。利害を共有するどころか、全く反対に、政治権力は社会の外部にあるものであり、生産者に依存しながらでしかその力と権力を発揮できない。プルードンは政治的外在化と資本家的外在化を比較している。資本が労働者が生産した価値を利潤を含めて領有するのと同様に、統治階級はその固有の利害のなかで市民の意志を領有するものだ[16]。彼の見るところ、この統治万能主義的で国家管理主義的な器官が市民社会と対立することを止め、中央集権的国家の支配力に挑戦する自由を抑圧するのを止めるのは、この社会が自由を要求し、主導権を発揮し、その分権化を押し進め、権力の相互制約の状況を作り出すことによる。社会が経済的かつ社会的な転換を生み出すとき、国家はその秩序を押し付けようとする。しかし社会が絶えず位階制に異議を申し立て、平等と相互性の関係を強化していけば、国家がこの平等をもたらす傾向に抗い、その位階制と差別を押し付けようとしても、中央集権化した国家は最終的にはそのことによって正当性を失い、他方で、社会における抑圧と暴力と戦争の源泉である国家の無害化という革命的な意識を社会的に成立させてしまう。

ところで、国家に領有された社会的意識を解き放つ視点はプルードンの正義に関する哲学を基礎にしている。国家意識は代議政治やそれをめぐる信念のように政治制度を社会から外在化させるイデオロギーとして成立しているが、その社会的性格や機能が問題だ。プルードンは社会構造の期成原因をただ経済的ないし技術的組織に求める考え方を採らず、社会関係を観念実在的性格をもつものとして、つまり、同時に物質的秩序の現実でありまた意味の関係でもあるものとして捉えている。したがって人間存在がその行為や信念や幻想、知の様式に与える意味をきわめて重要視することとなる。

一八五五年から一八五八年にかけて書かれた、彼の記念碑的な著作ともいうべき『革命と教会における正義』では、この書物のタイトルが示すように、彼は自らを二種類の哲学にラディカルに対立させている。すなわち、一神教と革命の哲学である。宗教が超越的理念と人間の外部にある諸原理への人間の従属の正当化を放棄したときから、社会革命は人間の意識に内在的な諸原理、法と実践に基づかなければならなくなった。つまり、正義と平等である。これをもって、プルードンの批判は反教会の次元を超えて、絶対的な原理を正当化するあらゆる原理を告発していくことになる。その原理とは国家や共同体や民族などである。それらは人間に外在的な「原因」を再導入することで、再び人間をこれに従属させるものだ。この絶対性への批判を通してプルードンは、革命を成し遂げていく大衆の哲学であるべきはずのものを定義し、それは正義であるという。これが社会諸関係の基本的原理となるべき哲学なのだ。彼の考えでは正義が革命家の理論と実践の基礎でなければならない。しかしその正義は社会的現実の分析、社会科学の構成、実践的結論の提起から完全に分離されることはない。プルードンは正義が純粋に実証的で経験的な与件の蓄積から導きだされてくると考えている。社会科学はつねに構成されていくプロセスにあるものであり、超越的な共産主義的ユートピアも、経済的諸矛盾を更新するだけの個人主義的な自由主義も退けられなければならない。一方で、資本家的市場の法則の放棄は社会的諸関係を破壊する権力万能を生み出すだけであり、他方で、個人主義的自由主義をもてはやす資本主義は企業の中に支配の関係を維持し、また、権威と従属の国家管理主義的な関係を生み出してもいる。プルードンの考える社会科学は明確に共産主義的な計画を非難するものだ。この、生産手段の国家による総括的な領有の計画は、彼には多元性を必要不可欠とする社会生活の原理自体の否定にみえる。プルードンがここでカベやペクールのような共産主義を念頭においているにしても、彼には共産主義国家も、資本家国家の特質、すなわち治安と軍隊の強化を踏襲するしかない。したがって共産主義は個人と集団の自由を抑圧し、不可避的に専制主義に至らざるをえない。

こうした哲学に立って、プルードンは所有者体制と自由を侵害する共産主義の間で社会革命の計画を作り上げなければならない。プルードンの中心的な理念は将来の革命はもはや個人や党や政治構造の転換に限定される政治革命ではありえず経済的で、社会的な、労働と生産の関係を活性化する革命でなければならないというものである。問題はもはや政治権力を変容させることではなく労働の世界に政治権力を従属させることである。この主張は、サン・シモンが工場を政府に代えるべきであると、主張していたわけだから、両者の思想的近さを証明しているといえるかもしれない[17]。

プルードンによれば、多元主義的な社会システム、つまり産業民主制のみが、社会主義的「占有」の体制のなかで労働を解放し、農民や職人のような小生産者の自由を尊重する。そして大企業では、自主管理と集合的所有の体制が労働者を解放するのである。労働者が作り上げる自主管理の機関こそ、参加と民主主義の社会的紐帯として大企業を新たに代表するものとならねばならない。これが労働者による、生産ばかりか労働者自身の社会的陶冶と具体的な自由の実現をも表現する。

こうした経済秩序における変更は政治秩序における連合主義組織の実現のなかに統合される。プルードンの連合主義の遠大な射程をよく示しているのは、ヨーロッパの緊張に直面したプルードン晩年の著作、一八六三年の『連合の原理』であるが、そこでは、人民が大国の方向に流れることの危険を指摘し、世界の平和は国際的な連合組織が可能にすることを示している。彼は政治的な諸関係にのみ止まる連合主義の不十分性を示しつつ[18]、一般化された連合主義は領土的にも、経済的、社会的にも、あらゆる水準における連合的な経済関係の確立を通してその作用が保証されるとしている。それはコミューンの間の相互主義的関係から始まり、さまざまな諸国の各地方間の関係、さらには国際経済関係にまで至るものである。

このようなプルードンにとって革命は政治的な、表層的なものではなく、経済的で社会的であり、それは国家管理主義的幻想から解放された労働諸階級の行動によってのみ可能となる。『労働諸階級の政治的能力』において、プルードンが再確認しているのは、社会革命がその真の社会的役割の意識をもった労働諸階級、つまり生産者総体が生産の管理と組織を我が物とすることで導かれねばならないということである。

自由主義と自由な社会主義の課題

自由は人間のあらゆる種類の欲求が妨害されないことである。しかし、ある個人のこうした自由が現実化されるためには、他者がその打ち負かされるべき対抗者として挫折させられる。他者は物のごとく扱われよう。しかしアナーキズムの考える自由は他者との協同関係のなかで成立する。この関係は相互主義、連合主義によって多元的な諸社会として構想されるから、そこでは個人の権力すなわち自由が社会にとって外的な国家に委譲されることなく確立される。つまり、諸個人は多元的な諸社会のなかで、またそれらとの関係において、諸社会がそのように構成されるがゆえに、無力ではなく自由である。社会がその実践のなかでより客観的な意識を獲得していくにつれ、国家から宗教、各種のイデオロギーに至る個人の意識と権力、自由を収奪する神秘主義はその仮面を引き剥がされていく。社会が外化された意識を再び自らのうちに取り戻す、その中身は正義であり、それは現行社会の、そして経済の、不公正を問題化する。そして社会にとって外的な国家の解体と不労収得の解決の方途を探るなかで構想される、プルードンの産業民主制の議論は自由が正義に導かれるなかで自らの確立をも果たす議論となっている。この産業民主制は今日でも意義あるものであり、また八〇年代以降も自主管理論を深化させる作業のなかで影響力を持ち続けている。(19)

しかし、プルードンには、「所有—盗奪」から「所有—自由」に至る解決を探るについて重要な理論次元が存在するのも事実である。それはかつてジョルジュ・ソレルらによって注目され、批判的に吟味されながらも、[20] アナーキズムへの接近の際に、比較的軽視されてきた感のある、その交換の社会主義という側面であり、それはプルードンの経済革命論の核心をなすものである。所得分配の観点から発見される不正義をもっともよく問題にしうるのは流通領域でプルードンが展開した論理なのである。かつてプルードンが一八四八年革命の際に、信用と流通の改革で企てたものがそれだ。これは、長い間、不正義と経済危機の原因を「生産領域」の議論をもって探求するマルクス主義の影響のなかで軽視されてきた。しかし、「危機の原因をいわゆる『流通領域』で探求すべきであり、ゲゼルとプルードンに完全に正しい道がある」[21] とするクラウス・シュミットらの現代のゲゼル主義者によって再び注目されている。

労働運動は成立した当初、不労収得の廃止を目的としていた。しかし、現行社会を攻撃する潮流のなかにも、知と意識の収奪者である知的支配層が成立するなかで、運動が国家権力の奪取の方向に曲げられ、彼らが好む社会経済の統制管理と対立する市場経済は敵視されていくことになる。分業と交換に基づく市場経済はまた人間的自由と自立の基礎でもあった。しかしその市場経済はその成立が歴史的に見て資本主義の成立と一体的なものであったため、資本主義ともども敵視されがちであった。しかし「理念型において両者は鋭く区別される」[22] から、初期の労働運動は、資本主義という、「所有の濫用」によって「貸付貨幣と実物資本に対する需要が供給を上回り、それゆえ、利子を上昇させるような経済条件[23]」が不可避的に貨幣の正の流動性プレミアムに示される不労収得を成立させることを告発し、他方でこうした形態から脱皮した市場経済の姿を思い描こうとしたのであった。その運動において労働者たちは管理統制が必要な、放っておけばなにをしでかすか分からぬ、また一人では立ち行かぬ思考力のない存在ではなかった。しかし運動のなかで政治的なラジカリズムが勝利する。以来、労働者は彼らを保護監督する知識人のおもちゃとなった。労働者は資本主義的市場の無政府性という彼らの学説によって脅され、政治的大権の掌握の踏み台の位置におかれていく。

自由主義がこうした共産主義に敵愾心を燃やし、秩序の友であろうとしたのは当然であるかもしれない。しかし、そうすることで人間の自由が最高度の社会性の実現のなかで確立されるという理想とそれを単なる理想に止めてしまっている不労収得の現実、所得分配における不公正へのまなざしを放棄してしまったのはアレの指摘する通りである。プルードンが『経済的諸矛盾』のなかで、金や銀に示される貨幣についてこういっていたことはよく知られている。

「金と銀は価値において最初に構成された商品であるが、そのことのゆえに、他の諸価値の本位として、また交換の普遍的用具として採用され、あらゆる通商や消費、生産はこれに依存する。金や銀はまさしく最高度の社会性、正義の性格を獲得しているがために、それらは権力、王たる地位、神聖性と同義となる(24)」。

貨幣はすでに最高度の社会性を確立している。しかるに、人間は、そしてまたその活動、その所産である生産物は同様に最高度の社会性を獲得しているのか。人間が作り出したシーニュにすぎない貨幣がかえって人間が社会的に実現しえていない社会性と流動性、権力を成立させている。ひとはただ、その貨幣という物の所有を通して社会性を実現するにすぎない。ひとはこの権力を神聖なものとして渇仰し、保有しようとする。社会には恒常的にゲゼルのいう「貨幣欲求」が成立し、この物の保有者には保有していても持越し費用がかからず、貸し付ければ利子というプレミアムが手に入る。アレのいうように、「これは物質的財の所有に結びついた純粋報酬に一致する、つまり、その所有者の固有な活動から独立したその所有のみに由来する報酬に対応している」[25]のだ。

こうした利子に象徴される不労収得がいかに市場経済を傷つけているかは、現代の金融経済を一瞥すれば分かる。どの国でも、いかなる社会病理が発生しようとも経済成長を強制される状況におかれ、一方で物価変動による偽りの所得を発生させながら、他方で所得階層のほぼ一割をなすにすぎない高所得層に不当な利子利得をもたらしている現実[26]の根底には利子とこれが社会に与えている重圧がある。自由主義がもしこの現実を自らの課題とするのでなければ、それは他方で信用を失墜した共産主義と同様、信用をなくすだけであろう。もし逆に自由主義が古典的なレッセフェール・レッセアレに舞い戻ろうとするなら、「搾取（不労所得）とは、一般的な意味では、なにも代わりに与えることなく何かを獲得すること、ある者がもたらした以上のものを常に手に入れるシステム[27]」であり、自由が成立する相互的な交換経済である市場をそれが侵害していることを再確認すべきであろう。

自由主義はいま一度、ケインズがその主要著作『雇用、利子、貨幣の一般理論』の最終章、一般理論の導く社会哲学に関する結論的覚書で述べているところを再確認すべきではないのだろうか。それは資本主義的な金利生活者の安楽死をめぐるものであった。

「……今日では、利子は土地の地代と同じように、真実の犠牲に対する報酬ではない。土地の所有者が土地が希少であるために地代を得ることができるのとまったく同様に、資本の所有者は資本が希少であるために利子を得ることができる。しかし、土地の稀少性には本来的な理由があるけれども資本の稀少性には本来的な理由はない。利子を提供することによって初めて誘い出すことのできる真実の犠牲という意味での、資本の稀少性の本来的な理由は、長期的にはおそらく存在しないであろう。……したがって、私は、資本主義の利子生活者的な側面を、それが仕事を果たしてしまうと消滅する過渡的な側面と見ている。そして利子生活者的な側面の消失とともに、資本主義に含まれる他の多くのものが変貌を遂げるであろう[28]」。

プルードン、ゲゼル、ケインズのラインのなかで自由主義を捉え直そうとする努力は、今日、エコリバタリアンなどが、ケインズが、三〇年代にすでに、完全雇用が経済成長によってのみ可能であるとの新自由主義的な通説に意義をとなえ、失業も量的成長も必要としない経済の「現実的なユートピア」を展開していたとする新たなケインズ像を析出しはじめていることのなかにみられる。また、ゲゼルについても、彼が自由経済的貨幣（消滅貨幣）と土地改革をもって、資本家的―国家社会主義的依存関係のない、また経済危機も失業も社会的な貧困も、そして人間と自然に対する収奪もない、市場経済による経済システムに必要な諸条件を探求し、貨幣改革によって社会有機体が完全雇用水準の安定した均衡と同時に公正な所得及び財産分配に到達しうる自由主義的な道を指し示していることが明らかにされつつあり[29]、これは自由主義にとって意味のあるものであるはずだ。自由主義の未来はプルードンの自由な思考を基礎に、ゲゼルのような、社会有機体の病理の総体的な規制療法としての貨幣改革をもって、経済危機とは無縁な資本主義なき市場経済の代替モデルをもたらす探求のなかにあるのではないか。自由な社会主義にとっても、問題は国家なき市場経済を空想するところにはなく、市場経済を資本主義から解放することが、プルードンに始まる自由な、連合主義的な社会主義への道を切り開く端緒となるのではないかと思われる[30]。

（1）ごく常識的な目からみて、「ラジカリズムがそれ自体では社会主義的でも平和的でもなく」、「所有や賃金、内国法、国際法に生じるであろう転換に言及せず」、「別の次元で発展してきた」ことははじめに確認しておく必要がある。「それはただ権力の起源と正当性を考察する」にすぎないのだ。ところがこれまで支持されてきた社会主義が「政治的圧政と対立し合わず、その唯一の主題は経済的平等で、たとえばそれは野戦場における軍隊のようなもの」（Alain, *Elements d'une doctrine radicale*, Gallimard, 1933, pp.140-142.）であった事実を考慮すれば、これと対立するラジカルキャピタリズムのおよその位置が推測される。なおここでラジカルとは仏語における意味であり、アングロサクソンの意味ではリベラルに当たる。

（2）Reiner Schurmann, *Le principe d'anarchie; Heidegger et la question de l'agir*, Editions du Seuil, 1982, p.115. プルードンの事例については、拙稿、「プルードンにおける国家並びに民主主義批判の基礎」、『情況』、九五年一一月号参照。本書収録。

（3）Maurice Joyeux, *L'anarchie dans la société contemporaine*, Casterman, 1977, p.9.

（4）バクーニンが、プルードンの連合主義思想を受け入れてはいても、経済分析においては、マルクスを頭のてっぺんから足の爪の先まで権威主義者であると評しながらも、評価していたことはよく知られている（Peter Bierl, "*Bakunin empfiehlt Marx*", in: *Okolinx* 16 Juli-September, 1994, S.15.）。この事情は、プルードンの経済分析を軽視するきらいのある、その後のコミュニスム・リベルテールの発展に影響していよう。ただし、「プルードンが予見した自律的で競争的（自由）な体制」、「『実証的アナルシー』がバクーニンのアナルシーとかなり近く、……その農工連合がどのような経済的連合主義にとってもその母であること」は間違いない（Massimo La Torre, "*Proudhon e il pluralismo*", in: *volontà*, anno XXXVIn.3, 1982, p.46.）。

（5）ただしバクーニンとは違って、シュテイルナーの理論が生産次元で論理を組み立てるマルクスの経済理論よりはむしろ、流通次元に止目し、不労収得を廃した市場経済を探求するプルードンを含めた自由経済の理論的伝統と整合性がある点に関してはGerhard G. Senft, *Weder Kapitalismus noch Kommunismus*, 1990, S.38ff. を参照のこと。また、マルクスとシュテイルナーの思想的関連についてはHerve-Marie Forest, *Marx au miroir de Striner*, Editions Le Sycomore, 1979. を参照のこと。この著作ではマルクスが、シュテイルナーによって審判されている。

（6）ここでゲランがアナキストであってマルクス主義者ではないと誤解しているひとには、彼は若い時代から共産主義者であり、ただ彼のホモセクシアルという精神的、肉体的性向に対する共産主義の無理解と抑圧が彼をして自由な共産主義、つまりコミュニスム・リベルテールの探求に向かわせたと自伝で告白していることを指摘しておきたい。彼の絶対自由主義的マルクス主義についてはDaniel Guerin, *Pour un marxisme libertaire*, Robert Laffont, 1969. を参照のこと。

（7）もちろんこれにクロポトキンの思想も含めることができる。わが国の場合、ロシア経由のアナーキズム流入が主であったが、戦前には、階級闘争まで否定する八太舟三らのファンダメンタルな純正アナーキズムからアナルコ・サンジカリズム、革命運動における自己否定的な質をもった革命党の必要性を強調する無政府共産主義、反税闘争を通して農村の自給自足を追求した農村青年社の農村コミューン主義までアナーキズムは多様な発現を見せていた。

（8）Maurice Allais, *L'impôt sur le capital la réforme monétaire*, Nouvelle édition, Hermann, 1998, p.52.

(9) Giovanni Baldelli, *Social Anarchism*, Aldine-Atherton, 1971, p.135.

(10) Erhard Clotzl. "*Warum und Wie eines neuen Geldsystems*", in: http://www.swe.uni-linz.ac.at/hotTopics/newMoney/newMoney.html

(11) かつて英国で、社会的信用論をもって社会改革を主張したダグラス少佐に村し、マルクス経済学者のモーリス・ドッブがマルクスを気取った『信用を失墜した社会信用』という著作で批判を意図し、「資本家階級から工業や輸送、権力の源泉を、土地所有者から土地を取り上げ、これらを労働者国家の掌中においた」ソビエト権力を賛美し、計画経済に無類の信を置いていたという歴史的事実は、今日から見ると、実に皮肉にみえる（Maurice Dobb, *Social credit discredited*, Martin Lawrence, 1936, p.28.）。

(12) Thierry de Montbrial, "*Maurice Allais, Savant meconnu*", *Marchés, Capital et Incertitude*, Economica, 1986, pp.42-44.

(13) Branko Horvat, "*Autogestion: efficacité et théorie néoclassique*", *Revue économique*, Vol.30, n.2, 1979.

(14) Pierre Ansart, "*Sociologie et révolution*", *Itineraire*, n.7 1990, pp.11-13.

(15) Chantal Gaillard, "*La propriété, c'est le vol,*" *Itineraire*, n.7, 1990, pp.14-17.

(16) 例えば、ペーター・ハインツは人民主権のイデオロギーに対するアナーキズムの批判を検討するなかで、ルソーの社会契約にみられる「一般意志」という抽象への「個体性の無際限の従属」による全能の国家の成立と主権の譲渡の虚構性を議論している。そこで、彼はプルードンの『一九世紀における革命の一般理念』から、「直接的なものであれ間接的なものであれ、単純なものであれ複雑なものであれ、人民の政府は常に人民をごまかすものであろう。人間に命令するのはいつも人間であり、自由を侵害するのは虚構であり、正義だけが問題を解決しうるというのに粗野な暴力が問題にけりをつける。献身や軽信を踏み台にするのはよこしまな野望である」との文言を援用している（Peter Heintz, *Anarchismus und Gegenwart*, Karin Kramer, 1973, S.44.）。

（17）F. A. Hayek, *The Counter-Revolution of Science*, Second edition, Liberty Press, 1979, p.311.

（18）この点で米国独立革命で大きな役割を果たしたハミルトンなどの連合主義とプルードンのアナルコ・フェデラリズムは区別される。

（19）例えば、ピーター・ドルマンらの北米にあるアナルコス研究所（Anarchos Institute）のメンバーによるアナーキズム社会における計画と市場の問題や、労働の組織や技術官僚制批判などの議論はプルードンに遡れるものだ。参照するにはイタリアのヴォロンタ誌の「計画化と市場」の特集号が便利である（*Volontà*, anno XXXVIIn.l gennaio/marzo 1983）。

（20）Georges Sorel, *Introduction à l'économie moderne*, deuxieme édition, Marcel Rivière,1922.

（21）Klaus Schmitt, "*Immer reden die von Arbeit!*"; *Interview mit dem Anarchisten Klaus Schmitt über Schwundgeld und Freiland*, in: *telegraph* 6/94, S.46ff. また、より詳しくは、Dieter Suhr, *Geld ohne Mehrwert; Entlastung der Marktwirtschaft von monetaren Transaktionskosten*, Fritz Knapp Verlag, 1983. を参照のこと。

（22）Dirk Lohr, "*Geld, Wachstumszwang und Umweltschutz*", in: *Gerechtes Geld-Gerechte Welt*, Gauke Verlag GmbH, 1992, S.67ff.

（23）Dudley Dillard, "*Silvio Gesell's Monetary Theory of Social Reform*", in: *American Economic*

Review vol.XXXII（June 1942）, n.2, p.352.（ダッドレイ・ディラード「シルビオ・ゲゼルの社会改革の貨幣理論」『自由経済研究』、第一号所収。）

（24）この見解に関するより詳細な経済学的研究は例えば、Walter Wegelin, *Tauschsozialismus und Freigeld*, Schweitzer Verlag,1921. などを参照のこと。

（25）Maurice Allais, *op. cit.*

（26）Margrit Kennedy, *Geld Ohne Zinsen und Inflation*, Goldmann Verlag, 1990.

（27）Giovanni Baldelli, *Social Anarchism*, Alidine-Atherton Inc., 1971, p.31.

（28）邦訳、『ケインズ全集』、第七巻、三七六―三七七頁。

（29）Werner Onken, "*Silvio Gesells kritische Distanz zum Rechtsextremismus in der Weimarer Republik*", in: *Zeitschrift für Sozialokonomie*, 106/1995, S.5ff.

（30）ゲゼルに関しては差し当たりゲゼル研究所発行の『自由経済研究』の各論考を参照のこと。

金融のグローバル化とオルタナティブの視点

ネオリベラリズムは死んだのか

共産主義や官僚統制型の経済に対して、自由な市場経済が驚異的な効率性を実現していることは異論のない事実である。しかし他方で、貨幣の取引システムに潜む欠陥によって苦しんでいることも事実だ。

それはとりわけ、この間、新自由主義イデオロギーや規制緩和、市場万能論などの隆盛とともに、世界大に拡大した金融のグローバリゼーションがもたらした災厄が、一九九八年九月のヘッジファンドの一つ、ＬＴＣＭの行き詰まりに象徴される金融危機によって誰の目にも明らかになったからだ。ＬＴＣＭ、つまりロング・ターム・キャピタル・マネジメントという、二人のノーベル経済学賞受賞の経済学者が支援するこのファンドの名称が長期資本管理とは、冗談が過ぎるとしかいいようがない。国際的な短期の資本フローの代表格であるこのヘッジファンドがロシアに波及した金融危機で、米国政府の救済を受けるまでに一千億ドルを優に超える損失を発生させるギャンブルを展開していたからだ。

かつて、一九一〇年から一九一九年にかけてイングランド銀行総裁を務めていたヴィンセント・ヴィッカーズは「短期の資金で利益をあげるのを仕事にしている者たちは短期の展望をもちがちである」といった。この言葉の通り、一九九七年七月、タイから始まった激震はマレーシア、シンガポール、インドネシア、フィリピン、韓国を経てロシアにまで及んだが、その度に、通貨の暴落や動きの速い短期資本の、まるで羊の群のごときパニック状況をひとは見せられてきた。そして一九九八年十一月に財政再建を条件にＩＭＦなどの国際金融機関から四百五十億ドルもの支援を受けていたブラジルで、有力な州の知事が対政府債務の返済停止（モラトリアム）を表明したことから、九八年から続く資本逃避に拍車がかかっている。ちょうどいま、信用不安にうろたえ、日に十億ドルを優にこえる資金が流出している最中だ。

九八年から今回のブラジルの金融危機発生までの一時期は、九七年の七月以来の世界各国を襲った金融危機が過ぎ去ったようにもみえ、小康状態を保っているかにもみえた。こうした相対的に平静な時期は国際的な短期資金の動きを問題視し、これまでのＩＭＦなどの国際金融諸機関の諸欠陥を改革しようとするにはよい時期だと判断するひとたちもいた。しかし、グローバル化した金融市場は、そうした、人々の意識次元での変化とは無縁に、相変わらず金融市場が、今日、もっとも神聖にして侵すべからざる警察官であり続けていることを示している。ただいまも、世界経済は金融市場の利害と基準にしたがって、これにおのれを適用し、振る舞うように強いられているのだ。

ブラジルでは以前、二七〇〇％にまで達したインフレを抑えるために、高金利政策を採用し、ドル資金を引きつけ、レアルの価値を維持し、低インフレを実現するという経済プログラムが採られてきた。しかしこれは景気後退を招き、失業率は八％を記録、今年は一二％を記録するのではないかと予測される状況となった。政府自身もブラジルの国民総生産の八％にあたる財政赤字を抱え込むこととなり、労働組合や大企業がスクラムを組んで政策の変更を主張しているところであった。こうした状況に市場が下した判断は資本の逃避である。当面、レアルはフロートするにまかせ、速やかにブラジル経済の新たなコースを示す政策が発表されるようだ。当地の株式市場ではこれを見越して株価指数は上昇しているようだが、アジア通貨危機でもそうであったし、先行きは誰にもわからない。いまブラジルは九七年のアジア通貨危機のような金融崩壊を避けるためにもがいているが、中央銀行総裁の辞任と通貨に対する投機が同国の通貨価値を下落させるかもしれないとの不安のなかに置かれている。ここにも政府と国民が国際金融市場に翻弄されている現実がある。

しかし、そうした現実のなかでも、金融市場が経済を判断し、管理するただ一つのあり方であるのか、また、新自由主義や規制緩和論が主張してきた市場万能論が最良であるかどうかを問題にする傾向は強まるばかりである。振り子は着実に戻ってきている。それは一九二九年の大恐慌の光景が幻影となって投資家や政府関係者に再び現れ始め、市場のグローバル化が金融・経済危機という体制次元の危機をもたらすかも知れないという懸念を生じさせているからなのか。それとも、資本の活動の自由を求める規制緩和論が、フリー、フェア、グローバルというスローガンを世界標準として押しつけ、資本の活動に対する公的制約を減少させ、強者の論理をいっそう通用させようとする傾向があったため、これに反発する市民などの運動が世界各地で生まれたが、そうした運動の成果によるものなのか。

おそらくその二つとも真実であろう。

特に、後者の成果を象徴するのは、OECD諸国の枠内で交渉されてきた多国間投資協定（MAI）の交渉停止であろう。金融市場のグローバル化、生産の国際化、市場の広域化によって資本にとって障害のない利潤追求の条件を取り決めることにその本質があったわけだから、その交渉停止は世界中の各種の運動集団の紛れもない勝利なのかもしれない。

しかし、MAIを求める動きはやむことはないだろう。つい最近も、英国下院の貿易産業委員会のMAIに関する報告書では、「われわれは国境を越えた投資の流れを奨励するような風潮を確立する必要があり、これは英国の利益でもあるし、強力で安定した世界経済を促進するのに役立つ。MAIはもはや協議されないが、これを巡る諸問題は残されており、取り扱われるべきなのだ」と述べている。多国間投資協定への願望は消え去ることはないのだ。同報告書も表明しているように、一九九五年から一九九八年まで交渉が行われたMAIのテーマは今後、WTOの場で取り上げられていくことになるはずだ。これは世界各国の市民にとって気の抜けない事態が相変わらず続くことを意味している。

この二十年間というもの、金融のグローバル化が経済上の不安を募らせ、社会的不平等を拡大してきたことは各国の市民、労働者からみれば、明白な事実であった。さらに、それは国によっては、人々の選択する権利や民主的諸制度、公益に責任を負う国家主権を歪め、貶めてきたとさえいえる。そして風向きが変わるまでは、多くの論者たちによって、こうした世界の変化があたかも自然法則であるかのごとく主張され、市民やその代表たちは自分たちの運命を決定する力を奪われてきたともいえる。そうしたなか、国民的な、また地域的な、そして国際的な次元で、新たな規制と統制の手段を作り出すことでこのプロセスにブレーキをかけることが緊急の課題であるとの意識が生まれてきたのも当然の成り行きであった。世界的に南北の格差を拡大し、各国のなかでも貧者と富者の所得格差を拡大する自由化とそれを導くイデオロギーは、一面で、社会的なフラストレーションを蓄積し、社会的な内爆の危険性を増加させ、他面で政治的絶望をもたらし、各国の社会経済に二重の脅威を生み出してきたわけだから。

だが、こうした状況のなか、各国の勤労国民がこれからどう考えていくべきか難しい状況に置かれていることも事実だ。というのも、投資家や事業家、政治家たちの危機意識と彼らが提起する解決策は大きく報じられもし、一見、生活から遠く感じられる国際金融の今後は彼ら固有の領域として、勤労国民には関心を喚起しにくいという事情も指摘できるからだ。

他方で、この間の各国の政治家、当局者そして有力投機家の振り子の戻り方はかなりのものだ。それを象徴するのが、一九九九年早々の、AFP電、AP電がそれぞれ伝えた、IMFのナンバーツー、スタンレー・フィッシャーと投機家のジョージ・ソロスの発言である。フィッシャーは、必ずしもIMFの見解ではないとしながらも、「この五年間の危機が国際的な経済構造の主要な諸欠陥を明らかにしたのだから、経済の指導者たちは、国際的な最後の貸し手としての役割を将来果たせるような解決策を緊急に考慮しなければならない」として、IMFが国際金融危機においてラストリゾート（最後の貸し手）としての役割を果たせるような、国際的な中央銀行に似た組織に改編されるべきだと述べている。また、ソロスも、世界中の経済を破壊する新たな金融危機を防止するためにIMFがグローバルな中央銀行へと変革されるべきだと同趣旨のことを述べているのだ。

かつて、ファシズムと共産主義の暴力から東欧を逃れ、英国でカール・ポッパーの弟子となり、「開かれた社会」の支持者にして伝道者となった彼の豹変ぶりに驚くひともいるかもしれないが、彼はこう言い始めているのだ。「マーケットは次々に経済に打撃を与える破壊用の鉄製ボールのように動きうる」し、「この動きはまったく避けることができないが、管理のもとに置かれる必要がある」と。この間の危機が彼に大きな教訓を与えているようだ。「グローバルな金融市場がもともと不安定なものであれば、われわれは強力な規制の枠組みを必要としている」。「われわれはIMFを国際的な中央銀行に似ている何かに変える必要がある」。そして「健全な経済、金融政策を維持する諸国にのみ、最後の貸し手として保護を与えるべきで」、そうでない諸国はこれまでと同様でよいとしているが、各国の当局者と同様、金融危機においては、貸し手の側の責任も問われるべきで、IMFが放漫な投資を行った国際的な金融機関にも条件を課すべきであるともしている。このことは、アジアやロシアの金融危機に対するIMFの救済パッケージ、十億ドルが放漫な投資をした国際的な銀行の救済に使われたことに対する批判を考えれば、ソロスでなくとも当然なことではある。

こうした期待が寄せられながらも、いまIMFの評判は、九八年八月『ザ・タイムズ』が述べたように、一九四四年の創設以来最低で、すこぶる悪い。経済危機の各国を「救済」しようとしたIMFの介入の結果は惨憺たるものであった。角を矯めて牛を殺すかのごとき、緊縮財政の強要や懲罰的ともいえる高金利の適用は批判を生み、そうした、かたくななIMFの「原理主義的」対応には、アジア金融危機以来、反省も生まれてきた。だが注意しなければならないのはIMFの政策の基本がそれによって変わったわけではないということである。アフリカ諸国をみればそれがわかる。方向の変化はみられないのだ。相変わらずそこにあるのは、ＩＭＦや世界銀行、そして国際的な銀行団などが貧しいアフリカ諸国に「構造調整プログラム」を強要し、これに固執する姿である。それは、財政支出を削減させ、各国の社会生活に不可欠な、教育や保健衛生、環境保護などの水準の切り下げを強要し、民営化を通した官営事業のダウンサイジングの実現、労働者の賃金の抑制、貿易自由化の要求、環境的にも持続不可能な資源開発の推進などを迫るものだ。景気後退を不可避にもたらすような政策の強要は最貧国の最貧困層に最大のダメージを与えるように作用し続けている。このプログラムが強要され続けるプロセスは所得の悪化と富の不平等が進行し続けるそれと同義といってよいのだ。

こうした現実のなかで、揺れ戻りはじめた振り子は今度はどこに振れていこうとしているのか。

「秩序ある」自由化なのか

グローバル化する金融市場を見てきて、常に脳裏をよぎる文言があった。それはブリティッシュファシズムの論客の一人、Ａ・Ｋ・チェスタートンが、ブレトンウッズの最終協定が成立するさいに、これをウォール街の金融業者たちの勝利と批判した著作、『貨幣権力の脅威、金融による世界統治の分析』の冒頭の言葉だ。

「貨幣は権力の概念でのみ理解されうる。消費者の掌中では財に優る力であり、創造的な資本家の手の中では、財の生産手段に対する力である。金融資本家、あるいは金貸しの扱うところでは、生産者と消費者にのしかかる権力であるばかりか、また諸国民やその政府に対する権力でもある。」

いまようやく金融のグローバリゼーションが諸国民とその政府に行使している権力について、そしてまた、その与える影響について多くの人たちが懸念を持ち始めるようになった。これを管理することにひとは関心を寄せ始めたのである。その直接の契機は、アジア諸国家での金融危機が世界中に拡散していくことを阻止することができなかったという事実であり、これが、この数十年の世界的な経済の安定性に対する最も重大な脅威であったという認識であろう。諸国民にとっても、政府当局者にとっても、グローバリゼーションのプロセスを管理できないものかという意識が生まれているようにみえる。またそうした意識は、この間の経済のグローバル化がグローバル化した経済自体を脅かす性格をもっていることから、ソロスにみられるように、市場参加者のなかにも拡大している。

だが、当局者や市場参加者が、市場開放と民主的な資本主義なる米国が他国に尊重するよう強いてきた自由市場の原理まで否定しようとしているわけではないことは注意されてよい。純粋に自由な貿易やグローバルな競争を維持しうる金融諸制度や貨幣メカニズムは、あいかわらず彼らの原理であり続けている。彼らの関心は、国際金融システムの欠陥による通貨情勢の混乱によって、これからのグローバルな経済のパフォーマンスが浸食されることのないよう、システムを組み立て直すというところにある。彼らは、経済業績を尺度する基本単位の価値、すなわち貨幣の価値を決めているのが事実上、外国為替市場における通貨の投機家たちであるという現実の前で、国際金融市場に置き去りにされた状況からの失地回復を、金融危機の救済と市場の管理によって果たそうとしているともいえる。

こうしたことは、ＩＭＦの改変の提起が経済危機の管理に関連していることを考えてみればわかる。

彼らは、自らの主導性のもとで、巨額利益がでるかと思えば、次は大きな損失がでるような市場の裁定の荒々しさを緩和することを狙っているわけだ。最近の東南アジアでのＩＭＦの介入が示したように、危機の解決策は巨大な国際金融機関のためであって、決して各国国民のためではなかった。誰がみても、ヘッジファンドや西欧の大銀行が問題であることは事例に事欠かないのに、実際は、各国政府はこうした巨大な機関を生き延びさせようと望んでいた。内国的にも、国際的にも理屈はいつも、つぶすには大きすぎるということだが、こうした救済の経済的な、また社会的なコストは、ＬＴＣＭもそうであったように公的融資や大金融機関の間で負担されるが、制度的なシステムの危機、すなわち信用秩序の崩壊、世界的な金融危機を糊塗する必要性から、新自由主義者によってさえ黙認される程度の救済策にすぎなかった。

このへんの事情をよく示しているのが、いわゆる「秩序ある」自由化イデオロギーである。これは、グローバリゼーションに関し、これを推進する米国に対して若干、離れたスタンスをとってきた諸国の考えである。そしてこれは、各種の国際会議で大方のコンセンサスをうるものとなってきている。このイデオロギーはもちろん、この間の規制緩和が支持することができない類のグローバリゼーションを生み出したという基本認識に立脚してはいる。そのスローガンは、フランスの当局者がいうように、「市場は真空では機能し得ない」というものだ。市場は社会的、制度的諸条件のなかで機能しているとの認識に立つわけで、米国流のウルトラリベラリズムとは一線を画している。この点では、市民的立場とも視点を共有している部分もあるといえるが、問題は具体的な彼らの認識と、どのような解決策をめざそうとしているかにある。

グローバリゼーションに関する彼らの認識はおおよそ次のようなものだ。この間、めざましい規制緩和が、金融の分野でも、以前は公企業が独占していた電気通信や航空などの分野でも実行された。平行して、国際的な規制も為替市場や競争政策、銀行監視について着手されてきたが、各国での規制緩和と同時に国際的な規制の創造は萌芽にすぎなかった。萌芽としかいえないのは、金融に関して、国際的規制が不十分にしか進展していないからである。アジアの通貨危機以降の危機がこれを示している、というのだ。

では金融危機と戦う方法はなにかといえば、多くの貯蓄を有する豊かな成熟した諸国家と貯蓄が少ないが活発な投資意欲が存在する新興諸国の間で融資を組織的に行うことだという。融資の流れを組織する必要があるし、それが経済発展にとって効果的である、と。しかし、これまでのような金融市場の突然の動揺があるとシステムが機能不全を引き起こしてしまう。外国為替市場には毎日管理されざる一兆五千億ドルもの資金が動き回っているが、資本の動きのなかで途上国向けの融資はどれくらいなのかといえば、こうした取引のなかでささやかなものだ。新興諸国家全体でも、純額で年間二百億ドルくらいのものである、と。ところが新興諸国では金融インフラの整備が遅れていた。投資家たちは九六年に新興国に殺到したが、そうした投資を受け入れることを可能とする国内の金融インフラを整備してから資本を流入させるべきであった。しかし結局、投資家は九七年から九八年には我先に逃避することになった。これは当該諸国に多大の経済的な、また社会的な犠牲を強いることとなったし、成長の停滞を通して先進諸国にも跳ね返った。市場を十分に機能させるには社会経済的な諸条件を整備する必要があり、現在の危機が示しているのは、なによりも米国流のウルトラリベラリズムの失墜だというのである。したがってその基本認識は、市場には新たな規制が必要なのだということになる。

そこで、では彼らは、米国の意向のなか、相変わらずＩＭＦが自由化を押し付け続けている状況において、どのようにして金融市場に対する管理を強化しようと考えているのか。彼らからみると、ＩＭＦと同基金への拠出国はあまりに急速な自由化や無条件の資本移動を勧告する誤りを犯している。そこで、軽率さの危険を避けるためにも、銀行監視のための公的機関をあらかじめ整備するなど、秩序ある自由化論がでてくるわけだ。そこには当然、貸し手の側の問題も取り上げる必要性が含まれる。先進国の金融機関はすべて、その活動を明らかにする義務を負うべきだということになる。それがあってこそリスクについて最良の知識をもちうるのだし、そうした透明性はハイリスク、ハイリターンを狙うヘッジファンドにも適用されるべきだとされる。リスクを取りたい者はそのうえで取りたいリスクを取ればよいというのだ。こうした通貨や金融市場の透明化を要求し、監督する主体はどこかといえば、さまざまな機関が銀行や証券会社、保険会社を監視すべきだというだけで明瞭ではない。だがこうした考えに沿って、先にフランクフルトで開催されたＡＳＥＭの場でも国際協議が行われている。

要するに、もはや、自由な市場か管理された経済かという選択肢を立てる時期ではないというのが彼らの感じているところである。選択肢は規制のシステムを欠いた市場なのか組織された市場なのかにある、と。だが組織された市場とはどのような市場であるのか。公正な貨幣システムを指すのか。それは必ずしも明確ではない。彼らの視点、どのような市場もなんらかの制度的条件のもとで機能しており、こうした条件はなによりも市場参加者が準拠すべきものであり、そしてまた参加者による監視のシステムでもある。また、市場が暴走するときにはこれに介入するシステムでもある、との議論は当面大方の首肯するところであろう。また、市場が良好に機能するのを保証する国際的な規制がなければ、社会的混乱を引き起こす危機が繰り返されるとの懸念も共有できるひとがいるかもしれない。

では、彼らがいうように、新自由主義のファンダメンタリズムを揺るがす危機が繰り返し発生したのだから、国際金融の発展と安定にとって必要な規制が実行されるべきときにきているとして、そのためにどのような国際的な枠組みが考えられるのかというと、それだけではないにしても、彼らの場合、やはりＩＭＦへの期待がでてくる。彼らから見ると、ＩＭＦは米国に操られている。しかし、確かに米国は主要な出資国であるが、他の先進諸国も重要な役割を果たしている。ＩＭＦを市場に規則を与えうる真の機関に変えていく道が探られるべきであり、そうでなければ、通貨システムの無秩序がグローバルな経済に脅威を与え続けていくというのだ。

しかし、一般的な印象では、ＩＭＦは国際的な通貨改革について議論することをためらっているようにみえる。自由貿易と自由な資本移動を促進することは世界経済にとって利益であるのに、世界経済を機能障害に陥れてしまう通貨システムが放置されている。だがＩＭＦは米国の意向次第であろう。ＩＭＦのフィッシャーや投機家のソロスの発言をみると、おそらく米国も各国国民経済のレベルでは相変わらず自由化、規制緩和を求めるものの、国際的レベルでは短期資本フローを管理するという考えをもつに至っているのではないかと考えても間違いはなさそうだ。なぜなら、米国は当然、九八年のＬＴＣＭの危機のようなことを起こさないためにも、規制や管理は国際的に行う、その際、そのための新しい国際的枠組みを作るよりは、自分の意向を押し進めやすいＩＭＦを強化していき、自らが主導権を握って国際的な中銀の機能を果たすものに変えていくことがその利益にかなっていると考えるのが自然だからだ。

ブレトンウッズ体制のなかで国際資本フローの監視などを目的として作られたＩＭＦは、じつは一九七一年の金ドル交換停止以来、その国際的な制度的根拠を喪失した状態にあるといってもよいが、その後も、出資額に応じた投票権をもって運営されることで、米国の利益を推進してきたのが実態であり、金融のグローバル化も推進してきた。そしてそのゆえに、ワシントンのダウンタウンにあるＩＭＦは途上国の怨嗟の的になってきたのがこの間の歴史というものだ。したがって、より根本的に考えるなら、ＩＭＦは、あらゆる国民通貨がドルと固定したレートで交換性をもち、ドルが金とリンクされていた、一九七一年以前の固定相場制の時代に、こうしたメカニズムを監督するものとしてブレトンウッズで準備されたわけで、国際的なラストリゾート、秩序ある自由化を考えるなら、ＩＭＦの役割を議論する前に、どのような国際機関が必要なのかが検討されねばならないはずだ。しかし、秩序ある自由化論はそうした方向に進む力はないようだ。

ブレトンウッズ体制は周知のように、第二次大戦後、国際的な資本フローを奨励し、各国が外国の投資と国際貿易でその経済を再建するという名目で作られた。それは、戦前の、特に大恐慌に至る十年間ほど、世界市場での輸出競争力を維持するために通貨の切り下げ競争が展開され、結局、世界的なデフレに突入したという事実の反省に立っていたとされている。かつての世界的なデフレは外国製品の流入に制限を課す保護主義的反発を多くの国で生み出し、関税障壁で守られた諸国を作り出したのであった。

そうした方向を向いているかにみえる現象は、今日でもみることができる。例えば、米国では九八年、ドルに対して劇的な下落を記録した通貨をもつブラジルやロシアのような諸国の低廉な鉄鋼製品の流入によって、米国鉄鋼業が打撃を受けたとして、不公正競争との抗議の声があがった。こうした事実は、再び、安定した通貨システムが確立されるべきとの声を強くするだろう。そうして、それが欠けている状態でこれからのグローバルな経済の回復を想像することはできないとの主張を生むことだろう。われわれは永遠にラストリゾートの世話になり続けるわけにはいかないとの声もでるかもしれない。現実は問題を根本から再考するよう促し続けているようにみえる。そして市場も、例えばいま、ブラジルで投機家に対抗し、通貨を維持するための取り組みがなされているが、IMFがラストリゾートとして期待されるなら、果たしてどの程度の救済案を実行するのか見守っている状況だ。従って、秩序ある自由化論が大きな構想力を示しうる時代環境にあるといってよいのに、旧来の延長線上に止まっているのが、いまの実態のようなのだ。

各国市民のみるところでも、やはり「秩序ある」自由化は、米国のファンダメンタルな自由主義に対抗するに十分な構想力をもっているようにはみえない。では、他に選択肢はないのか、となる。

トービンタックスはどうなのか

ひとによっては、マレーシアのマハティール首相の対応を評価するかもしれない。グローバル化した世界にあって米国の一極支配を公然と批判し、同国は、九八年九月、「国際社会がヘッジファンドを規制し、国際金融市場が秩序を取り戻すまでは維持する」として、ドルとマレーシア・リンギとの固定相場制を導入した。そして、アジア通貨危機の一因となった九四年の中国の人民元の切り下げが再び実行されたり、円高になったりするようであれば、自国の競争力維持のために対ドルレートを調整するとして、国家レベルの資本規制策を打ち出したわけだ。これは、国家レベルでは、米国流の自由化に対立しない「秩序ある」自由化論とは異なり、一歩間違えば、通貨切り下げ競争の時代への回帰になりかねない。彼の、ＩＭＦは現地の社会経済の現実を見ず、金融面からばかり見て、かえって状況を悪くしているとの批判は、まったく当を得たものであるが、国際的展望を欠いている印象があるだろう。

　ところが、ユーロ実現に沸く欧州をみると、いま、フランスなどで、市民的レベルで、署名活動まで展開されているほどに盛り上がりを見せつつある一つの取り組みが存在する。トービンタックスがそれだ。

　投機資金が国際的に流れる場合、為替相場に売りや買いとなってあらわれる。こうした取引は、通常の財の取引に比べ、その取引コストは格段に低い。一般に、通常の財の交換においても貨幣が媒介することによって、バーターと比較した情報コストや取引コストは格段に節約しうるものとなる。社会関係財として貨幣はそうした情報節約的、取引コスト節約的な効果をもっている。ところが取引が、そうした社会関係財同士の取引となる場合には、さらに取引コストは低いものとなる。それに加えて、国際金融市場の場合は、情報化の最先端をいっている。情報化によって、取引コストの縮小傾向は、極端な場合、ゼロにまで近づきうる可能性が与えられる。外国為替市場のトレーダーたちが、まったくわずかな利幅を追って取引を繰り返し、神経をすり減らす作業に従事しているのがこれを示している。もし、いちいち取引相手や、売り買いの注文を出す市場の克明な情報を、通常の取引のように収集し、取引相手に応じたかなりのリスクを負わねばならないとしたら、彼らの取引の多くは実行されないだろう。

この事情が、金融取引を常により短期の取引へと傾斜させる一つの根拠にもなっている。ケインズの時代から主張されているように、こうした金融取引の取引コストを高くする、つまり税額を課すことで高くする、そしてこの税額分を何らかのかたちで公的に再配分することで、貨幣取引に関わる資本利得や利子稼得などの配分の公正を計ることは貨幣システムの最適化を考えるさいに重要なアイデアのひとつであった。

トービンタックスを巡ってはその推進を願うひとたちの間でもさまざまな議論があるが、為替相場における通貨取引に対する〇・一%、決済利益に一ないし二%、あるいはそれ以上の課税を実施し、通貨投機を抑制しようとの提案は、いま各国の市民、勤労階級の関心の対象にもなってきた。

一九九七、九八年の通貨、金融危機の国際的伝染を目撃した彼らには、新自由主義の政策の試練のもとにおかれ、苦しい生活を強いられる諸国民の労働や生活にそうした世界的な金融の不安定性が大きな影響を与えている状況のなかで、なによりも短期の金融取引への課税という観念が生まれ始めているのである。彼らは、トービンタックスが有害な金融市場の不安定性を減少させる手段と評価し始めたのだ。もともと、J・トービンによれば、トービンタックスは通貨に対する投機のメカニズムに冷や水を浴びせることを狙いとしている。ささやかな意図にすぎないが、大きな結果を期待できるものだ、投機のメカニズムに水をかけることで、それだけで、危機を回避しうるものではない。しかし、金融の不安定性を減ずることで、それは予防的な効果をもつであろう、という。

これまで、金融危機についてはＩＭＦやＧ７は各種の改革案を提起してきた。しかしどれも、「新興」経済に関するもので、新興諸国家に一方的に努力や犠牲を要求するものであった。ところが、トービンタックスは、地球上のあらゆる国家に関係する。なかでも、豊かな先進国が始めることで、そのイニシアティブは影響力をもちうる。なぜなら為替相場で動く通貨は金融の中心にあるともいえるからだ。これが市民的活動家たちのトービンタックス支持のいちばんの理由である。

彼らによれば、このような税の適用は資本市場の不安定性に直面して、その国際的な公的管理に着手する必要性を明確にする効果が期待できるという。つまり、この税そのものは取るに足らないものだが、それを入り口として開かれる展望はかなり構想力にあふれたものだ。人々の意識に、国際的な公共性という観念を持ち込むことの意義が自覚されているからである。投機マネーへの課税の直接的な効果は、金融市場への諸国家の依存を減少させ、危機が不可避であるような現在の市場の傾向を方向転換させることが期待できる。と同時に、ドルやユーロといった主要通貨は為替相場の媒介通貨の役割を果たし、ハードカレンシーとしての地位を占めている。しかし、トービンタックスはそうした通貨間の差別に無関係であり、無差別に扱う。そしてこの税を巡っては国際交渉が不可避となるし、交渉を介した調整プロセスは、全世界の諸政府を統合していく普遍的使命までも自覚させるに違いないとされる。Ｇ７やＧ10などの狭い範囲で非民主的に主張されてきた議論とは異なるというのだ。

トービンタックスは国際的な公の観念を持ち来たす。つまり短期の為替取引に対する課税が私的な取引関係とは異なった、公的な関係と私的な関係の間の一形態であるとの観念である。したがって、為替取引への課税は、これまでのどのような対策ともことなって、投機を穏健化させ、短期資本取引の動きを管理することを可能とするであろう。また、経済の主要なプレーヤーに対する強力な政治的警告にもなるであろう。こう期待する市民的活動家たちには、公的利害は私的利害や国際的投機に勝るものなのだという信念を見つけることができる。

こうした信念は、この二十年間、グローバル化してきた資本主義と対立する意識にまでたどり着いているようにみえる。あるいは新自由主義を批判し対立する意識にトービンタックスが結合しているともいえる。彼らの分析では、規制緩和と資本のリストラクチャリングをとおして、新自由主義は資本市場の経済的、社会的権力を増大させることに成功したし、これは新自由主義自身、成果としているところだ。また証券市場の規制緩和による「良好な」管理運営が、一国の付加価値の配分につき、労働所得よりも資本所得に多くが配分される結果をもたらしてしまった。そして多くの国で、資本課税の軽減が労働所得に対する増税を伴っていた。こうした労働所得に対する圧力は世界的に、これに従わなければならないような不可避な現象として現れた。こうした認識は、新自由主義イデオロギーが共産主義なきあと、ただ一つの思想として主張してきた「常識」に活発な批判を展開させることになった。

「資本が富の産出者である」、のではない。彼らは、ロバート・ソローが、資本が先進国のＧＮＰの増加に影響をもたないことを示した研究に注目する。そこでは、これに貢献する唯一の要因は技術と科学における進歩であるとされている。また、「資本は欠乏状態にある」、わけではない。国際的な金融諸機関は、開発資金を必要とする発展途上国に対して常に、資本への飢餓状態が生まれるようにし向けてきた。しかし今日、欧州でも北米でも日本でも資本は過剰である。多くの数字がこれを示している。あらゆる部門で過剰な投資が存在しているのだ。問題はその国際的な配分にある。「利潤が経済の目的である」、わけではない。勤労国民からみて、その国の生み出す付加価値の配分が公正であるかどうかが問題だ。高い付加価値を実現している国家も、労働への分配率が低い国は貧しい。調査が示すところでは、賃金のかたちで分配された付加価値と生活水準のあいだには強い相関性が存在するのだ、などなど。

こうした見解に立つ彼らにとって、トービンタックスは、わずかだが、貨幣に対する投機の利益を減ずることで、労働の犠牲を強いるネオリベラルの宿命論やそれを指針にする経済に反撃の糸口を与えるものなのだ。なによりも、その効果が大きな政治的インパクトをもつと期待されているのである。誰がみてもトービンタックスを否定するのは容易なことである。それは百年以上前から欧州人が思い描いてきた欧州の統合や統一通貨の実現をいつの時代にも簡単に否定しうる人間がいたように、容易なことである。だがユーロは実現した。多くの問題を抱えながらも、現在は、一つの現実である。だから、トービンタックスを否定しようとする者は、別の解決策を示すことによって、あるいは彼らとは違った構想力を示すことによって判断を提起すべきなのだろう。

もちろん、その運動のなかにも各種の議論がある。トービンタックスのようなわずかな税を課すだけで、はたして短期的投機資金の動きをどれほど抑制できるものなのか、効果は期待できなかろう、とか。いや、この税のもともとの目的は世界の貧困をなくす資金を集めることにあるのだとか、さらには、投機の様々な水準に応じて可変の課税率を決定する技術的手法を巡る議論も多彩だ。また、各国で国民の雇用を作り出している輸出産業が為替リスクをカバーするための為替取引にまで障害となってしまうのではないかとの懸念も表明されている。貯蓄を持つ者が取ろうとしないリスクを金融業者が取っているともいえる。したがって、問題は資本の動きにブレーキをかけたり、反対に容易にしたりすることにあるといえるのかとか、議論は尽きない。彼らは近々、フランスで世界各地の専門家を集めた会議をもつということだ。

ところで、トービンタックスを巡っては注意しなければならない点がある。それは、これが実効的に実施される現実的な局面を検討していくと、ＩＭＦには大いに出番がある、あるいはＩＭＦがその管理を行うのにふさわしいという見解がでてきている点だ。トービンタックスを実現しようとの運動が、国際資本フローの国際的管理の制度的主体を国際協調によってどのようなものとして作っていくかという問題を展望しているにもかかわらず、その先回りをするかたちでＩＭＦが自己の正当化に利用しようとする動きもあるのだ。とかく問題のあるＩＭＦのあり方に関する改革の議論をＩＭＦのサイド、つまり米国のサイドからその利害にたって主導しようとする傾向のなかで、うまく利用されてしまう懸念が生じているのである。

トービンタックスを推進する運動は、これからの展開も含めて、興味深い。しかし、運動を推進する市民たちの、「闘いはグローバルである。然り。広がりにおいてではなく深みにおいて」、「われわれの抗議は資本と同じようにトランスナショナル（超―国家的）だ」という叫びを共感をもって聞きながらも、まだ別の選択肢も存在するのではないのか、と自問していることに気づく。

というのも、「秩序ある」自由化論は、国際金融市場の透明性の確保や金融仲介業者たちへの報告義務を要求し、トービンタックスは投機資金の動きに注目しているが、いま、国際金融市場ほど、電子取引が進展しているところはない。そしてそこには信じがたいほどのバーチャルな富が積み上がり、複雑な債権債務の関係が常に新たに生まれ、また清算されたり、ロールオーバーを繰り返すなかで、債権と債務の裏腹な対応関係が膨張する宇宙のように拡大しているのだ。本当に電子化された金融経済の透明性を高めたり、課税の網をかぶせることができるのか、形だけのものになる可能性もある。いずれの議論にも、こうした国際金融市場を前にした、ある種の素朴さがどうしても感じられてしまうのだ。

オルタナティブの視点

この二十年を振り返ってみれば、レーガン主義あるいはサッチャー主義が国際金融システムを目覚めさせ、金融業者の力を解き放ったのであった。例えば、英国では八六年のビックバンないし金融市場の規制緩和がそれである。しかし、これは強欲で貪欲な者たちにチャンスが訪れたという気分を生み出しもした。一九八七年の株式相場のクラッシュが本来なら酔いを醒まさせるはずであったが、そこにひとがみたのは、プログラム取引という純粋な資本主義と情報社会とコンピューター技術が融合し始めた金融市場の姿であった。それは市民の容易に想像できる世界ではないように思われたが、主に欧米では、次第に、リンダ・デーヴィスやミハエル・リドパースなどの、そこで働いていたキャリアをもつ人間たちが、そこでうごめく人間たちと彼らが展開する詐術まがいの手口を小説の主題とするようになった。それで、金融市場の「毒蛇の巣」のような有様や、見慣れぬ金融派生商品をターゲットとする自動取引プログラムの活用されるさまなどに想像が及ぶようになったのである。

小説の描くところが真実かどうか、それはどうでもよい。なぜなら相変わらずこの世界は見えない世界のままであるからだ。例えば、LTCMを例に取り上げてみればよい。まず、米国の金融資産がいったいどれくらいあるのか考えてみよう。誰かわかる人間がいるだろうか。そのうち実質的な資産がどれくらいで、どこからがバブルなのかわかるひとが。エコノミストにとっては当然の事実だが、両当事者の一方が債権をもち、他方が債務の義務を負う関係に入ると、信用メカニズムによって、貨幣が創造される。さらに、デリバティブズを活用するかたちでこれが行われた場合、それは信じがたいものになる。米国での、金融派生商品を使って創造された、見ることのできぬ、無形の貨幣の規模は、M_3の規模のいったい何倍になるのか、誰も想像がつかない。ただ、LTCMという一私企業が、百倍ものレバリッジを効かせることで資金調達し、一・二兆ドルものポジションを得ていた事実はこれを類推する参考にはなる。この数字は外為市場の一日の全取引額に匹敵するのだ。こうした資金が短期的な利益を追求する連中にゆだねられている。何年にもわたり、ロシアは、とんでもない利率で短期国債を発行することで、国家財政の赤字分を賄ってきた。それはこうしたヘッジファンドの格好のターゲットだった。LTCMはロシア金融危機を読み誤り危機に陥ったわけだが、皮肉にも米国政府による、実に非資本主義的な、ウルトラリベラリズムとは正反対の、国家的な救済策を受けることになった。

別の有力ヘッジファンドの一つ、タイガー・マネジメントは対ドルで円が一〇％上昇したことで、たった六時間のうちに、二百億ドルの損失を出した。九八年、我が国の証券市場で銀行株などのカラ売りなどを仕掛けたとされる同ファンドには溜飲を下げた市場関係者もいるかもしれないが、要は、貨幣は無から、手品のようにひねり出され、これまたマジックのように瞬時に蒸発するということだ。

問題はこうした目に見えない、だが事実上実効的な（つまりバーチャルな）流動性の供給が各国のファンダメンタルズに現れる実体経済を通貨市場が反映するのでなく、人為的な資産価値の水準を維持しているという事実である。そしてそれは、私的な契約によって作り出されたバーチャルな富が市場における資産価格の劇的な再調整を引き起こすような振る舞いを展開しうるし、してきたということでもある。

バーチャルな富をなす金融資産のもう一つの顔は金融上の債務である。金融市場で積み上がった富は同時にとてつもない規模に成長した債務でもある。その側面が、社会経済に負荷を与える仕方はいろいろあるが、一例として、金融自由化の流れの中、一般化してきた債務の証券化という金融手法がある。これなど、債権者と債務者を分けている境界線をぼやけさせ、債務をよりソフィスティケートされたわかりにくいものに変えるものだ。証券化という債務の担保物件見返証券化は、利益の私的領有は神聖なままにしておきながら、取引者たちが取引余剰（利益）を極大化するさいのリスクの不一致を拡大し、最終的には社会に押しつけてしまおう（リスクの社会化）というところにその本質がある。

こうした資本の社会に負荷を与える金融上の手口が新金融諸商品の名の下に続々と市場に投下されてきたのがこの間の流れである。ひとは目をくらまされ、新自由主義者の理想とする、リベラルなジャングルに導かれていったわけだ。たしかにジャングルの法は自己を守る力をもち、貨幣の権力を崇拝し、他者を収奪しうる強者の理想ではあったわけだが。

しかしいま、こうした債務に基づいた経済が崩壊するのではないか、国際金融市場で繰り広げられてきたゲームは終末を迎えるのではないかという予感が広がっている。バーチャルな富の故にシステム不安を抱える通貨システムがあり、そして各国国民通貨は、もとより不換の、法律が通貨と定めた、債務証書にすぎない。それが各国政府の赤字支出をまかなっている。グローバルな経済が最終的に債務不履行に陥るときがくれば、われわれがポケットに持っているあらゆる法的な債務証書は、無価値になってしまう。もちろん電子形態のクレジットも同様だ。どの国でも銀行では取り付け騒ぎが始まり、銀行は預金者に払い出すために融資の引き上げを始め、負のサイクルが始まる。

すでに地球の四〇％にあたる地域がデフレに苦しんでいる。たとえ、IMFがラストリゾート化し、金融危機の解決に投機家を引き込んだにしても、こうした金融システム自体の崩壊の可能性に対しては何の解決をも、もたらすものではないだろう。九八年、世界銀行は、リセッションを引き起こすような金利引き上げによる通貨防衛というIMFの誤った試みを公然と非難した。だからといって、市場の圧力のなか、通貨需要を人為的に引き上げるため巨額の外貨準備を投入させる方策もなんの解決にもならない。要するに国際機関が、そして諸国家が市場の統制管理をいったところで、市場は異様に成長しきってしまっている。そして破裂しかかっているのだ。

そうした不安のなか、だが、希望がないわけではない。

金融のグローバル化が進展した八〇年代、九〇年代の二十年間を注意深く見ると、この時期がまた、投資の倫理性を問題にし、銀行が相手にもしないような人々に自律的に仕事や雇用を創造しようとしたオルタナティブな民衆レベルの金融プロジェクトが発展、多様化してきた二十年間でもあることに気づく。世界各地で多様な、金融のイニシアティブを取ろうとする運動が出現してきた時期でもあったのだ。

そこに共通している特質は金融グローバル化のプレーヤーたちとは極めて対照的で、場合によっては、対立さえ形成してきた。地域社会に根ざし、強欲な金融仲介業者が省みない地域経済に資する道をさぐり、銀行などが相手にさえしない人々に融資の道を探ろうとする金融プロジェクトは、いま各地でさまざまなかたちで発展し多様化しているが、金融の社会性を追求する意志に貫かれている。先進国の貯蓄をもつ勤労者は銀行に貯金してしまえば、あとはリターンだけが関心の的というのでよいのか、それを問い、投資の倫理性、環境の持続、維持可能性を問題にするところまで進めてきたオルタナティブな金融プロジェクトは明確に金融自由化を導いたイデオロギーと対立する理念に導かれていたのである。

こうした運動は、北の先進諸国でも南の発展途上国でも展開されてきた。途上国では、マイクロクレジットの実践が貧しい人々にその境遇を突破する重要な機会を提供してきたことはよく知られている。先進国においても、市民的レベルでの、数多くの金融改革の実践が登場してきた。有名なものではグリーンドルの実践で知られるＬＥＴＳ（レッツ）が知られている。ソーシャル・バンキングの実践も多い。また、明確に現行の通貨システムと競合し、独自通貨を発行して取引を組織する「中立貨幣ネットワーク」のような実践も、いくつも存在する。ある国のグリーンバンクの実践が、環境維持的なプロジェクトへの融資に特化した金融機関を作り出す方法を探求している他国の運動に参考にされるといったかたちで各種の交流も起きている。また、先端的な電子ネットワークを活用することで、バーターが持っていた高い取引コストや情報コストを回避し、国際的な事業者の貿易取引を仲介する機関も展開されている。

多様なこれらの運動とその意義について、ここでは詳細に言及できないが、最大限共通している特質は、新自由主義の推進する途方もない貨幣の独裁に対するオルタナティブを生みだし、広めようとの意志である。この間の金融自由化のなかで民主主義が失ったものは多い。これを取り戻すことは、投資家や投機家、資本家の権利なるものに対抗して、諸国民の主権性を回復することである。それはもちろん、地球的次元で民主主義を作り出すことである。いま市民たちは金融のグローバリズムによって迷い込まされた世界を自覚し、この情報時代にあって、地域と勤労に根ざす、そうした意味で、平板な「広がりにおいてではなく深みにおいて」、グローバルな多元的共存を目指す、もう一つのグローバル化を模索し始めてもいることを忘れるわけにはいかない。

補完通貨と貨幣利子批判の論理

地域通貨簇生のなかで

現在、世界各地で、かつての補完通貨の実践が甦っている。欧州における交換リングや中立貨幣ネットワーク、地域交換システム（SEL）、LETS、米国におけるイサカアワーやタイムドルなど、二千以上の取組が始まっているのである。その規模も小規模のものから、アルゼンチンのローカル・マネー・ネットワークRGTのように参加者の規模十万人を誇るものまである。なかにはスイスのヴィアバンク（WIR BANK）のように三〇年代から今日まで生き延び、驚異的な成長を示しているものもある。また、ゲゼル主義者がヴィアを始めるにあたり参考にした、デンマークのクリスチャン・クリスチャンセンが中心となったJAKのように、当初、一九三〇年代の経済危機のなかで、産業者（主に農業者）の連帯によって独自通貨を発行しながら、運動の発展が国家当局による禁止を招き（JAKマネーはデンマークの通貨量の一・五％にも達した）、ゼロ利子の貯蓄貸付組合として生き延び、スウェーデンにも広がり、今日、オルタナティブな銀行の事例として注目されているものもある。

こうした補完通貨の実践には、かつての一九三〇年代の場合は、欧州大陸では、シルビオ・ゲゼルの経済理論や自由経済運動の実践、またアングロ・サクソン諸国ではクリフォード・ヒュー・ダグラス少佐の社会信用理論とその実践、核物理学の先駆者でエコロジカルな経済学の先駆者フレデリック・ソディらの理論が大きな影響力をもっていた。今日、再び、様々な形で模索が始まった地域通貨といわれる補完通貨の実践には、こうした貨幣改革論と呼ばれる諸理論に加えて、かつてのロバート・オウエンの社会主義思想やピエール・ジョゼフ・プルードンの交換の社会主義も復活して影響を与え、さらにはカール・ポランニーの経済史研究の成果なども影響力を持ち、さながら思想の、新たな現実のなかで集束し、また拡散する姿をみることができる。

これらの理論のほとんどは、ケインズがゲゼルやダグラスについて語ったように、彼らは地下世界の住人であったし、一九二〇年代、三〇年代の一時期、地上に出現したとはいえ、再び地下世界に押し込められ、今日、再び陽の光のもとに出現し始めているところである。しかし、今日、地域通貨の実践が簇生しているにつき、その理由は論者によって多くの理由が挙げられているが、彼らの、現行の貨幣システムに対する批判論が大きなモチーフとなっていることは確かである。

そしてそうした取組につき、驚くべき事には、正統派の経済理論が解釈も示している。つまり、新古典派のなかにはLETSモデルを解釈してくれる人もいるし、もう一つの正統派であるマルクス主義者もが、共産主義の可能態をそのなかにみつけだしているかのようである。かつて、マルクス経済学者のモーリス・ドッブが『信用を失墜した社会信用』という著作で、貨幣改革論者に対し真の変革は「全ての権力をソビエトへ」である、といって攻撃したことを知っている者にはにわかに信じがたい事態ではある。

確かに、一九七〇年代や一九八〇年代に、ミクロ経済学を勉強した者は、そこで、貨幣が単に、交換の媒介物であり、帳簿記入の手段であるという、ニューメレールにすぎない扱いを受けていたことを記憶している。そうした理論はLETSモデルを分析するには最適であろう。かつて私たちは、いわば、教科書のなかで地域通貨をやっていたと考えることができる。地域通貨は貨幣の諸機能のトリアーデを交換手段機能に一次元化しようとするものであるからだ。

しかし、忘れてならないことは、地域通貨の実践が示しているのは、なによりもまず、現行の貨幣システムの問題が意識されているということである。なぜこうした取組が必要かについての議論があるのである。どちらの正統派の理論の高みでも、あるいはハイエクのようなオーストリア学派の伝統でも、貨幣は商品のなかから選ばれた財にすぎず、交換手段あるいは支払い手段の機能を果たすものと前提されているかにみえる。しかし勤労者からみて、貨幣がそのようなものであれば経済社会の問題はずいぶん減少するということになるだろう。

地域通貨がみている世界

今日の世界経済は、正のプレミアムが発生する貨幣システムによって実に多くの諸問題を生みだしている。現実の数字をみればあきらかである。貨幣をもっている者にプレミアムが支払われる仕組みがそこに存在する。これはどうみても中立的ではない。このことは、地球大でみてみればはっきりする。いま世界で起こっている諸問題のすべてがそれにかかわっているかのようである。

たとえば、途上国の累積債務は二千億ドルにも達し、メキシコなどは毎年、ＧＤＰの三割もが利払いで消えている。そしてそれはもっぱら米銀のふところに入る。世界じゅうの貨幣の巨額な部分は貸し借りをとおして増えていく信用貨幣で、年々、前年より七％ずつ膨らんでいるという調査さえある。それはもっぱら投機に使われ、それがどのような結果をみたかはひとの知るところであろう。一方では不安定性を増し続ける経済上の混沌があり、他方では富の収奪である。

実際、一九九〇年代を特徴づけるとすれば巨額な対外直接投資や、主に北米の年金基金や投資ファンドによって活発化した金融投資ということになる。直接的な投資活動によって売買された株式額はこの十年で三三四％も増加し、これらの資産の二〇％を多国籍企業百社が保有しているといわれる。金融投資（株式、債券、デリバティブズ、オプション、ポートフォリオ投資）の増加はすさまじく、機関投資家（年金基金、生保、投資企業）はほぼこの十年で資金力を倍増させた。資本の止む事なき流入や突然の逃避は、一方で、新たな技術革新によって金融上の不安定性を生みだしながら、また拡大し続けてもいる。

そして、結果的には世界の最も豊かな、二〇％の者たちが世界の所得全体の八割以上を手に入れ、そして貧しい途上国では、飢餓で三・六秒に一人、誰かが死んでいる。そしてなんと、そうした死者の四分の三が五歳以下の子供である。

誰でも知っているように、地球は球形であり、有限である。さらに、それは不変の生物物理学的法則によって支配されている。有限の空間の中での、果てしない物理的成長は不可能である。貨幣は、銀行がローンを与えるとき創造されるが、銀行は地球の規模を拡大することはできない。

しかし、全体でみればとうてい不可能であるのに、どの企業もが年四―五%の企業業績の伸びを計画し、実現しようとしている。それは信用貨幣という利子負担の発生する資金に頼っているせいだ。いま、先進国では、平均して、企業のキャッシュ・フローの四分の一以上が利払いに充てられていると指摘されている。一九七〇年代はこの比率は、八から一二%の間にあり、一九八〇年代は一五%に達しただけであった。したがって、今日の経済は「債務経済」というほうが正確というものであろう。経済はあまりに多くの債務に基づくものになってしまった。しかしひとは利子の再配分効果を一般に過小評価しがちである。というのも、ひとは借入をしたときにだけ利子を支払う必要があると誤解しているからである。しかし、実際には財の価格のほぼ二五%が利子であるといわれている。このことは最終生産物のコストに利子負担分が含まれるばかりでなく、あらゆる生産物に利子負担分が含まれていることを意味している。もし、これに、土地や不動産などの実質資産の賃料が上乗せされると、三三%にも達するというのだ。こうした純粋に所有という事実に由来する賃料が、人間と環境に負荷を与える成長の強制を生みだしている。

利子は利潤とは違う。誰でも知っているが、利子はたとえ事業が失敗したときにでも、事前に確定した額として存在するが、利潤は事業上のリスクに関連したプレミアムである。そうした意味で生産のプロセスに入り込む利子の負担分は、社会の生産物に対する先取として、経済社会の成員にケインズのいう「椅子取りゲーム」を強いることになっている。

貨幣という流動資産の貸借に付き物の、抵当という言葉を考えてみよう。これは英語で、モーゲージというが、この言葉はもともとフランス語に由来している。その前半分のmortは死、後ろ半分gageはギャンブルを意味している。つまり、財産を抵当に入れて借り入れることは死のギャンブルを意味しているわけである。銀行は融資をすることで新規に貨幣を供給するが、生産者は生産コストを賄うために元本を借り入れることでギャンブルを強いられることになるのである。

なぜなら、製品を販売して元本（P）と利子（I）を合わせた分を回収しなければならないからである。そこで商品の総価格はPとIを足した額になるが、もともと世の中にはPの分だけしか貨幣は存在しなかった。ひとが消費者として使える貨幣はPだけであるから、決して全部売れるわけはない。製品のうちの最小限の額は売れ残らざるを得ないし、少数の生産者は破産し、差し押さえの危機に直面せざるをえなくなる。利息というコストのかかる貨幣の仕組みでは誰かが破産しているのである。したがって抵当という言葉は「死のギャンブル」といわれる。

椅子取りゲームでは全員には足りない椅子を巡って、音楽にあわせデス・ギャンブルの生き残りゲームが展開される。ちょうどそれと同じように、世の中には、P＋Iを賄うのに足りないお金しかなく、デス・ギャンブルが行われている。生き残れる可能性は常に利子率という貨幣を借りる時の、お金の値段によって決まってくる。

こうした現実を前にして、例えば、ベニスのアルキディオチェーゼのカトリック家族共同体はこう指摘している。「悪の根源は現行の貨幣システムであり、利子には問題はないとする牢固とした信念である。しかしこの信念が豊かな者をより豊かに、貧しい者をいっそう貧しくする。というのも、利子は融資のさいに直接支払われるばかりでなく、コスト要因として、あらゆる価格に含まれているからである。」

要するに私たちは、グローバリズムで増幅された非中立的なお金の振る舞いを体験してきている。つまり、世界の五分の一の最も豊かな人々があらゆる財とサービスの八六％を消費し、世界の五分の一の最も貧しい人々がその一三％しか消費できない世界にいるのである。

この最も豊かな五分の一の人々は、あらゆる肉と魚の四五％、全エネルギーの五八％、紙の八四％、電話回線の七四％、車の八七％を消費している。一九七〇年以来、世界の森林は人口千人あたり、四・四平方マイルから二・八平方マイルへと減少した。世界で最も豊かな三ヵ国で、最貧の途上国四十八ヵ国の国内総生産の合計額を超える資産を保有している。世界の二百二十五人の富裕な人間たちが世界の総人口に占める最貧の四七％の人たちの年間所得に等しい一兆ドルを超える富を持っている。彼らの富の四％でも、誰もが基礎的な教育を受けられる費用やヘルスケアの、また女性の子を産み育てるコスト、適切な食料やきれいな上水道、安全な下水道に使われれるだけで事態は回避されるのにである。

しかし、米国人は一年に八十億ドルもの化粧品を使っている。世界中の誰にでも基礎教育を提供するのに一年間に必要なのは二十億ドル程度にすぎない。米国人は年あたり一人平均、二百六十ポンドの食肉を消費している。バングラディッシュでは六・五ポンドである。ヨーロッパ人は一年に百七十億ドルものペットフードを使っている。世界中の人間に基本的な健康、栄養摂取を可能とするのに必要とされる追加的な負担額が四十億ドル程度なのにである。

地域通貨は現存の貨幣システムとそれがもたらした現実を見ている。そしてこれに代わるシステムを作ろうとしている。しかし、ヴィンズヴァンガーもいうように、「九九％の人々が貨幣の問題を見ようとしない。科学もこれを見ようとしない。経済理論もそうだし、『存在しないもの』として定義しようとさえする。われわれが貨幣経済を問題としないかぎり、我々の社会の、いかなるエコロジカルな転換の見通しも存在しはしない」というのに、そうなのである。

貨幣には批判すべきものがある

ところで不思議なことがある。現行の経済システムには変革が必要だと考えてきた人たちが、なぜ貨幣のシステムについてさほど語ってこなかったのであろうか。ゲゼルもこう言っている。「社会民主主義の機関誌や高尚な文芸作品のなかで、『利子』や『貨幣』という用語が少しも登場しないということは驚くべきことである」と。しかし、いま人は地域通貨というかたちで貨幣システムについて語りはじめた。正の流動性プレミアムの受け入れを拒否し始めたのである。なにが変わったのであろうか。

かつて一九三〇年代はじめ、社会信用論者のエズラ・パウンドはこう言っていた。

「二人の男がマルクス主義の時代を終わらせた。価値の大きな、また主要な基礎として文化的遺産を考慮することでダグラスが、マルクスが決して貨幣を問題にしなかったことを見ることでゲゼルが。マルクスは貨幣を当然のものとして受け入れていたのだ」。ここで、ダグラス理論やゲゼル理論に深入りはできない。ただ、かつて貨幣改革の運動を推進していた人間たちの観念の基礎にある考えをみてみれば、いま、貨幣システムそのものが問題にされ始めた理由や価値観のレベルにおける変化を理解することができるかもしれない。

確かに、貨幣そのものを問題にする思考の流れは存在してきた。ボアギュベールに始まり、プルードンを経て、ゲゼルやケインズに至る貨幣的経済理論の潮流にとっては貨幣は交換の媒介物であり、価値の標準、価値の保蔵手段であるのはもちろん、その保蔵手段であることが、投機と不確実性に関連していると考えられ、そこで、貨幣需要と実物財の経済との相互関係が問題にされてきたわけある。そこでは貨幣の保有動機のトリアーデが問題とされ、貨幣欲求（ケインズの場合は、流動性選好）を生む貨幣の特権性（貨幣権力）や、貨幣が他の財に比した優れたある物であり、流動性プレミアムを成立させる、つまり正の貨幣利子率が成立する次第が分析されてきた。

地域通貨はゼロ利子で運営されている。なかには、負の利子率を導入しているところもある。正の流動性プレミアムが成立する貨幣システムへの批判があるからで、そうした議論の出発点を見てみたいと思う。なぜなら、ゲゼルは主著、『自然的経済秩序』の第五部第二節、基礎利子（Der Urzins）でこう述べていたからである。

「正統派の経済学者とマルクス経済学者は、利子を生産手段の私的所有の必要不可欠な付随物であるとすることで一致している。『共産主義や共同所有を拒否し、経済生活の自由を渇望する人々は利子に基づいた経済システムつまり資本主義を受け入れなければならない』と、これまで利子を研究してきた誰もがいう。社会主義者が主張するように、利子が強制的な領有や不道徳な経済力の濫用の結果であるのか、それとも反対に、利子を秩序や勤労、節倹という経済的美徳に帰着させる正統派経済学者が正しいのか、こうした問題は所有せざるプロレタリアにとって、少しも重要なことではない。マルクス主義の教義に従って、その追随者たちは生産のなかに、あるいは生産手段からの労働者の分離のなかに、利子（剰余価値）の源泉を探し求めるよう駆り立てられてきた。そして、実際、その中で利子の源泉を発見したと言い張ったのである。

これに反して、私はここで、利子が生産諸手段の私的所有とはなんの関係もないことを立証していくつもりである。利子は大量の勤労者（プロレタリアート）が存在しないか、存在しなかったところでさえも認めることができる。また利子が節倹や秩序、勤労、効率性によって決定されているなどということもない。私はこうした資本理論を拒否するつもりであるし、利子がバビロニアやヘブライ、ギリシャ、ローマの時代から今日まで伝えられた貨幣の従来の形態から出現し、さらにまた、素材面からも、合法化された優位性の面からも、従来の貨幣が保護されていることを示すであろう。」

そうであれば、彼の議論のなかに、正統派が貨幣や貨幣利子を問題にしてこなかったことの理由や、また貨幣改革の運動が貨幣システムを問題にせざるをえない理由がわかるかもしれない。

まず、ゲゼルのロビンソン物語を見てみよう。

貨幣を、そしてそれがもたらす正のプレミアムの原因を知るには貨幣が存在しない状態での、異時点間にわたる取引を検討してみる必要があるからである。

現行の貨幣システムでは、貨幣保有の断念に対して報酬を与えている。つまりプラスの利子が支払われるわけで、借り手は当然のように利息を払う。誰もこれを疑わない。しかし本当にそれが当たり前なのであろうか。

こうした観念をもったひと向けにゲゼルは自分の「ロビンソン・クルーソー物語」を書いている。この文章は一九二〇年五月五日に書かれたが、彼の新たな貨幣、利子理論を平易にかつ簡潔に表明した寓話として評価も高いものである。物語なので、まず全部読んでみてしまおう。

＊　＊　＊

ここで詳述される利子理論の導入部として、また、とりわけ利子問題に関連して強く残っている古くさい臆断を容易に取り除くためにも、私はロビンソン・クルーソー物語から始めなければならない。

よく知られているように、ロビンソン・クルーソーは健康上の配慮から、山の南面に家を建て、これに対して、北面の湿潤で肥沃な斜面で農作物を栽培した。したがって彼は山を越えて収穫物を運ばざるをえなかった。この労働をせずに済むようにしようとして、彼は山の周囲に運河を建設しようとした。この企ては沈泥が運河を塞いでしまうのを避けるために中断せずに継続されなければならないが、それに必要な時間を彼は三年間と見積もった。

したがって彼は三年間の蓄えを調達しなければならなかった。数頭の豚を屠殺し、肉を塩漬けにした。地面の穴に穀物をいっぱいに満たし、入念に覆いをした。鹿皮をなめして衣服に仕立て、木箱の中にしまい込み、衣魚除けにくさいスカンク腺で覆った。

要するに彼は自分が考えた通りに、これから三年間のことを考えたのである。計画した通りに「資本」が間に合うかどうか、最終的な予測を立てていると、一人の男がやってくるのが見えた。

「やあ」

と、その訪問者は声をかけてきた。

「私の小船が難破してしまったので、この島に上陸してきました。田野を開墾したいのですが、最初の収穫が得られるまでのあいだ、あなたの蓄えで私を救ってくださるわけにはいかないでしょうか」

この言葉を聞くや、ロビンソンの頭には、自分の蓄えが利子と金利生活者の栄光をもたらしてくれる、という考えが閃いた。彼は急ぎその申し出を承諾したのである。

「ありがたい」

と、その訪問者は答えた。そして、「しかし、あなたに言っておかなくちゃなりませんが、私は利子を支払いませんよ。払わなければならないくらいなら、狩猟や漁でもして生きていきますよ。私の信仰は利子を取ることも、支払うことも禁じているんです」

ロビンソン「それはまた結構な宗教をお持ちだ。でも、あなたが利子をこれっぽっちも支払わないとするなら、いったいどうして、私が蓄えたとっておきの品をですよ、貸し付けると思うんですか」

訪問者「それは私利からですよ、ロビンソン。儲かるからですよ、あなたにもわかるでしょう。あなたは利益を得るんです。それもかなりな額ですよ」

ロビンソン「そういうなら、まず、あなたがその計算をしてみせてくださいよ。正直いって、蓄えをですよ、無利子で貸し付けて、どれくらい利益が得られるのか、見当がつきませんしね」

訪問者「では、全部計算してみましょう。ご自分で計算しなおしてみれば、無利子で貸し付けたうえに、お礼までいうことになりますよ。そうですね、私にはさし当たり衣服が必要です。見ての通り、裸ですから。衣服の蓄えはありますか」

ロビンソン「その木箱には、上のほうまで衣服が詰まっています」

訪問者「それにしても、ロビンソン。あなたがほんとうに賢ければいいんですけどねえ。誰がいったい木箱なんぞに衣服を三年間もしまっておこうとしますか。それもですよ、鹿皮です。なんと衣魚の好むごちそうですよ。鹿皮でなくとも、衣類というものは風通しをよくして、油脂を擦り込んでおかなくては。そうしておかなければ、傷んだり、蒸れたりしてしまいますよ」

ロビンソン「おっしゃることはごもっともですが、じゃあ私は他にどうすべきだったというんです。衣装棚にしまっておいたほうがいいなんてことはありません。そんなことしても、ここでは、ネズミがやってきますし、衣魚だって入り込んでくるんですよ」

訪問者「ああ、木箱にだってネズミが入ってくるでしょうね。見てください。ほら、もうかじられてしまってますよ」

ロビンソン「まさか、そんな。こういう被害というのはまったくどうにも防ぎようがないですね」

訪問者「あなたはネズミから身を守る術をご存じないようだ。算術を学んだとはいえませんね。私たちのなかで、あなたのような境遇にあるひとが、ネズミや衣魚、それに腐朽や塵芥、黴から身を守る方法をお話しましょう。私に衣服を貸してください。必要な場合はすぐにでも新しい衣服を、あなたに揃えてあげることをお約束します。あなたは、引き渡したのと同じ程度の衣服を取り戻し、しかもですよ、その衣服は新しいものになっています。必要になって後で木箱の中から引っ張り出してくるものより、はるかに上等ですよ。ましてスカンク油の悪臭なんて付いていません。貸してくださいますでしょう」

ロビンソン「わかりました。あなたに木箱ごと、衣服ともどもお渡ししましょう。そうしてみれば、無利子で衣服を貸し渡しても、私の利益になるということが、私にもわかるというものです(注1)」

訪問者「ところで、小麦をみせてくれませんか。種まきに使うし、パンを作るのにも必要です」

ロビンソン「その丘をくだったところに埋めてありますよ」

訪問者「あなたというひとは、小麦を三年間も地面の穴のなかに埋めておくのですか。黴や虫はどうするというのですか」

ロビンソン「分かっています。でもどうしたらよいんです。どう考えても、これよりよい貯蔵方法など思いつきませんでした」

訪問者「かがんで、ご覧になってください。表面に虫がはね回っていますでしょう。塵芥がわかりますか。黴は生えていないですか。すぐにも、小麦を取り出して、風にあてなければなりませんよ」

ロビンソン「この資本はもうだめです。自然のもつ、こうした幾重もの破壊力から身を守る方法がわかっていればよかったんですが」

訪問者「ロビンソン、私たちのところではどのように家屋を造るかお話しましょう。風通しのよい、湿気のない小屋を建てるんです。床は頑丈な板張りにしますが、そこに小麦を振りまくんです。それからシャベルで全体を掘り返しながら、二週間ごと、定期的に、入念に風にあてるんです。ネズミを捕まえるために猫を飼います。罠も仕掛けますよ。どんなものにも火災保険をかけ、毎年毎年、品質や量目の損失が一〇％を超えないようにしています」

ロビンソン「そうだとしても、その仕事を恐れることなどないですよ。なにも費用など要らないんです。どうしたらよいかお話しましょうか。あなたの蓄えを私に貸してください。私が収穫が得られたら、新鮮な穀物で、ポンドならポンドで、袋なら袋で、渡してくれたものを返済しますから。あなたは小屋を建てずにその仕事を済ますのです。つまり、シャベルで掘り返すこともないし、猫に餌をやることもないのです。量目でみてもなにも失うものはないんです。古くなった麦の代わりに、いつも潤いのある、新鮮なパンを手に入れることができるんです。どうでしょうか」

訪問者「たいへんありがたい。その申し出を受け入れましょう」

ロビンソン「それでは無利子で小麦を貸してくれますね」

訪問者「よろしいです。無利子で、当方の感謝までそえます」

ロビンソン「でも、私は一部を使うだけです。全部は引き取りませんよ」

訪問者「それでは、十袋につき九袋を返却してくだされればよい、という条件で、あなたに蓄え全部を提供しますが、どうでしょう」

ロビンソン「いや、結構です。それではまるで、利子付きで、しかもですよ、値打ちを引き上げる正の利子ではなくて、引き下げる負の利子のもとで働くようなものですよ。売り方の代わりに資本家の買い方がいるようなもんですよ。でもね、私の信仰は高利を禁じていますが、また、転倒された利子も禁じているんですよ。ではこうしましょう。私が監督しますから、小麦のストックを取り出して、小屋を建て、必要な作業を行うというのはどうでしょう。その代わりに、毎年、十袋につき二袋を私に報酬として支払ってください。それで折り合いをつけましょう」

ロビンソン「その支払い分を高利といおうが、仕事と呼ぼうが、そんなことは私にはどうでもいいことです。とにかく、あなたに十袋を渡しましょう。あなたは私に八袋を返す、これで折り合いがつきましたね」

訪問者「しかしまだ、私には、別の物も必要です。鋤や荷車や手工具です。これら全部、無利子で貸してくれませんか。返す時はどれも変わらぬ品質で、新しい鋤なら新しい鋤を、新しい鎖なら錆のない鎖を返済することを約束します」

ロビンソン「もちろん、ご用意しましょう。今は、どの蓄えも私には労力のかかる物ばかりですから。この間などは、小川が氾濫して小屋は水浸しになり、なにもかにも泥を被ってしまったんですよ。その次はといえば、嵐で、屋根はむしり取られ、全部、雨で台無しになってしまいました。いまどきのように、天気が乾燥すると、風が小屋の中へ砂や塵を吹き込むんです。錆や腐朽、倒壊、日照り、光と暗闇、木喰虫、白蟻といったなんやかやで仕事には絶え間がありません。泥棒や放火魔がいないことがまだましですけれど。これらの物を、手間もいらずに、費用もかけずに、損失を受けることもなく、よい状態を維持しながら、あとで役立つように保管できるとは、喜ばしいかぎりです」

訪問者「それでは蓄えを貸し渡すことが利益になるとわかったのですね(注2)」

ロビンソン「率直にそのことを認めましょう。でも、疑問に思うのですが、なぜ海の向こうの故国では、そのような蓄えが所有者に利子をもたらすのでしょうか」

訪問者「あなたは、その説明を、海の向こうではこうした取引の仲介をしている貨幣に求めなければなりません」

ロビンソン「なんですって！　貨幣のうちに利子の成因があるというのですか。そんなことはありえません。マルクスが貨幣と利子について述べているところを聞いてみてください」

「労働力は利子（剰余価値）の源泉である。貨幣を資本に転化させる利子は貨幣に起因することはありえない。貨幣が交換手段であることに間違いなければ、商品価格を支払い、商品を購入する以外のことをしはしない。貨幣がそのように変わらずにあり続けるならば、価値を付け加えることはない。それゆえ剰余価値（利子）は購入され、より高価で販売された商品に由来する。この変化は購入においても、販売においても発生しない。これらの行為においては、いずれも等価物が交換される。それゆえ、商品を購入して使用し、再び売却することによって、この変化が起こるということは依然、たんなる仮定として任意のものである（マルクス『資本論』第六章）」

訪問者「この島で暮らし始めて、もうどれくらいになりますか」

ロビンソン「三十年です」

訪問者「人間というのは、忘れないものですね。あなたはそのような価値論をいまだに引き合いにだします。ロビンソンさん、これは片づいてしまいました。彼の価値論は死に絶えたのです。それを主張するひとなどもはや誰一人もいませんよ」

ロビンソン「なんですって。利子に関するマルクスの理論が死に絶えたとおっしゃるんですか。そんなことはありえません。たとえ、もはや誰ひとりとしてそう主張する者がいなくても、私はそれを主張します」

訪問者「それなら、言葉だけではなく、行為によってでも主張するがよいでしょう。そうしたいのなら、私と対立することになりますね。私は、ただいま締結した商取引から身を引きましょう。あなたはここに蓄えを持っています。その蓄えは、その性格と用途からその本当の形態であるとみなされるもの、つまり一般に『資本』と呼ばれるものです。私にはあなたの品物が必要ですが、あなたは資本家のように私に対立しようとします。いま、私はあなたに対峙していますが、労働者が資本家にそんなにもあからさまに立ち向かったことはありません。私たちの対立関係のように、資本の所有者と資本を必要とする者との関係が、こんなにも踏みにじられるとは。私から利子をとることができるかどうか、さあ、試してごらんなさい。それとも、もう一度初めから商取引を始めますか」

ロビンソン「いや、あきらめます。ネズミや衣魚、錆が私の資本家的精力を殺いでしまいました。でも、あなたはこのことをどう説明するというのですか」

訪問者「説明するのは簡単です。あなたはたったいま私に無利子で貸してくれましたね。しかし、この島に貨幣経済が成立しているとしましょう。その場合、遭難者である私が貸し付けを必要としているとすると、必要としている物を購入するために資金供給者に頼み込む必要がでてきます。資金提供者はネズミや衣魚、錆、火災や屋根の損傷に苦しめられることはありません。ですからあなたとの場合のようには対立しないでしょう。物品の所有に結びついている損失を考えてください。そこでは犬があなたの、そして私の鹿皮を引きずっていってしまいます。犬が運んでいってしまうのは犬が保管しているも同然です。どのような配慮も、そしてわたしがあなたを納得させた十分な証明も、資金提供者にとっては関係のないことです。私が利子の支払いを拒んでも、あなたは皮の衣服が入った木箱を閉じはしませんでした。資本の性格があなたをさらなる交渉へと向かわせたのです。しかしです。貨幣資本家は私が利子を支払わないといえば、すげなく私を追い払ってしまうでしょう。私には貨幣そのものが必要だったのではありません。その皮の衣服が必要だったのです。皮の衣服をあなたは無利子で貸し与えてくれます。なのにです。私はそのために貨幣に利子を支払わねばならないんです！」

ロビンソン「そのように利子の原因が貨幣のうちに求められるなら、マルクスは間違っていたのでしょうか。マルクスはどこかでこう述べていましたね。『本来の商業資本において、G—W—G′（貨幣—商品—増殖した貨幣）形態、より高く売るために購入することが最も純粋に現れる。他方、あらゆる資本の運動は流通の局面の内部で起こる。しかし流通そのものから資本の貨幣への転化を説明することは不可能である。そこで等価物が交換されるや否や、商業資本は不可能であるようにみえる。だからこのことは購入や売却をする商品生産者たちから、それらの間に割って入る商人が二重にだまし取ることからだけ導きだされる。商業資本による価値増殖が商品生産者をたんに詐欺にかけるということから説明されるべきでないとするなら、そこには多くの中間項が必要である』（『資本論』第一巻）」

訪問者「ここでもマルクスは完全に間違ってますね。国民経済学の重要な核心である貨幣について思い違いをしているから、彼はいたるところで誤りを犯しているに違いありません。マルクスは、また、あらゆる彼の信奉者も同様ですが、貨幣の本質をその考察の範囲から除外するという誤りを犯しているのです」

ロビンソン「このことは、貸付についての私たちの交渉が実証してくれましたね。貨幣はマルクスによれば交換手段にすぎませんが、貨幣は単なる『購入した商品の価格を支払う』ということ以上であると思われるような働きをしているんですね。利子を支払おうとしないとき、商品（資本）の所有者を苦しめる憂慮も知らないで、貸付を受ける受取人の鼻先で銀行員が金庫をぴしゃりと閉めることは、商品を超えた貨幣それ自体がもつ権力に負っているのですね。そこに商品の弱点があったのですね」

訪問者「ネズミや衣魚や錆が、なんという証明力をもっていることでしょう」

（注1）事は自明でありながら、自明であればこそ、今日まであらゆる利子理論家は、かかる利益を認めることがなかった。プルードンでさえ見過ごしたのである。

（注2）クヌート・ヴィクゼル『価値、資本および利子』八三ページ。「しかるにベーム・バベルクは現在財は必要とあれば将来のために「保存しうる」のであるから、少なくとも将来財と同等であると主張している。これはおそらく大きな誇張というものである。ベーム・バベルクはこの法則の例外、すなわち、氷や果物などの、損なわれる財に言及している。しかし、どのような食料品にも、そのことは例外なく高かったり低かったりする程度で妥当しているのである。確かに、こうした財は、将来のための保管に特別な労苦や配慮を必要とせず、しかも危険にも会わないような貴金属や宝石類という財とは違っている。しかし、それらにしても火災やこれに類する災難によって失われることもあるの

である」(今日、銀行は金や宝石、有価証券保管用に、個人向けの特別な個室を用意している。しかし、それには賃貸料を支払わねばならないのだ。その金額分だけ、「現在財が将来財に」及ぶということはないのである。)

＊　＊　＊

ここでは、貨幣が存在しない世界での財の貸し借りという異なった時点にわたって取引が維持される契約関係を例に考えている。そこでは余資をもつロビンソンは、実は不利な立場に置かれていた。それは財にはそれぞれに特有な減価率があるからである。時の経過のなかで傷んでいくのである。どのような財も、ごく少数の例外を除いて、それぞれに特有な率で劣化していく。これは我々が熱力学第二法則に従わざるをえないことを示している。

当然、財には、ゲゼルが例に挙げるような、例えば新聞売り子のもつ新聞のように翌日になれば無価値になってしまうような傷みがはやいものもあれば、耐久消費財のように息の長いものもあるが、いずれも劣化し傷み、という具合に減価するのであるから。これに加えて保管の費用やら、財の保有にはお金に比べてコストがかかる。したがって、もしこれを借りてくれるひとがいれば、財の減価分に保管費用を足した分を貸し付けた量から控除した量が返済されても、なんの損もない。それはちょうど自分が保有していてもそうなるのだから。もし、少しでもそれを上回る取引ができればもうけものというものである。

しかし貨幣が介在してくると、つまり、貨幣供給者が登場すると事情は一変する。正の利子が成立してしまうのである。貨幣はいつまでもっていても減りはしない。貨幣が金や銀であったころも今も、金や銀、紙券が錆付いて値打ちが減るということはなかった。実はこれがお金を持っている者とそうでない者との間に不平等を作り出してきたのである。小さな会社も大企業も、事業をするには投資が必要である。事業資金が要る。つまり貨幣が必要とされるが、貨幣を持ってる人間は貨幣を持ち続けても費用がかからない。対照的に、例えば、農民は種をまくのを延期できない。そこで、種を蒔く資金を借りるのを急かされることになる。一方は減価しない貨幣をもち、他方は減価する財をもつわけである。これでは、取引をしようにも、立場が違いすぎる。片方は、自分に有利になるまでいつまでも待てるわけだから。もう片方はとにかく急かされている。貨幣供給者が農民に金を貸す場合は、利子を請求する。拒否することはできない。とにかく資金がいま要るのだから。こうして、貨幣と財の交換では、財のほうにある種のプレミアム分が負担させられる。

そうして農民はこの資金を借り入れるさいの利子という費用を自分が作った穀物を売るさいに、その価格に乗せなければならなくなる。この穀物をパン屋が仕入れたとすれば、穀物の値段に入っている利息の分は当然、パン屋の売るパンの値段に入っていく。結局、貨幣供給者が上げる利益は社会が負担することになる。働きもしないのに、貨幣供給者の利益は増えていく。しかし、どのような企業も利子の重荷と付き合わなくてはならなくなる。このことが、社会に富と権力の集中が続いてきたことの理由である。なぜなら、こうしたプラス利子の仕組みで、事業が上げる利益の多くの部分が社会の一部の者たちの所有するところになるからである。

ここでゲゼルが議論している利子は彼が基礎利子と呼ぶものである。それは貨幣の財に比した優位性に根拠をもつ。これはプルードンが貨幣のみが社会的に構成された価値をもち、どんな物とも交換しうる社会性を獲得していると指摘する、貨幣がもつ流動性のプレミアムを指している。ケインズの利子の定式では、利子Ｉは流動性プレミアムＬと貨幣供給における貨幣の希少性の代価部分であるＲから構成される。ここではまだ、Ｒの部分は扱われないが、Ｌの部分をゲゼルは基礎利子として指摘するのである。

ところで、貨幣供給者の最たるものは銀行である。ＢＡＮＫの語源を尋ねると、ゲゼルによれば、安楽椅子という意味が見いだせる。ふつうの金融経済学者は、ＢＡＮＫの語源をイタリア語の banco にまでしかたどらない。banco つまり記帳台がその語源だという。しかし、これをもっと遡ると古ゲルマン語の banki に突き当たる。banki はゲルマン民族がその住居の回りに巡らした防塁をさした。それが住人の安寧を保証したのと、その形状の類似から「安楽椅子」という語義が生まれたようである。bank に至るまで、その語義は継承されている。銀行は貨幣を扱う。取引で貨幣をもつほうはもち続ける余裕を常にもっている。取引で自分が有利になるまで待ち続けることができる。貨幣を持つ者は「安楽椅子」に座るがごとく待っていればいいのである。ここに貨幣の力の根源があるが、銀行はそれをもっているのでＢＡＮＫといわれるのである。つまり、基礎利子が成立する貨幣を持つ者は同時に、誰もがそれを欲求することを通して、貨幣権力を成立させることにもなるのである。

いま甦った地域通貨のシステムはこの正の利子システムを変革しようとしている。それはまずゼロ利子のシステムから始まる。この利子率の零点は不思議な性格をもっていて、貨幣の時間が止まる。

いまの貨幣システムでは現金だけがゼロ利子である。しかし貨幣貸借までがゼロ利子になると、貨幣は一度、時間次元を喪失する。いまこのお金を自分は使わなかったのだから、そしてそれを君に貸してやったのだから、僕のがまんに君は利息を払って報いるべきだ（節欲説という）、という理屈は成り立たなくなる。なんとでも交換できる万能の性質（貨幣の流動性）をいま行使せず、君に貸し付けたのだから、この万能な便利さを手放したこと（流動性の放棄）には当然、利子というプレミアムがつくはずだね、という理屈も成り立たない。結局、融資額も借入額も時間がたっても増減しないからである。そうして、ひとは自分の観念の逆立ちしていることに気づくことになる。特有の減価率をもつ貨幣以外の実際の富が存在することの意義を再認識する可能性が与えられる。

基礎利子（流動性プレミアム）の問題

ところで「奇妙なことにマルクスも、貨幣の研究から始めて、利子の性格を探求していった」わけである。なぜ利子の成因を貨幣のうちにみなかったのであろうか。ゲゼルはこういう。「しかし不吉な運命が彼に降りかかった。彼はプルードンが警告しているにもかかわらず、いざという段になって、誤った仮定を採用してしまった。正統派の利子擁護論と同じように、貨幣と商品が等価であると仮定してしまったのである」と。この等価性の仮定につきゲゼルはこう注記している。「二商品が、他方との関係でどちらもが特権的な地位になく、また儲けなしにこれらが交換されるとすれば、『等価』である。例えば、浪費家であれ節約家であれ、貧乏人であれ、商品を保有するか貨幣を保有するか、いずれがより有利なのかという問題を考えるとき、いずれにするか考えてもとるに足らない結論しかでてこないようなら、金を通貨単位として表した価値と商品を通貨単位として表した価値は等価である。しかし節約家や投機家が貨幣を通貨単位として表した価値が、彼らの考慮するところ、商品を通貨単位として表した価値よりも好ましいと結論するのであれば、マルクスの仮定した等価性は存在しない」。

残念ながら「マルクスは貨幣の中に批判すべきなにものをも見つけることがない」というのである。歴史を尋ねれば、「バビロニア、イスラエル、ギリシャ、ローマ以来、われわれが採用してきた貨幣はその初めから、交換の媒介物という役目を完璧に果たしてきた」わけであるし、中世には「教父たちが利子を禁止したことから、貨幣に基づいた経済システムは麻痺してしまった」のであるが、これは「マルクスが仮定した貨幣と商品の等価性を確立しようと強いたものにすぎ」ない。したがって、キリスト教による利子の禁止ということからは、「貨幣が交換の完璧な媒介物、つまり真の普遍的な『等価物』であるというマルクスの信念を動揺させるわけにはいかない」。「したがって、マルクスは貨幣に基づいたいかなる形態の特別な権力も認識することはなかった、とわざわざ言う必要もない」ということになる。論理を一貫させるとなると、マルクスは「人類が投機家と金貸しから構成される黄金の『インターナショナル』によって搾取されていることを否定せざるをえない」ことになる。「為替相場の投機の図式は、マルクスにとって、暴力による強奪ではなく、単なるペテンにすぎない」となるのである。「投機家は悪知恵を用いるが力は使わない。投機家は盗人にすぎない。強奪には力が必要である。力は貨幣がもつ磁石のような属性ではなく、生産諸手段の所有者の属性である。

簡単に言えば、貨幣と商品とは、いつでも、どこでも、等価であり、購入者が貨幣を自己消費のための購入用に保有しようが、商人として仕入れのために保有しようが、なんの相違もないということである」、と。

こうした論理は、『経済学批判』での、マルクス自身の言葉で示すことができるとゲゼルは指摘した。「金と銀は本性上、貨幣なのではなく、貨幣が本性上、金と銀なのであり、その自然的属性と交換媒介物としてのその機能との間には調和がある」と。

ゲゼルによれば、この「金と金本位を賛美するマルクスのこの賛歌がプロレタリアートの注意を貨幣から完全に逸らしてしまい、投機家や金貸し、悪党たちを所有せざる諸階級の保護のもとにおいたのである。それゆえ、世界のどこででも、痛ましい茶番劇のなかで、「マンモン（拝金主義の神、強欲の神）の寺院の門を守る番犬は赤い番犬に置き換えられる」のだ、と。

貨幣の権力の認識が欠けた議論ではプロレタリアートは誤り導かれる。労働階級の注意は生産プロセスに向けられるだけとなり、商品の貨幣による購入、購入した商品の販売、このそれぞれが等価な交換であると捉えることと、「正常な交換過程（G—W—G′つまり、貨幣—商品—増殖した貨幣、利潤をうる販売のための購買）というマルクス自身の定式」との矛盾を解決するために、マルクスは「中間に介在する商人たちの連鎖のなかで矛盾の説明を与えようと努める」ことになる。

つまり、「真の商業資本はG—W—G′（貨幣—商品—増殖した貨幣すなわち利潤を生み出す販売のための購買）という定式の最も純粋な表現である。またこのプロセス全体が流通の領域の内部で起こる。しかし、流通それ自身から貨幣の資本への転化を説明するのは困難であるから、商業資本の定式は等価で交換されるときには不可能であり、したがって、商業資本はただ、間に入る、寄生的な商人階級という代理人を通した（購買者及び販売者としての）生産階級による二重の特権の濫用から導きだされる。商業資本の起源が生産者の側の単純な詐欺のせいではないとするなら、中間商人の連鎖のなかにこれを求めなければならない。」（マルクス『資本論』第一巻）と考えざるをえなくなる。中間商人の詐術にプロレタリアートの注意を向けることにならざるをえないわけである。

ところがゲゼルによれば、

「G—W—G′の範式に従って貨幣を流通させる力は貨幣の資本家的特質であり、それは次のような事情から生じる。

1　貨幣は高度に発展した分業の本質的条件である。

2　貨幣の伝統的形態（貴金属貨幣や紙券）の物理的特性は保管のための物理的費用なしに市場から貨幣を際限なく引き上げることを可能とするが、これに反して、交換のために貨幣を必要とする生産者（労働者）は商品の保管に関連した、一定率で増加する損失によって貨幣需要の増加を余儀なくされる。……

3　それゆえ、商人は商品の保管者に特別な支払いを余儀なくさせることができる。この支払いは商人が自分の貨幣を退蔵しておくことで商品交換を勝手に引き延ばしたり、遅らせたり、必要とあらば、妨害したりするのを控えることの見返りである。

4　それはわれわれが数千年来の経験から知っているように、必要とされる資本額につき、およそ、年四—五％である」。

私たちはここではゲゼルが提供する商業利潤と貨幣の特性に基づく特別な支払いの区別に関する議論に立ち入る余裕はない。ただ、最後に、どのような事情が「貨幣が交換の機能を果たすことで取り立てうる利子の額を制約しているのか」についてのゲゼルの議論をみておきたい。それは、貨幣には競合者がいることを明らかにしてくれるし、今日の地域通貨の最も基本的な意義を明確にしてくれるはずだからである。同時に、ゲゼルのいうように「この問いを取り上げる理由は貨幣利子の性格を明らかにするのに最良の問いで」もある。

この問いを表現しなおせば、「もし貨幣が商品の交換を恣意的に中断しうるがゆえに、資本（G—W—G′）であるならば、なにゆえ、われわれのシステムにおいて、利子という貨幣の使用から引き出される有利性が最大限にまで上昇しないのであろうか」という問いになる。それは競合者の存在による。

「貨幣がその使用につき要求する報酬は……貨幣の場合は、むしろ中世の収奪者である貴族が徴収した貢租に似ている。貴族の館を通る道を使わざるをえない商人は徹底的に収奪される。三〇%、四〇%、五〇%の通行税が徴収されるのだ。しかし商人が別の道を選べば、貴族は少し控えめとなり、道を保守し、道路面を改良維持し、橋をかけ、他の収奪者から商人を守る。そして商人に自分の道を忌避させまいとして、必要とあらば通行料さえ切り下げる。このことは貨幣と同じであり、貨幣もその貢租があまりに高いと競争者が現れることを知っている」

商品の交換が行われるさいの競合者とは、バーターや手形使用などである。今日、バータークラブ様の交換リングやＬＥＴＳタイプの地域通貨が出現している根底には、貨幣権力の余りの専権ぶりに対する反作用があるのかもしれない。貨幣改革論は基礎利子という出発点的な議論から始まって、貨幣に負の利子率を成立させる（貨幣に持ち越し費用を課す）実践的処方箋を含め、膨大な理論的構築物となっている。その最初の部分でマルクスが関わってくるのは、両者の現実への構えと理論構成の、ある根本的な相違を示しているように感じられる。

Ⅳ　自立経済に向かって

自立経済と甦る貨幣改革論の視点

ローカル―グローバルな内発性の意識

一九八〇年代から顕著になった金融のグローバル化、生産の国際化は米国主導の国際標準という名の米国標準を世界各国に押しつけ、市場開放、規制緩和が推進されるなかで進展してきた。このグローバル化といわれる現象を導いてきたのは新自由主義と呼ばれる極端な自由主義であり、それは市場万能論ともいいうるものであった。国境という垣根をなくした貨幣は収益機会を求めて世界中を駆けめぐり、急速な資金の流入と逃避が各国の国民経済に与えた被害は九七年のアジア通貨危機で如実に示されたといってよい。その後、世界中の資金を吸い付けた米国市場はＩＴバブルに浮かれ、ニュー・エコノミーの万年繁栄論を唱えるほどのバブル絶頂期を体験した。しかし、〇二年、バブルの崩壊によって、米国経済をその実態以上に大きく見せていた「投機の渦巻のなかの泡沫」（ケインズ）をはじけさせてしまった。資産を株式で保有する米国民の被害が泡沫のはじけるなかにみてとれた。泡沫の破裂とともに消え去った米国の投資家たちの資産は、ビジネスウィークによれば四・六兆ドル、これは同国のGDPの半分近い数字であった。これは相場がクラッシュした一九八七年に比べて四倍の額にのぼるからである。

こうした株式の下落の引き金になったのはエンロン社やワールドコム社などの企業、これらと関わりをもつアンダーセンのような監査法人、モルガン・チェースやシティグループのような銀行、法律事務所、格付機関が関与した経理上の詐術とでもいうべきものであり、このことは透明性が高いと信じられていた米系企業の信頼を失墜させたと同時に、市場原理主義者が主張していた「見えざる手」が最良の結果をもたらすどころか、現実は正反対で、目に見えるプレーヤーたちの簿外（オフバランス）処理が可能なデリバティブズなどを駆使した手法による強者の跋扈する実態を明らかにしてしまった。彼らは金融上の詐術で経済を実態以上にみせることで資金を調達し、貨幣権力を行使してきたといえる。(1)

こうしたグローバリズムの進展なかで、それがもたらす負の側面、すなわち、各国の地域経済に雇用の面を含め貢献してきた地場産業が赤裸々な競争にさらされるなかで崩壊し、地域経済が疲弊していく現実が強く意識され、国民経済を成立させる各地方の個性的な地域経済を世界経済の荒波から守り、存続させていく必要性が意識されてきた。地域事業者の盛衰は地域社会の盛衰をもたらすので、我が国においても、どの地方を取り上げても地域経済の振興が最重要な課題となっている。地域社会にとってより豊かな社会を作ろうとすれば、地域の産業を健全に育成していくのほかない。しかし、現状においてはどのような産業も、内国的な、また国際的な競争にさらされているといってよい。そうした環境のなかで、地域を振興していくにはどのような方法があるのだろうかと。

これまで、より発展の遅れた地域は進んだ地域から資金を導入して事業を興したり、あるいは競争力のある大企業の工場を誘致したりすることで地域社会の発展をはかってきた。しかし、工場を誘致しようとの目的で開発された工場団地がどこも進出企業をみつけることができずに放置されている現実がある。また広く国際的にみても、かつて途上国の発展戦略において先進国からの資金導入による取り組みが過大な利払いの重荷を発生させ、債務問題の発生をみてきたのは周知のところだ。そうしたなかで、国際的にも国内的にも内発的な発展の論理への関心が高まっている。それは、地域社会の視点でみて、資金的にも、物質的にも域内循環の程度を上げ、自己完結性の程度を上げる地域経済づくりがオープンな経済環境のなかで、地域経済の持続可能性を維持させるのではないかという問題意識である。地域社会の住民、事業者などが保有する貯蓄は現在の金融システムのなかでは、世界のいずれの地域に投資されていくかは貯蓄者のあずかり知らぬところである。しかし、できうるならば地域社会に存在する貯蓄を域内で循環させることはできないかという関心が抱かれはじめている。それは各国で意識されるところで、これまでの経済学には存在しなかった自己金融的な（self-financing）地域経済という概念の提起となっている。それは究極的には地域の公的権威に独自貨幣の発行権を獲得させるところまで進まざるをえないが、地域経済における資金の循環への関心をかきたてるものである。そうした資金循環は国際資本市場などにおける資金の動きと異なり、必ず地域経済における物質（資源）の循環をともなっている。それだけ実質的な経済活動との結びつきが強い資金の流れともいえるからだ。

いま世界各地で、地域コミュニティにおける新たな、またオルタナティブな金融のあり方としてコミュニティ金融への取り組みがある。たとえば米国では、世界の資金を集めるウォール街の直接金融や投資銀行業務とは違った別の顔をもつ金融界が存在する。それは九〇〇〇行にも及ぶ資産規模五〇〇〇万ドル以下の小規模な金融機関が州レベル以下に存在し、地域内市場に密着した地域企業に融資している。ひとは熾烈な米国の金融界の姿に目を奪われがちであるが、こうした地域に根付いた金融機関がしっかり生き残り、米国経済を作り上げる一つひとつの細胞としての地域経済を強化し、産業の厚みを形成していることを忘れがちである。そこにあるのは、経営資源を域内で調達し地域内発的な事業を振興する資金循環の姿である。(2)

グローバル化が進展するなかで世界経済はいま過剰生産力を吸収しえず世界大のデフレに直面しているといえるが、それは苛烈な世界規模の競争がより厳しいものになることを意味している。そうしたなかで、こうした自己完結性のある地域経済への関心が高まっている。一方でオープンな経済環境が後戻りすることはないであろうという予測と、他方で自立度の高い域内経済を作ることに成功しなければ、各国の、またその各地域の経済が生き延びることはできないだろうという気持ちが入り交じっているようにみえる。それはローカルの立場に立ち直すことからグローバルを展望し直すという思考法を生み出している。

こうした思考が勢いを増すについては七〇年代の市場の失敗論を振り返るまでもなく、世界の各地からいちばん安いものを手当する事業手法が本来であれば負担すべきコストを市場外に押しやり増大する一方の環境上の負荷を発生させている事実の問題視や中央政府がとってきた経済政策の限界を人々が予感しはじめたことなど、いくつもの事情が寄与しているようにみえる。

とりわけひとが、地方への、あるいは一定の程度で自己完結性を維持した地方経済に視点を定めていくについては中央政府の政策への無力感が存在しているようにみえる。昨今、各地に叢生してきた地域通貨はそのひとつの象徴といっていいかもしれない。地域通貨は、我が国で、数年前、ささやかな取り組みが開始されたころ、こどもの遊びとさえ思われたものであった。それが最近は地域通貨を使ってデフレ状況を克服できないかという議論さえ出てくる。それだけ、マクロ経済について、これまで打つ手は打ってきたが、効果がなかったということである。機能的財政の考えに基づき政府は財政をこれ以上ないほど傷めながら財政支出を続けてきた。その結果がいまや、莫大な国家債務を結果している。しかし景気は回復していない。また、金融政策では金利をゼロ近傍にまで引き下げる低金利政策も採った。しかし「流動性の罠」に陥ったと評されるほどに効果はなかった。二〇〇二年九月期以降は、量的緩和の政策がとられたが、市中へと出回る貨幣量は増えていないのがひとの実感するところである。中銀に市中銀行がもつ口座の資産内容が変わっただけで貨幣の貸し出しは増加していないし、金融機関はデフレのなか積極的にリスクをとれる状況にはないからだ。

要するに社会には、ある種の手詰まり感が生まれているかにみえる。政府の構造改革も海外の目には、すでに試みられ、失敗が確認された政策を相も変わらず掲げていると映る場合もあるようだ。増減税抱き合わせで減税先行、時期をずらす政策など、どれほど消費を動かすのに効果があるか疑問がもたれる。ひとの期待の状態を変化させる政策が採られるわけでなく、増税論議がいっそう、その状態を悲観的なものにしている。そこで地域通貨というものに効果が期待できるのではないかというわけである。そこには国民経済を形成する各地域が地域独自の経済政策を考え、実施すべき時代にさしかかっているのではないかという関心さえみてとれるのである。

地域通貨の特質と自立経済

地域通貨は今日行われているものも含めて、歴史を振り返ってみれば、正貨が流通から引き上げられ経済活動のブレーキとなる経済状況のなかで採用された補完通貨の一部といえる。正貨が流通せず、資金の調達コストが高い水準にあったり、金融アクセスが困難で調達そのものに障害がある場合には、手形やバーターなどの正貨利用の回避が経済手法として登場する。その意味では地域通貨への関心の基礎には長引くデフレ状況があるといえるだろう。そうした状況に対する処方箋を提案してきた思想潮流はいくつも存在するが、その思想的淵源を探し当てようとすると、一九世紀の思想や実践を無視するなら、ドイツのシルビオ・ゲゼル、英国のC・H・ダグラス、フレデリック・ソディの三者には少なくとも行き着くといってよい。この三者はいずれもケインズが『一般理論』で異端説を主張する人間として取り上げた人々である。三〇年代には、ソディを除く彼らの主張は世界各地でさまざまな地域通貨の実践となってその理論の実際の検証が行われたといえる。しかし、今日、再び経済停滞のなかで復活した地域通貨の実践はいまだ三〇年代の水準にまで達しているようにはみえない。これから、各地で始まっている地域通貨の取り組みは、歴史の教訓と遭遇していく時期を迎えるにちがいない。

地域通貨には多種の形態があるが、どのシステムにも共通しているのは会員制のシステムとして運営されている点である。もちろん、行政が広範囲に不特定多数を対象に試みる地域通貨も歴史上存在したし、これから真剣に検討されていくと予想される（実際、経済危機にあるアルゼンチンでは住民が仲間を作り自発的にクレジットを発行するRGTという地域通貨ばかりか財政難の州政府が発行し、公務員の給与支払いなどにあてられ、不特定多数の住民のあいだで貨幣として流通する小額額面の債券が存在し、IMFは金融支援の一条件としてその回収をアルゼンチン政府に迫っているが、経済危機のなかで一定の役割を果たしているといえる）。しかしこれまでのところは、会員制で取り組まれている事例が多い。そうしていつでもどこでも誰に対しても使える通貨ではなく特定の地域で特定の人間たちの間で使用されるところに地域通貨の特色があると指摘されることにもなっている。

しかし地域通貨に寄せられる多様な期待を考えると、そればかりではないようにみえる。そこには分散型の経済構造や自立的な地域経済の確立への願いが感じ取られるからだ。いまある地域通貨のタイプは大きくわけて紙券型と口座変動型があるが、後者は電子化も始まっている。前者は人の信用のみに基づいて運営団体によって発券され、参加会員がこれを決済手段として受け入れる。後者は、通常、Lets（英国など）とか交換リング（ドイツ）、sel（フランス）などと呼ばれるが、多角間でバーター取引の決済を行うクラブ制の地域交易システムであるのが特色である。このアイデアの起源は一九世紀フランスの貿易業者G・マドールにさかのぼれるが、彼の夢は八〇年代以降、多国籍企業が世界中に張り巡らせた専用回線上でバーター決済を実現し、取引の決済にかかる資本コストや情報コストなどの回避に成功してきた事実のなかで現実化されたといいうる。バーターは二者間で行われるときは売りと買いが同時に実行されねばならないが、その場合、双方の合意がえられるのはかなり困難である。この困難を解決し、売りと買いが分かれ、ある場所、ある時に実行された売却と別の場所、別の時の購買がそれぞれ別に成立するようにしたのが貨幣のひとつの功績といえる。しかしバーターでもそれが多角間で成立すると売りと買いの分離が可能になる。そこで地域通貨の取り組みでも、多角間清算システムが活用されることになる。このシステムでは、会員は独自の通貨単位を活用して、「本部」が処理する各会員の口座のプラス、マイナスを変動させることで決済が行われる。その最大の特色は口座がゼロあるいはマイナスでも購入することができる点にある。つまり、一種の貸借の多角間相互清算システムともいえ、こうしたシステムを実現することで、中小の事業者や普通の市民も多国籍企業などが八〇年代から広くネッティングをすることで享受してきた取引コスト回避の利益を手に入れることが可能になってきたわけである。

しかしこの点にくわえて、地域通貨の差別的特色をなす活用事例が存在する。通常、地域振興や事業活動に地域通貨が効果を発揮するには、地域通貨を含めた複数通貨建てで取引が行われる必要がある。例えば、ある財が、一〇〇円プラス二〇ポイントとかいう形で取引されることがある。よく知られるようになった外国の先進事例では、スイスのデュアルカレンシー・システムを利用した銀行、スイスのヴィア銀行（WIR Bank）がよく知られている。地域通貨の取り組みであるのに、なぜ銀行になっているかといえば、国民通貨も扱うところまで成長してきているので、スイスの銀行法上の銀行にもなっているわけだ。ＷＩＲは六〇年以上の歴史をもち、スイスの中小事業者の二割弱が加入する事業規模にまで達しているという。ＷＩＲが採用する複数通貨建て取引は地域の経済循環を高め、国民通貨を地域内に止め、域外に資金を流出させず循環させることに成功しているといえる。ＷＩＲは三〇年代に経済学者のシルビオ・ゲゼルの支持者たちによって創設された。その基礎にある考え方はゲゼルの自立経済の思想である。これは今日、地域通貨に寄せられる期待のなかで地域振興がいちばん目立つこととも関係する。つまり地域おこしがテーマとなるとき自立循環型の経済を作り上げるべきだという主張を耳にするが、ゲゼル支持者のいう自立経済とは、独語で、Eigenwirtschaft である。この語を構成する Eigen には固有性と自立性の二重の意味がある。自立経済というとき、地域がその固有性を実現するなかで自立性を、また自立性を実現するなかでその固有性を我が物とするという二重のプロセスが考えられているわけである。そうした存在においてはじめて自由でありうるということで、ゲゼル支持者は目指すべき社会経済のあり方を Eigen Oder Freiwirtschaft「自立ないし自由経済」と呼び、自らの取り組みをそう表現していた。地域が独自の通貨をもつことは、通貨の動きには反対向きにモノの動きがあるわけで、自己完結的な域内資源循環を実現しやすくなるわけである。国民通貨の域内循環を補完する形で地域通貨が流通していくことで自己—金融的な地域経済形成が促進されるのではないかと考えられる。要するに金融上の収益機会を求めて域外に流出しがちな資金の流れを域内に向けさせ、地域社会での資金循環が活発化することで、同時に、会員内、地域内で資源を循環させるシステムとしてＷＩＲは構想されているともいえる。会員は相互に供給者になると同時に需要者となり、地場の経済の自立度を高め、それがまた個々の会員に利益をもたらしていく、そうした自己完結性が地域経済の基礎に形成されると、その地域経済は開放経済の経済変動の影響を受けにくい強靭さを手に入れていくことになる。

地域協同関係再建への願い

こうした背景にも増して、地域通貨への関心をかき立てているのは、それが単に市場経済がカバーする領域にとどまらず、人が非市場的に取り結んでいる関係にまで光を当てるものだという性格にあることも忘れるわけにはいかない。誰もが経済的に利益を追求する市場経済ばかりか連帯して共に世間を形成して生きる非市場的な関係を取り結んでおり、それらの融合した状態のなかで生活している。誰もが元気のない地域社会、殺伐とした人間関係を見ると、地域には温かい支え合いが必要であり、地域の協同した関係を再建すべき、と考えるものである。地域通貨の取り組みが地域社会のニーズに応えるネットワークを構築しながら、地域の協同関係に新たな可能性を提供するのではないかというわけだ。地域通貨は、通貨とはいうが、地域で支え合い、住民が交流し合い、取引を活発にすることを通して地域社会の再生を目指す交易システムでもある。地域社会は各種のボランティアを必要としているが、ボランティアという無償の行為では息切れする。また、気持ちのこもったボランティアにカネで返礼するのは失礼だが、これに対するに地域通貨という返礼のかたちが有効ではないか、というわけである。また行政も住民の自発的な力の発揮を期待しているから、そうした行為に地域通貨で報いていくのはどうか、と考えられることになる。どの地域でも、地域社会に信頼のネットワークを形成していくことがなにより大事ではないかという意識が出てきているといってよい。地域通貨が人の関わりとそのコミュニケーションのあり方を考え直すきっかけになっているようにみえる。

こういう角度からみると、地域通貨の基本的な性格は、まず、国民通貨が介在する関係では出てきにくいニーズやこれにマッチする能力、財などが交換されることで、人の間の連帯やコミュニケーションがもたらされるところにあることに気づかされる。つまりオルタナティブな通貨が国民通貨の世界では対立し競合するなかで孤立しがちな人間に社会的紐帯を取り戻させる。地域社会の崩壊状態を再建するには人々の連帯や信頼に基づく非公式な社会的コントロールが必要であることが地域通貨への関心の高まりのなかで意識されているといってよいのかもしれない。それは人々の自発的な行為を引きだし、一方向のボランティアではなく、他者のボランティアによって「報酬」を受ける同等者間の相互的な関係を与えることになる。また、地域通貨に媒介される関係では、同等者同士の相対取引によって多様な評価価値が出現するので（一物多価）、価値の多数性、それぞれの価値の還元不可能性が自覚されもする。国民通貨によって一元化され、評価を受けてきた価値はその個性を抽象されずに、具体的な関わりのなかに出現することになる。地域通貨への参加者はいろいろな観点から自己が評価される体験をすることになるわけだ。人とその貢献は金銭次元での評価に切り縮められるのでなく、実質的な評価を受けていくことになる。地域通貨のどのシステムでも、会員になることで、人はじぶんに固有な尊厳をそこで確認し、そのことを通じて地域通貨というシステムをもつ協同社会への統合を果たしていくことが可能となる。そのなかで人はまた、おのが個性の発揮を通して協同社会を再領有していく可能性を実感していくことにもなる。

地域通貨はいつでも、だれでも、自由にはじめることができる点で、個のイニシアティブを尊重するシステムである。これは社会の共通領域へと人が積極的に関与しやすいことを意味してもいる。地域通貨は協同した模索のプロセスとしてさまざまに着手されていく。地域には各種の地域通貨の取り組みが叢生していくことになると予想しうる。この事実は会員制で運営される地域通貨に不可避な排他性の問題点が、多数のシステムの併存によって解決されていくことをも意味する。地域通貨が発展していくとすると、地域社会はその内部に個性的ないくつもの地域通貨のシステムを抱えることになるので、自らを多元的、多中心的に構成していく可能性を与えられることになる。これはより実質的な民主的社会の形成を体験することにもつながるはずである。

国民通貨は、いつでも、どこでも、何に対しても、また誰に対しても使える。同時に匿名性を特徴とし、カネの切れ目が縁の切れ目というように信用はカネ止まりの人間関係を与える。いわば人の信用という、その人が他者との関係で作り上げている実質が金銭次元に切り縮められていることを意味している。国民通貨は人々を連帯させるよりも敵対させ、競合させるのに適しているともいえる。しかし地域通貨で問題になるのは人の実質的信用である。国民通貨が間に入る関係では人はカネだけをみていれば足りる。信用はカネが表現しているからだ。モノを売る商店主にとって買い手が何者であるかはどうでもよいことである。買い手の情報はたかだか販売戦略をたてるうえで必要になるだけであろう。ところが地域通貨は個人に関する多くの情報を運ぶ。相手がどのような人間であるかが常に問題となる。ここで人はこれまでと違ったコミュニケーションが成り立つことを知る。貨幣は社会において人々の間の請求権と支払義務が処理される誰もが同意する方法ということができるが、これは一種類である必要はないことを体験し、その違いによって異なる人間関係とコミュニケーションが成り立つことを地域通貨が示し始めているといってもよいのである。

地域通貨の多様性と実質的民主主義

このように地域通貨には広く市場経済を抱え込む社会経済全体への視野が存在する。したがって、地域通貨には、地域社会のニーズに応じてさまざまなシステムがありうることになる。人々の取り結ぶ信用の状態はいちばん下層に貨幣を介在させない共同体ともいうべき家族の関係をおき、これに順次、市場的関係がしみこむ程度を増す関係が積み上がり、貨幣によって処理される市場的な関係が重畳するいわば地層を形成している。つまり、その深度に応じて市場的要素、非市場的要素の程度の異なった混合のなかで私たちの生活がなりたっているといってもよい。地域通貨はこの信用の状態に応じて個性的ないくつものシステムとして存在しているといえる。

例えば高齢化の進むなかで福祉のニーズに応える「ふれあい切符」や「タイムダラー」などは、タイムダラーが拡大家族の形成と主張しているように、なんらの貨幣の介在も必要としない家族的な助け合いを理想にしているようにみえる点で、家族に次いで深度の深い信用の状態を実現しようとするものである。また、地場経済の振興を目的とした地域通貨は地域通貨と国民通貨の併用によって国民通貨の循環を促そうとする点でタイムダラーよりも浅い深度で信用の状態を示すといいうる。地域通貨のなかには口座管理型と紙券発行型がみられるが、前者のほうが取引に際してより多くの個人情報を運ぶ点でより密接な人間関係を作るから、紙券型よりも信用の状態の深度は深いといえる。紙券型は比較的国民通貨と同じ感覚で使える点で、国民通貨が信用の状態を貨幣の次元にまで凝縮しているのに似て、紙券を手放せばそれまでという信用カネ止まりに近い関係を与える。これらは地域の人々がどのようなつながりを作り出したいかで、選んでいけることが重要である。自分たちが暮らす地域社会の実状にあった取り組みはなにがふさわしいか住民自身が主体的に考え、取り組んでいくことができるわけだ。この場合、どの地域通貨のシステムがシステムとして優れているかは問題にならない。ニーズにあったシステムかどうかが問題であり、多様なシステムの併存は地域社会のニーズの多様さを表現するものであり、それに応えていく取り組みが様々なイニシアティブで展開されていくといえる。その意味で、地域通貨は多様性が尊重されながら関わり合いが生まれる多元論的な社会を肯定する取り組みともいえる。したがってかつて、三〇年代の欧州で、形式的な民主主義でなく個性ある実質的な民主主義の社会を構想したエマニュエル・ムーニエやシモーヌ・ヴェイユらの人格主義者たちの夢に具体的内容を与えていくものなのかもしれない。彼らが地域主義の思想の形成に貢献してきたことは知られている。たとえばアッティリオ・ダネーゼはこう述べている。

「実際、もともとの民主主義システムはどちらかといえば量や多数性、数字上の平均を偏重するものである。ひとが形式的な民主主義から実質的な民主主義に向かって進化していきたいと感じるのはそのためである。エティエンヌ・ボルヌはこう述べていた。『人格主義と民主制は相互に、事前に調和があるわけではないが、弛緩することなく調和を確立し、再確立するものだ』と。そしてそのなかへと新―人格主義はかけがえのない貢献をもたらすことができる。……人柄（persone）を語ることは多元性（pluralité）を語ることと同じことである。人格主義は融通の効かない全体を包摂するような仕方で市民社会を組織しようとは思わない。反対に、ありうべきあらゆる領域を保持することを望んでいる。ムーニエの意図しているところは民主主義に実質的な中味を与え直すことである。形式的で量を重んずる民主主義、それは一七八九年のイデオロギー、すなわち個人主義と抽象化の非嫡出の成果とみなされるが、それは少なくとも間接的な仕方で、貨幣が支配する王国のなかで、自由と内発的に動き始める力を押しつぶしている。……」(3)

地域通貨に関心が抱かれる意識の基層にはこうした内発性の意識を取り戻す社会形成への動きがあるといえるかもしれない。

さて、地域通貨は、一言でいえば、ヒト、モノ、カネ、情報を地域内で循環させ、自立した循環型の地域経済モデルを探求し、地域振興、地域活性化を図る手法に違いはない。円貨だけでは、「カネ」に色はついていないといわれるように、その流れは方向定まらず、どこに流れていくかわからない。これがなるたけ地域内で循環するように方向を与えようとする仕掛けの一つが地域通貨であるともいえる。一般に、モノ、カネ、情報がどのように取引されるかは人がどのような取引関係をもつかによって決まる。円貨のみを仲立ちにし、市場的に取引することが支配的であるが、互酬的な交換のあり方はより広い範囲で成立し、モノやサービスが非市場的に取引されることもある。地域通貨は地域社会が地域のなかでしか流通しない「通貨」を活用することで、その地域にある人の能力や情報、資源などを掘り起こし、域内循環を活発化させることで自立性の高い地域を作ろうとするところに特色があるといえる。

円貨と地域通貨の循環

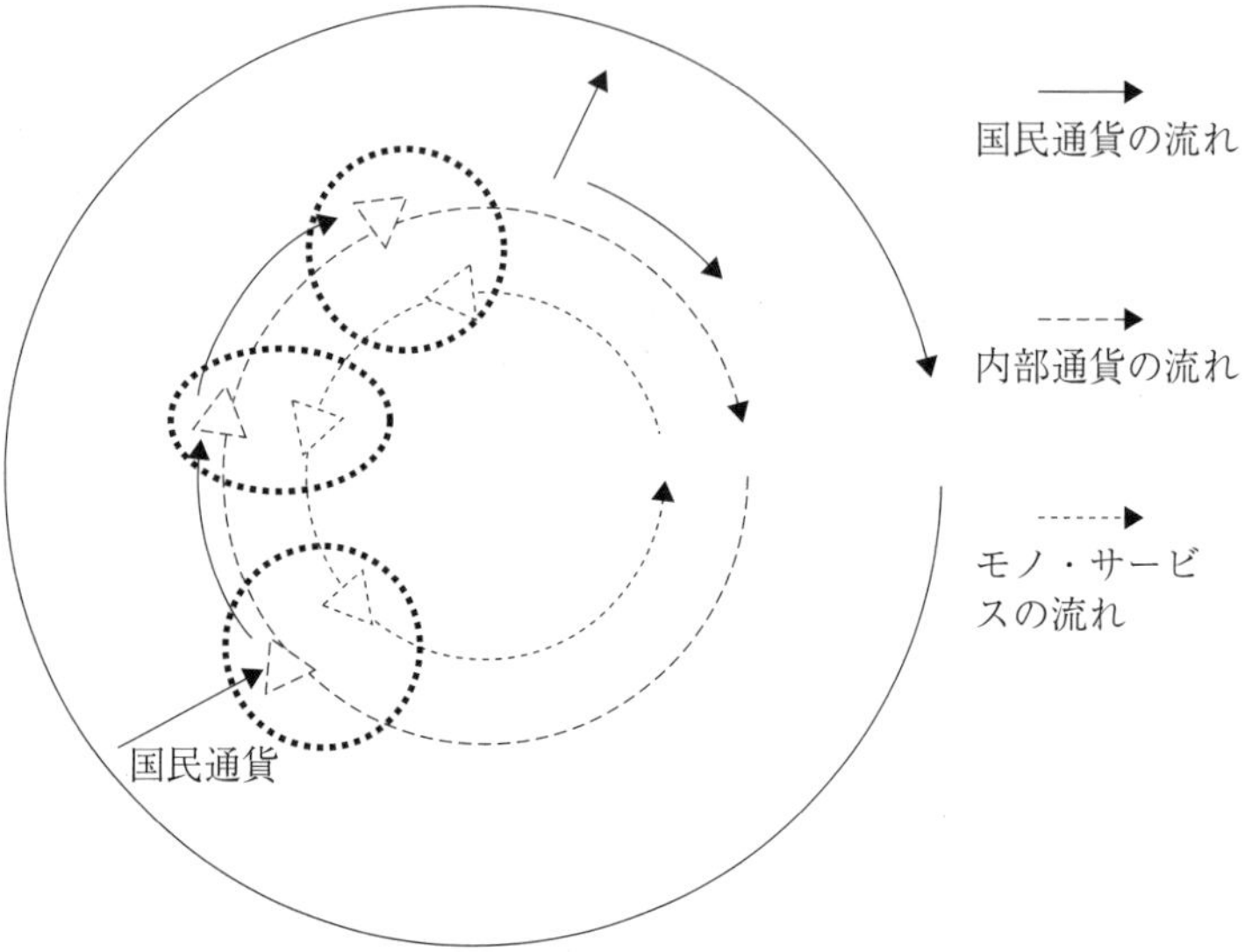

地域通貨は旧来のハード先行型の地域活性化ではなく、ソフト面での活性化策であるため、財政の自由度の低下した行政もその活用は関心事であろう。また、地場経済の停滞のなかで元気のない商工業者にとっても新たな活路になるのではと期待を集めている。これまでの円貨に頼った地域振興策では、円貨がより大きな収益機会を求めて、容易に地域外に流出してしまうため、全国規模の業者に地場の事業者は対抗できず、それはまた地域に生活の基盤をもつ消費者などを含め地域社会にとってもプラスになりにくい面があった。そこで、地域限定の通貨を併用する複数通貨建ての取引システムを導入し、円貨を地域通貨に「吸着」させるかたちでの取引を仕組むことで、地域通貨ばかりか円貨が地域で循環する仕組みをつくろうとする試みも地域通貨のなかには見受けられる。その概念図を示せ

ば右記のようになる。

地域意識の高揚と地域資源の有効活用を促進

こうした会員制のシステムを地域社会がもつことで、当然にも、地域意識の高揚、地場産業の尊重、地域経済の課題への注目、地域の埋もれた資源の活性化への関心が高まることになる。地域内にあるニーズの掘り起こしも行われる。なぜなら、多角間清算システムでは、会員はよりいっそうのメリットを得ようと考えるとより多様な会員の勧誘が必要となってくるので、それを会員自らが行おうとするインセンティブが常に働くシステムでもあるからである。また地域内に眠るシーズや可能性を育てようとの動機も強くなる。なぜなら共存共栄の利益がそうした意識を育むからである。このことは、信頼と連帯のネットワークとしての地域通貨のシステムに十分な可能性を与えているといえる。さらに、地域内でのヒト、モノ、カネ、情報の循環促進は、取引コスト、情報コスト、物流コストの削減効果が得られ、地場産業の経営効率増大に貢献する。これは同時に、環境への配慮という時代の流れにも沿うことになっている。

地場経済のなか、間接金融の場面で大きな役割を果たしてきた地場の銀行にとっても、この事情は無視できないものであろう。ＷＩＲのように地域通貨の口座管理を直接処理し、システムを運営するか、あるいは地域通貨団体を支援することで、地域事業者との関わりを深め、他行との競争上有利な地歩を築くことも考えられるからだ。そのことがまた地域経済への貢献でもあることで、地域社会の利益が同時に自社の利益にもつながることになる。また円貨の取引につき固定した顧客をもつことで、経営基盤の強化、また地域産業への投資（地域内再投資の流れを担う）を積極的に行うことができる。これは地域社会での高い評価にもつながる。こうした事情は、米国では、ＣＲＡ「地域再投資法」やコミュニティ・バンキングに熱心な銀行が地域通貨への支援をしている事実などをみると理解することができるはずである。

町づくりの面からみると、各地の地域通貨の取組が商店街などで進める「町の駅」「ひとの駅」のようなプロジェクトを推進することで、住民の顔が見える関係が再建され、町とそれを作る人々のもつ多様な情報へのアクセスを容易にし、それがひいては、商業の振興につながっていくことが観察される。

こうした地域通貨が進めるリアル・ポータルの実現が電子ネットワーク上のポータルサイトと連携されることで、地域通貨のｅ―システム化と同時に地域通貨システム自体がもつ利点を地域ＩＴ化戦略のなかに組み込んでいこうとする試みが始まっている。ＷＩＲの場合は、現在、電子処理できるＷＩＲカードを使用（法定通貨とＷＩＲを併用できる）しているが、我が国の場合、すでにスマートカードのようなＩＣカードで法定通貨に関わるあらゆる処理が可能であると同時に地域通貨の処理も可能なシステムが開発されているようだ。こうした動きが地域経済の振興という期待にこたえる成果を生むかどうかはまだ不透明であるが、電子技術を活用した地域通貨の決済システムが複数、開発されている実状がある。

貨幣改革論の遺産

会員制で取り組まれる点では口座変動型と同様であるが、決済手段として紙券を活用するタイプの地域通貨をよくみかけるようになった。その利点や運用は口座変動型とさして違いはないが、より貨幣に近い点でいくつかの問題を考えさせる。通常、この紙券はなにによっても担保されていない無担保の通貨である。これを運営団体が任意に、運営規則等で規律が与えられるかたちで適度な発行量を決め、会員がこれを信用して支払い手段として受け入れるかたちをとっている。いわば信用の基礎は運営団体の継続性、信頼性にかかってくる。そういう意味では運営団体が信頼を失うリスクが常に存在しているともいえる。そしてまた発行量管理、発券と給付が社会的に判断される仕組みが常に必要とされているともいえる。その意味で運営団体には相当高度な運営ノウハウが必要とされる。なぜなら、一般に、貨幣が支払い手段として人々に受け入れられていくのは別の時、異なる場所で、違う人間に、その紙券が表象する額面の価値で、支払い手段として受領されるにちがいないという信用があるためである。しかしこの事情は、もし貨幣供給が競争的で自由である場合には、貨幣の生産費がほぼゼロ近傍にまで低下するわけで、信頼を喪失する可能性が存在することになる。そこで貨幣供給はある種、独占的な供給物である必要がでてくる。ここである種といったのは、その供給の独占性は貨幣が使用される協同社会の公的権威でなければならないからである。NPO団体などが紙券型の地域通貨を出す事例をみるが、それはなんらかの公共性を分かちもっているとの意識が紙券の発行に踏み切らせているとも解釈できる。

　こうした事情を考慮すると、紙券発行団体の継続性が期待でき、すなわちシステム上のリスクが低く、紙券自体に価値を認めることができる決済手段を地域通貨として発行、流通させるには地方政府が他の社会団体に比べて優位性をもつといえるであろう。なぜならば公的権威のみがなんらの対価なしに貨幣支払いを要求しうる権利、すなわち税という手段をもっているからである。ＮＰＯではなく、なんらかのかたちで社会性をもつ社団は固有の支払い手段を己が信用の程度でもちうるし、そうした紙券が各種存在しうる状態を考えることはできるが、信用の程度やその維持の点では地方政府がもつ、会員制ではなく、不特定多数を対象に発行する紙券の信用の程度に達することはないと考えられる。ところで地方政府の紙券は国民国家がもつ法定通貨とは異なり、特殊な債券のかたちをとることになるであろう。その歴史的な代表例が大恐慌時、オーストリアのヴェルグルで採用された「労働証明書」である。ようやく地域通貨の取り組みは国民が自発的に仲間を募って開始するものから、より高いレベルでの関心も惹き始めてきたようにみえる。それは国家や地方政府のレベルでの取り組みであるが、そこであらためて歴史の社会経済上の経験と遺産が着目されることになる。国民国家レベルでの議論は多岐にわたるので詳細な議論は別の場所に譲るしかないが、ふつう貨幣改革論と呼ばれる思想と実践に目がいくのである。

　これまでの通貨を巡る政策は多く貨幣発行量に止目してきた事実がある。現在の経済状況のなかではリフレーションの政策が不可避にみえるが、それとて量的な思考に縛られている。しかし物価は貨幣の流通速度にも依存していることは自明であるが、支配的な経済学は流通速度を慣習的に決まるものとして定数扱いにしてきた。通常は、貨幣量（M）と流通速度（V）の二要因は関連しており、より多くの貨幣が出回っていれば事業者はだれでも取引は良好と感じて、より多くの物が購入され、販売も成就する。そして貨幣の流通速度も上昇することになる。反対のケースでは、流通する貨幣量の減少は物価を下落させ、事業者は仕入を先延ばしし、貨幣の流通速度は低下する。これは単純な法則にみえる。しかし現実にみてとれるのは、貨幣が潤沢にあるのに流通速度が低く、将来起こる出来事への不安や、予備的動機によって貨幣が保有されたり、保蔵されている事態である。

ところが、地域通貨の効能のひとつといえるが、それを一度でも体験した人間であれば、直感的に理解できることがある。それは私たちの社会経済に発生しているトラブルの主要な原因が私たちの貨幣システムにあったということである。資本主義をテクニカルに定義するとすれば、貨幣需要を貨幣供給がつねに下回っている状態といえる。しかし地域通貨では資金コストがゼロであるから、貨幣需要に貨幣供給が自動的に一致する事態に遭遇する。これは経済学の夢物語であったセー法則が実現している事態に突然立たされることを意味している。そうなると、それまで当然と考えていたこと、つまり、今日の貨幣がその大部分が返済を必要とする銀行融資からなっていること、そしてそれには利子というコストが発生する事実に改めて問題意識を抱くことになる。つまり、セー法則の実現を妨げているのが他ならぬ現行の貨幣システムなのではないかと。また、銀行家に企業家が資本コストのかたちで支払う利子が実は消費者のポケットから出ていることにも気づかされる。こうした現実がなくならないかぎり、銀行融資が新たな借用を創造するにしても、社会に購買力が不足している状態が解消されない事実をも認識させられていく。新たな信用の創造は融資への需要を必要としている。そして、それは投資への誘因に依存している。投資誘因は主に消費性向および消費の限界性向に依存していることはよく知られている事実である。この性向が不十分な水準にあるところでは、私たちは新規融資の創造が不十分である傾向が常に存在することを覚悟させられる。こうした欠陥への対策は債務を生み出さない国家紙幣の消費者への直接給付ではないのか。ちょうど地域通貨がゼロ利子で貨幣需要に貨幣供給を対応させているように、どうして現行の貨幣システムではそれが可能ではないのか、と。ゲゼルが指摘したように、極端なインフレの時期を除いて、資産としての貨幣は他の、ほとんどすべての財に比べて優れたなにものかである。そうなることで、持ち越し費用がかからず、高度な流動性プレミアムをもつことで、貨幣のもともとの交換手段という機能を果たすのにそぐわないものに変わってしまっている。財として貨幣は他のどの財よりも優れたものであってはならないはずであるのに、というわけである。地域通貨という貨幣の交換手段というもともとの機能に貨幣を戻していく実践に手を染めると、こうした視点が当然にも、出てくることになる。そして、そのための政策手段が貨幣に課税する消滅貨幣で、戦前すでに主張されていた考え方であることにも気づかされることになる。消滅貨幣はもっとも直接的に、かつシンプルな仕方で、貨幣に流通を強い、貨幣保蔵を防止し、物価水準を安定させる貨幣的な必須条件を提供するもので、その広範な適用はすみやかに利子率をゼロ近傍にまで切り下げる効果をもつと期待された。そしてこれが財政支出の手段として直接に市中に支出されることはリフレーションに、これまで考慮されることのなかった新しい発想を提供することになったのである。

ようするに、社会経済における困難の主要な源泉は我々の完全に時代遅れの貨幣システムにあるこ

とが理解される。それはいくつかのポイントにまとめ上げられよう。すなわち、
①今日の貨幣の大部分は返済が必要な銀行信用からなっている。
②貨幣は、起業家の銀行への返済を可能にする利益のため、消費者のポケットから常に消え去る傾向がある。
③こうした傾向がなくならないかぎり、新たな信用の発行によって購買力の不足が解決されることはない。
④新たな信用の発行は信用への需要を必要とし、これは投資誘因に依存しており、これは消費性向と限界消費性向におもに依存していることが理解されなければならない。
⑤われわれは新規信用の発行が不足する傾向にあることを覚悟しなければならない。
⑥こうした欠陥への対策は債務に無縁な国家貨幣（ダグラスの社会信用）の消費者への直接給付である。その手段として消滅貨幣が有効である。
⑦資産としての貨幣は厳しいインフレの時期を除いて、ほぼあらゆる他の財よりも「よいもの」である。それは持ち越しコストがかからず高度な流動性プレミアムのゆえである。それは貨幣の元来の機能にとっては不適当なものである。
⑧財として貨幣は他の財よりも優れたものであるべきではない。このことを納得できるかたちで示したのはシルビオ・ゲゼルである。彼が課税（スタンプ付き）貨幣のアイデアを提供した。
デフレ期には、ケインズのいう貨幣保有の三動機のうちの予備的動機が強く働くような場合をみかける。中央銀行はこうした経済社会の観点からみて遊休した資金を動かす手段をもっていない。これ

らの資金が市場に環流するときは物価の騰貴を引き起こすかもしれないが、これに対しても中央銀行はコントロールすることができない。困難はこれだけではない。通貨の安定が得られて金利が低下したとき貯蓄銀行やその他の貯蓄機関への貨幣の流れが序々に減少し、貨幣の私的保蔵が増加していくであろう。いつか、株式市場のサインで、この資金は市場にあらわれ、荒々しい物価上昇を引き起こすかもしれない。こうしたことから、通貨当局は発行貨幣量ばかりでなくその流通の強度を管理しなければならないことになる。貨幣の私的保蔵は、通貨当局の仕事を打ち消してしまうものであるから、対策が考えられるべきだ。そうした要請に応えるのが自由貨幣［課税貨幣］である。貨幣需要が強いのに貨幣供給が細ければ貨幣の価格は上昇する。高利を禁止する立法はいつの時代も無力であった。これに効果を発揮するのが自由貨幣であるが、最近に至るまでさほどなじみのものではなかった。

自由貨幣は一定額が減価していく紙券である。毎週、一回決まった曜日にその保有者が額面の、たとえば一〇〇〇分の一を負担する。貨幣の持ち越しにかかるこの負担は、たとえば毎土曜日にスタンプを紙券の裏面に貼付することで行われる。このスタンプは小さな郵便切手や印紙のような形状をしている。保有者はこのスタンプを貼付することで翌週、額面価額を維持しうる。紙券の裏面には貼付用の欄が一年間五二週分設けられている。一〇〇〇〇円札が自由貨幣であるとすると年間、裏面に一〇円のスタンプが五二枚貼られて、五二〇円負担されることになる。その保有者によって年率五・二％の税が負担されることを意味する。一年間流通し、すべての欄にスタンプが貼付された紙券は流通から引き上げられ、翌年新たな紙券が流通に投じられる。かつて、こうした自由貨幣は最終的には貨幣を使用する不条理と貨幣保蔵を最終的には廃止に追い込むものと考えられた。

自由貨幣は最良の交換手段である。なぜならそれは流通しなければならないからである。永久運動を運命づけられているともいえる。それは貯蓄もされず保蔵もされえない。なぜならその額面価値は目に見えて減価していくからである。自由貨幣の保有者は常にその保有によって発生する損失を回避しようと試みることになる。それで、（1）生産物を購入するか、（2）賃金を支払うか、（3）債務を清算するか、（4）貨幣を貸し付けるか、することになる。（1）の場合は、生産を刺激することになる。（2）の場合は、労働需要の増大をとおして賃金率の上昇をもたらす。（3）では、貸付に対する需要を削減し、（4）では資金供給を増大させる。

こうして自由貨幣の導入によって利子率が下落することになる。自由貨幣は通貨当局の取りうる諸手段に対する貨幣保有者の貨幣保有や保蔵を通した影響力を無力化する。利子率がゼロに下落する場合でさえ、自由貨幣は流通していく。保有して減価を被るよりも、安全な借り手に無利子でさえ貨幣は貸し付けられていくであろう。ここで注意されるべきは、減価が自由貨幣のような貨幣に対してのみ発生するばかりでなく、貨幣が表象する資産つまり、預金銀行にある貯蓄や融資、抵当、保険証券などにも影響を与えていく点である。返済された貨幣はその購買力を失うわけではないので、これまでよりもより安全な実物ベースで貯蓄の手段が考えられるようになる。このことは実際に自由貨幣が導入されたオーストリアのヴェルグルでの経験で、市民が森に木を植え始め、町の環境が回復された事実を思い出させるものである。自由貨幣の減価分は非常に小額の負担である。にもかかわらず貨幣のこの新たなかたちは、通貨の安定をもたらしながら、非常に大きな効果をあげるものである。通貨が安定していくと自由貨幣にも安定した購買力が与えられる。それは賃金稼得者ばかりでなく投資家にも利点のあるものであり、賃金稼得者には安定した将来設計を可能にさせる。現行のシステムのもとでは景気の波にどれほど確信を持ち続けうるものなのかは分かりはしないのと対照的であるといえる。自由貨幣は、ゲゼル自身が考えていたのは国民経済を視野に入れて国家通貨局が発券する通貨に、貨幣の流動性打歩分など貨幣が他の財に比して特権的に享受しているプレミアムを相殺する、およそ年五％程度の課税をする方式のものであった。これにはさらに多くの利点が存在するが、ここではこの手法がオーストリアのヴェルグルで採用されたように地方政府によって、それも財政難にあえぐ公的当局によって実施された事実の意義をみておきたい。

消滅貨幣（自己償却型債券）の意義

こうした国家全体の次元で問題にしうる基本視角はより身近な地方政府のレベルでも政策的な意味をもつことになる。経済活性化には限界消費性向の高い消費者の消費に直接働きかける購買力の外部注入が必要であるとの政策スタンスにたつと、すぐに公的当局の財源が問題になる。そこで登場するのが消滅貨幣の仕組みである。消滅貨幣は通常の貨幣が時の経過のなかで持ち越されても名目利子率がゼロであるのと異なり、時の経過のなかで減価する貨幣をいう。通常はスタンプ貨幣、課税貨幣といわれるが、スタンプの貼付を必要としないカレンダーマネーの形も存在しうる。カレンダーマネーは貨幣の額面に日付が記載されてあり、その日を迎えると減価した額面価額でしか使用できないというものである。図1は戦前の米国、ソルトレイクシティで商工会議所が発行したもので、純粋なカレ

Scrip Salt Lake City (Vorderseite)

図１

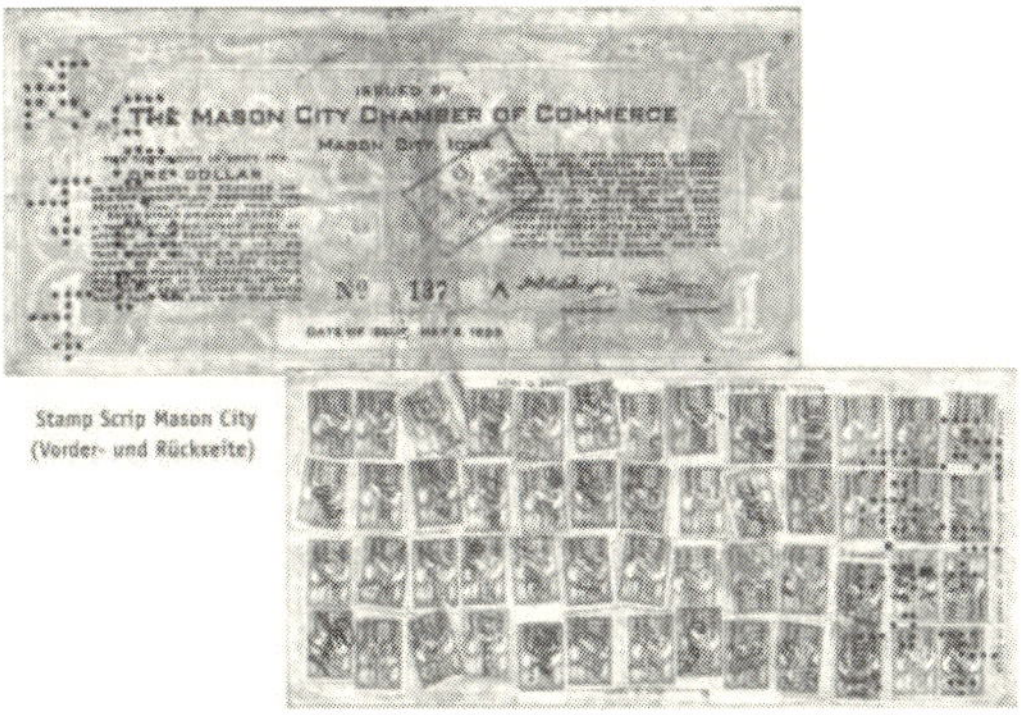

Stamp Scrip Mason City (Vorder- und Rückseite)

図２

ンダーマネーというよりは裏面に商工会議所会員企業の生産物が担保に入っている生産物担保証券の性格ももっている。しかし表面には時間の経過にともない減価する額面価額が記載されている。

　これは純粋に時の経過のなかで減価するので経済に対してはインフレ的である。デフレのとき貨幣保有にプレミアムがつくことを防止し貨幣使用を督励する効果が期待できる方式といえる。逆にカレンダーマネーはインフレ時に増価型のカレンダーマネーを考案することで、時の経過のなかで、その日付を迎えるごとに予想インフレ率を反映して増価していくというスタイルのものが提案されたこともある。貨幣価値の下落と交換物の動きを抑え貨幣保有を督励しようとするもので、指数通貨の発想の淵源ともいいうるであろう。

こうしたカレンダーマネーと異なりスタンプ貨幣は、公的当局にとって、財政的効果が期待できる手法といえる。通常の貨幣は現金で保有している限り、インフレやデフレを考慮しなければ、ゼロ利子である。ところが、自由貨幣は時間の経過のなかで一定額が減価していく紙券で、その保有者は毎週決まった日に額面価額の一定率を、印紙を購入し紙券の裏面にある印紙貼付欄に貼付することで負担する。図2は戦前米国のマソンシティーで実際に使用されたものである。

週に一度やってくる印紙貼付の日に印紙が負担されると翌週、紙券は額面価額を維持して流通することができる。この印紙はケインズのいう貨幣の持ち越しに対する税であり、持越税を回避したければ、支出してしまえばよいだけである。その意味で、貨幣の循環を促進する性格を持っている。同時に、こうした貨幣が発行されなければならない状況は国民通貨が流通から身を隠して退蔵されるようなデフレの時期であることを考えると、この印紙税分が国民通貨によって購入されるわけで、その分の貨幣が流通に出てくることを意味してもいる。印紙代金は自由貨幣を発行した当局のもとに入り、それは当局の支出しうる資金となり、再び市中に出て行くこととなるわけだ。

自由貨幣は貨幣という表現をとっているが、厳密にいえば、一年後に償還される債券の性格をもつ。当局が必要な行政サービスのために資金を必要としているが、資金が不足している状況を想定する。当局は事業に必要な額の債券を発行する。この債券はもし一年間持ち越すと毎週印紙貼付が必要でマイナスの利回りとなる債券である。当局は印紙税収入で自己を償却していく債券を発行し、当初必要な資金需要を賄うことができるわけだ。マイナス利率の程度によって全額が一年後に自己償却できるように発行することもできるが、この場合は自己償却する率はきわめて高いものになる。持ち越しに係る税が高くなってしまうわけだ。翌年もまた自由貨幣で償還する方式をとれば、これを低く抑えることができる。

発行総額の何割が印紙税収入で賄えるか、その水準は政策的判断で決定されることになる。国民国家のレベルで自由貨幣を採用する場合は、マクロ経済的な配慮から名目利子率がマイナス五％程度になるようなきわめて軽微な持越税の負担が現実的であるが、地方政府が地域通貨として機能する補完通貨として発行する場合は、その支出が地域社会のどのような投資に向けられるか地方住民に見えるので、そうした財政支出が政治的な同意を得れば、高い自己償却率（高い持越税負担率）でも、減価型の債券発行手法による財政政策がとりうることになる。この債券は当然、税納入に使えると保証されることで、貨幣と同様に決済手段として活用されていくことになる。税納入によって当局に戻った消滅貨幣はすみやかに当局の事業資金として再び支出されていく。誰もが税負担を回避しようとすることで快速の貨幣として機能していくことになるわけである。当局は印紙税収入で償却しえない部分を財政支出で負担していけばよく、貨幣の流通速度は高まり、こうした債券のもたらす経済刺激効果がその他の税の増収効果を生むような状況を生み出すと予想される。

国民や住民にとって、こうした印紙税負担は痛みの少ない、薄く幅の広い税といえる。当局は事前になんらの資金を欠いている場合でも、こうした税を、年間を通して負担してもらうことで、所望の公共事業をなしうるわけだ。また住民はきわめて薄い支出によって、税負担回避可能な税で公共事業の成果を手に入れることになる。こうした手法は財政の自由度が低下した地方政府にとって考慮に値することであろう。実際、ヴェルグルの町ではこうしたタイプの債券を「労働証明書」という名で発行し公共事業の支出にあて、世界大恐慌のなかで疲弊した地域経済は直ちに回復し他の地域が不況に苦しむなか、奇跡の経済好況を手に入れたのである。また三〇年代のカナダ、アルバータ州では不況のなか消費を刺激するために購買力を注入する国民配当を実施しようとして、そのさい、このこうした持越税付き債券の州民への給付を計画した。アルバータの場合は連邦政府の反対にあったが、失業対策事業への支出などに使われ貧しい州政府に寄与するとされた。こうした手法が我が国の地方政府にとって必要とされる日が迫っていると思われる。過大な債務は地方政府を苦しめている。経済史の忘れられた記憶が消滅貨幣という地域通貨の手法とともによみがえる予感のなかに、私たちはいるのではないだろうか。

こうした手法は地域通貨という補完通貨を行政当局が活用する事例である。現在、地域通貨はこうした次元へと拡大しているわけではない。しかし現在の地方政府の状況を考慮すると、地域の貯蓄を地域に投資していくオルタナティブな直接、間接の金融の仕組みを育てあげると同時に、こうした行政自体が財政資金の手当をしていける貨幣用途にも使われる小額額面債券のゼロ利率債券や自己償却型債券の活用が必要になってくると予想される。それは地域限定の地域の公的権威が発行する通貨として地域の自立した経済の形成に寄与していくはずである。

（1）Werner Ruegemer'*Die Aufblahung; Enron, Andersen & Co.- Wieso die US Wirtschaft groser erscheint, als sie ist* - in http://www.das-gibts-doch-nicht.de/seite879.htm

（2）詳細は、日本政策投資銀行地域企画部、「内発型ビジネス振興を担うコミュニティ金融——米国で勃興するＣＤＦＩ産業とわが国への示唆——」、DB Journal, No.6, 二〇〇一年九月、日本政策投資銀行刊、参照のこと。

（3）Attilio Danese, *Critique de la démocratie formelle et quelques idées neo-personnalistes pour l'avenir européen*, dans Ferdinand Kinsky, Franz Knipping（Eds.）,*Le fédéralisme personnaliste aux source de l'Europe de demain [Der personalistische Foderalismus und die Zukunft Europas]*, Nomos Verlagsgesellschaft, Baden-Baden, 1996,pp.249-250.

地域通貨の時代認識

最近、フランスの新聞、ル・モンドでの硬質な評論で知られるイグナチオ・ラモネの「悪の枢軸」という一文を読む機会があり、ブッシュ大統領がイラクなどを指して悪の枢軸と主張しているが、実は本当の悪の枢軸は別にあるという議論に遭遇した。

「市民はこれからリベラルなグローバリゼイションが三つの戦線で社会を攻撃することを知らねばならない。その第一がそれがもっぱら人類全体に関連していることから、経済の戦線である。人類は真に『邪悪の枢軸』と呼ばれるべきものの振舞うままに任されている。それはＩＭＦと世界銀行、およびＷＴＯから構成されている。この不吉な枢軸は世界の市場の独裁、民間部門の優越性、利益の崇拝を課し続け、この惑星全体に計り知れない損害を与えつづけている。すなわち、エンロンの超詐欺的破産、トルコにおける通貨危機、アルゼンチンの悲惨な崩壊、随所にみられる環境悪化……そして三月一八日から二二日にメキシコのモンテレイで開催される開発融資の国際会議は民間部門が南の発展の主要なアクターでなければならないことを認めることで、どこにでもみられる災厄をひどいものにする危険がある。……」と。八〇年代から人類が体験してきたグローバル化、とりわけ金融のグローバル化は新自由主義といわれる思想に導かれ、世界標準という実質は米国標準でしかないものを人類に押し付けてきた。利益優先で、経済的強者のみが果実を手に入れ、その代償に各国の国民経済、地域経済、そして環境が犠牲になってきたわけである。

そうしたなかで、あたかもこれに対抗するかのように、世界的に地域通貨の試みが広がっている。そこにはある共通の志向の変化をみてとることができそうだ。フランスではこれまで取り組まれてきた協同組合運動などの取り組みに各種の地域通貨の実践なども含め連帯経済という呼び方をしているが、これを担当する連帯経済大臣、ギ・アスコエが最近の『リベラシオン』紙でこう述べていた。「持続的な発展、連帯経済、企業倫理はもはやグローバリゼイションの規制を指示する者たちだけの信念ではない。将来の世代に配慮した経済、ただ利益だけを目的とするのではない経済をデザインするための表現でもある。政治も企業もNGOもこんにちそれを指向しているのである。」世界各地で地域通貨が盛況を見せてきたのもまたこの二〇年間である。他方での新自由主義に導かれたグローバル化、もう一方での連帯経済の活発化をみることができる。そこにあるのは資本のグローバリズムに対する批判意識が新たな経済像を模索させている姿である。地域通貨の取り組みも確実にそうした模索の一つを表現している。そしてその取り組み自体が人々の気持ちに変化をもたらしているように見える。そうして、このことがまた地域通貨への関心を高めてもいる。

こうした変化をもたらしたのは、この二〇数年の、グローバリズムの進展と、それが人々に見せつけた事実そのものであろう。マネーゲームに象徴される世界経済の実態において、勝者は金融上の投機家に魅力的な高収益を叩き出すグローバル企業であったし、敗者は各国の労働者や環境であったことがはっきりしてきたからである。ラモネがいうように、各国の地域経済は病弊し、社会的紐帯は崩れ、環境は傷んできた。そして、勝者のグローバル企業でさえ、高収益を維持するために成長を強制され、敗者はよりいっそうの打撃を受けつづけている。それをあからさまに見せつけられるなかで、現在の金融システムのあり方そのものが問題であると感じとる人が増えてきたのである。世界各地での地域通貨の取り組みはその兆候であるようにみえる。さらにこのことは、かつて三〇年代に人々の関心を引いたシルビオ・ゲゼルやフレデリック・ソディ、C・H・ダグラスなどの貨幣改革論のさまざまな議論が復活している事実にも表れている。

多くの貨幣改革論者に共通する視点はシンプルにみえる。貨幣は富ではなく、富に対する請求権であり（F・ソディのエルゴゾフィー〔社会エネルギー論〕ではエネルギーに対する請求権）、実質的な価値すなわち実質的な富からなる事物と引き換えに人が受け入れるものにすぎないと考える。つまり、カナダの経済学者マリオ・セッカレッチアの指摘するところによれば、彼らは「貨幣を財とみる支配的な考え方を放棄してきた」。そのことによって、実体経済と貨幣経済を対照させる姿勢を強調し、実質的な財の循環を媒介し処理する情報システムにすぎない貨幣システムが実質的な富の配分を決定し、私たちの生活を支える財やサービスを生み出すシステムを規定している事実に注目してきた。自然な経済システム、あるいは富をつくり出す実体経済のなかで、貨幣経済とは、富がどのように配分され、誰がどのような利益を上げるのかを決定し、それを維持する仕組みであると見てきたわけである。経済の物質循環は、ほとんどすべてといってよいほど（国際貿易におけるバーター決裁などの例外はあるにしても）、物質とは反対方向への貨幣の循環によって決定されている。しかし健全な経済にあっては、貨幣システムが必ず経済の支配的な要因であり、交換が基づくべき基準や支配的なメディアである必要はない。このことは、逆説的ではあるが、金融システムによる貨幣創造とその莫大なボリュームが実体経済から遊離している現実を見ればあきらかであろう。ベルナール・リエターが指摘するように、世界中の外国為替取引の九七・五%が実体経済と関わりをもつ取引ではなく純粋に金融上の取引となっている。

こうした経済は病んでいるとしかいいようがない。金融資産とその取引が実質的な経済活動による産出の増加率をはるかに上回るスピードで膨張しているわけだから。そしてそれが実体経済に多大な影響を瞬時に与えうるという事例は、幾度も繰り返されている通貨危機にみてとることができる。どこの国でも勤労階級の賃金は下落し、貨幣システムからもたらされる収益はエスカレートしてきている。経済活動の果実は金融をハンドリングする者たちにもたらされている。たとえば米国では、七つの巨大金融機関の株主たちは平均して四四%の投資収益率を実現している。これを二四の金融機関に広げてみても三八・四%といわれている。今日、金融システムはグローバル・メッシュといわれるようなコンピュータシステムによってリンクされているから、金融取引はネットを利用した抽象的な数字の移転、振替で、ほとんどが処理されている。金融のトレーダーはマーケットで多数の人間が行う予測を予測する「美人投票」(ケインズ)に参加して、収益を上げようとコンピュータ・スクリーンをにらみながら行動しているわけである。それが金融トレーダーたちの世界だけのカジノ資本主義を形づくっているだけなら問題は少ないのかもしれない。しかし、カネの動きが実体経済に対して主導的な役割を演じている。金融上のバブルが膨らみ、破裂するシーンは現に体験してきたところであろう。

マーケットに湯水のようにカネが注ぎ込まれ、時に引き上げられ、という現実を根底で制約している事情は現行の金融システムにある。そこでは貨幣の大部分はベースマネーを元に創造される信用マネーとして、利子コストの発生する貨幣として存在している。こうした利子コストの発生する貨幣は、国民経済やその公的部門に債務過多というかたちの重荷を背負わせ、資本コストをカバーしうる収益の実現を求めて成長へと経済をドライブさせる。その結果は人間と環境に負荷をかけることであるし、同時に、国際的には銀行間再預金やデリバティブズのような金融エンジニアリングを通して莫大な資金ポジションを造成させ、生産的投資に向けられることのない金融上の投機に拍車をかける結果になっている。いま、そうした金融資本主義に翻弄されない経済社会をどのようにつくるのかが問題として意識されてきているといえるであろう。

セッカレッチアによれば、こうした状況のなか改めて確認されるべきは、「貨幣理論に対するエントロピー法則の意義の適用という物理科学から流出してきた見解」である。「もし、古典派や新古典派が推論するように、貨幣が財であるかのように扱われうるならば、それはまた、物理的世界を苦しめているのと同じ自然の帰結に苦しまないということがあるのか、ということでもある。時の経過のなかで減価を被る物理的財と異なって、貨幣債務は複利で増大していくし、だからエントロピー法則の影響から逃れているようにみえる。こうした貨幣と物理的財の非対称性のゆえに引き起こされる周期的な再調整あるいは金融危機を防止するために、シルビオ・ゲゼルやフレデリック・ソディのような一九世紀後半から二〇世紀初めの異端的な思想家は、こうした不均衡が流動資産の保有に対する課税によってのみ除去されると考えた。まったくといってよいほど知られてはいないが、こうした異端的な思想は資本主義の診断において思想の重要な底流としてケインズによって『一般理論』で認識されている。」

こうした視点は、いま、持続可能な経済社会を願う人たちによって共有されつつあるといってよい。地域通貨やオルタナティブなバンキングに取り組む人々にとって共通する問題意識をあげれば、次のようになるからである。

・金融上の投機を割の合わないものにする。
・金融システムによる無からの貨幣創造、金融バブルの増大を制限する。
・競争至上主義によって破壊された協同的な行動へのインセンティブを、住民やコミュニティの間につくりだす。
・地域に根を張った、息の長い、実質資産に対する投資のインセンティブをつくり出す。
・人間関係やコミュニティの社会的紐帯を強化する。

こうした問題意識の背景には、グローバルな成長や競争の増大を望まず、むしろコミュニティの成員に環境と調和した経済生活上の安全をもたらし、地域社会への生産的な貢献に公正な報酬を提供する健全で豊かな社会が建設されるべきであるとの考え方が存在している。そうした思いは次第に、より多くの人が共有し、支持するところとなっているようだ。金融上の投機家や企業にとっては不都合であるかもしれないが、人間社会が持続可能であることを願うとすれば、当然の要求といえる。それに沿った試みが、近年の地域通貨やオルタナティブなバンキングへの、また更新可能なエネルギーへの取り組みなどに見て取れるのである。

近年、各地の地域通貨の実践が人々にこうした意識の変化を持ちきたしているのは確実にみえる。そこにはゲゼルなどの思想による、これまでであれば異端的な示唆とみられていた見解の再生すら見受けられる。列挙すればこうなるであろう。

①地域通貨の発展強化。独自の通貨を使用することで交換を行う成員間で共通の利益を確保する。目指されるべきは、開放的でありながら、内発的発展の契機を内包し、自存性、自己完結性の高い自立循環型の地域経済である。

②ゼロあるいはマイナス利子（より正確にはつまりUmlaufgebühr「循環促進税付き」）の通貨を導入する。富の格納手段として、貨幣には排他的な特権が成立している。実質資産には保有に要するコストが含まれるし、森林や工場、農地、建物、個人の技能などには維持に要するコストがかかる。また自然な減価や文化的陳腐化の脅威にもさらされている。かつて貨幣であった黄金でさえ、保蔵コストなどが必要である。今日の信用マネーはシステムが実現する抽象であることで、熱力学法則の影響から抜け出ており、その事実にプレミアムが発生する社会的な関係を人はつくり出しているが、そうした貨幣を自然のなかで成立するものへと変更しなければ、有限な孤立系のなかで成立する社会経済がもつべきエネルギーフローの情報処理システムとしての貨幣の真の場所はない。

③債務の制限。現行の信用マネーのシステムでは、カネは金融システムを通した資金の貸借から利子コストの発生するマネーとしてつくり出されている。当然、そのマネーは利息を含めて返済されね

ばならず、また以前の借り入れが返済されるスピードよりも速く借入は膨らんでいく。それは経済危機が荒々しく事を解決するまで続き、それによって社会経済の受ける打撃は甚大である。さらにこのシステムのもとで、資金を手当てしている公的部門は増えつづける債務に苦しむことになっている。次第に利子の発生しない貨幣に債務を置き換えていくことなしには、国家債務の問題は解決されない。ゼロ利子債券や課税貨幣の手法が検討されるべきである。

④投機による利益には課税され、社会に再配分されるべきである。貯蓄が、投機ではなく、長期の環境をも配慮した投資に向けられていくような社会経済的枠組みをつくり出す必要がある。人の時間選好の状態に変更をせまるような、つまり短期の金銭上のリターンのみが貯蓄―投資の流れを規定する状態を変えていく社会的な取り組みが要請される。

⑤非金銭次元の報酬（リターン）の評価。人は金銭上の次元でのみ報酬を与え合っているのではなく、実質的な財やサービス、社会的遺産、環境の次元で社会や環境に寄与し、また報酬を受けている。

＊

地域通貨は人の社会的な、また経済的な活動が地層のように幾重にも積み重なった信用によって成り立っていることを改めて考えさせている。地域通貨には人の支え合いを密接な人間関係を築くことで実現するものから国民通貨と併用され、国民通貨に域内での循環を促し域内経済の発展をもたらすものまで多様な形態があるが、ごく単純化して信用の地層に位置付けると図のようになるであろう。通常私たちは貨幣を使い社会関係を処理している。貨幣を使用しないのは家族という共同体のなかで

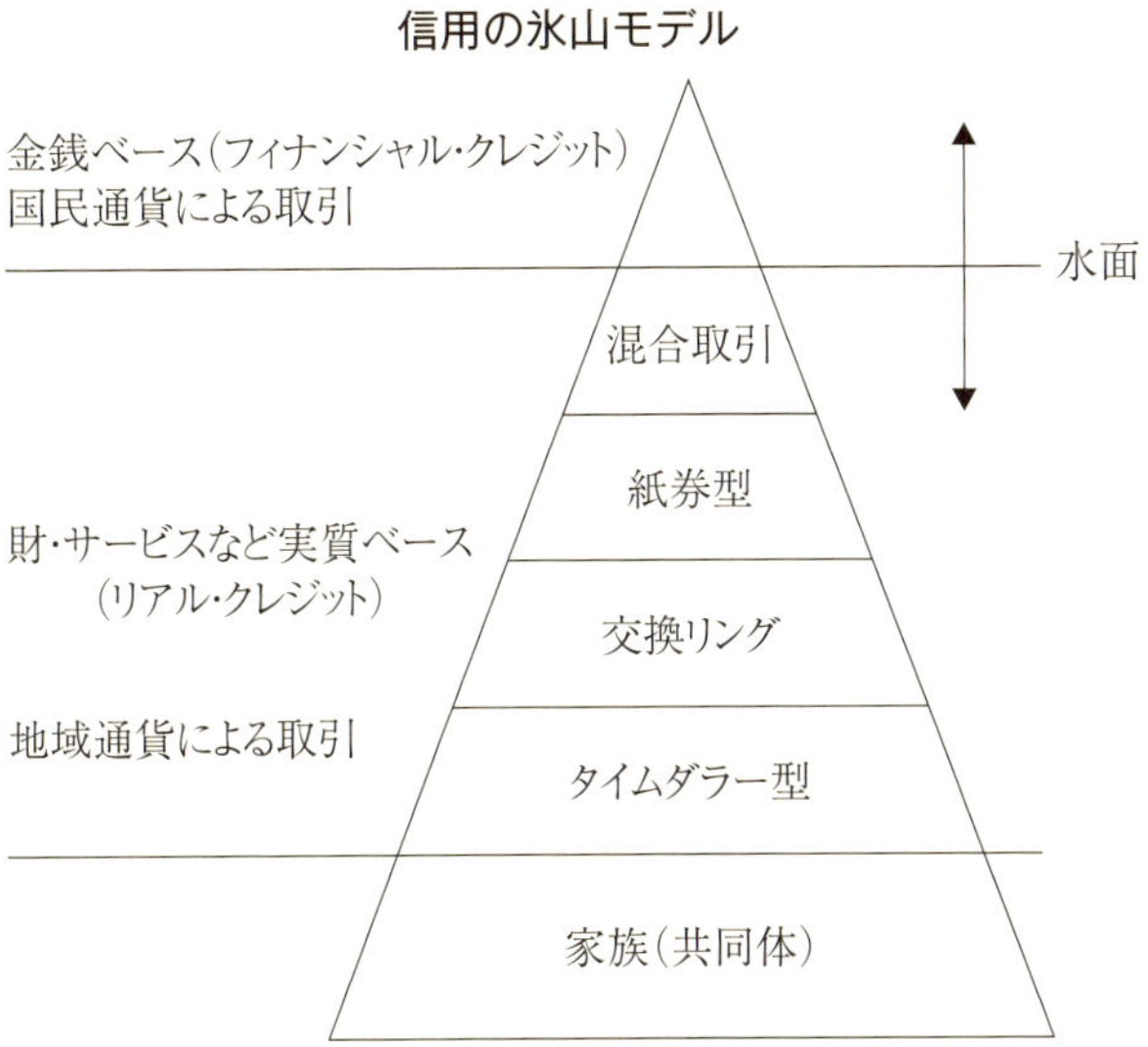

だけである。その場合、家族のなかにいる以外では金銭上の信用のなかにいる。人はその貢献や報酬を金銭ベースで処理している。それがすべてだとさえ錯覚する。さらには人を育む環境をみても金銭ベースで考える。しかし、環境が与えてくれる報酬は金銭ベースでのみ測れないほど大きいものがあるであろう。社会関係が与える報酬もそうなのである。地域通貨は実質的な信用の世界が生活に大きな役割を果たしていることに改めて気づかせてくれる。人は金銭の多寡によって豊かさを考えがちであるが、貨幣そのものを食べて生活することはできない。豊かさとは常に実質的なもので、必要としているものが必要としている人に、必要としている時に、必要としている場面で手に入らなければ豊かであるといえないわけである。そうした意味で地域通貨は人の寄与と報酬の考え方の転換をそれと知らず迫る取り組みともいえる。

しかし人は金銭ベースの世界に慣れ親しんでいるのも事実である。実質的な豊かさを手に入れるには貨幣が必要と思い込んでいる。貨幣は交換の手段であるばかりか、価値を保蔵し将来に持ち越すことを可能にしてくれている。蓄財に励むことになるわけだ。そうなると取引に必要な貨幣需要に比べて貨幣の供給は常に少なく貨幣供給者はプレミアムを要求することが可能となる。つまり貨幣を貸し付けることで手放す場合には利息というコストを借り入れる者に要求することになるわけである。

利息はいうまでもなく、その字のごとく、息をするかのように一定のペースで利をもたらすという意味である。しかしこの理想が経済に不要な負荷を与えることになる。地域通貨はそれがゼロ利子で行われるタイプの場合、貨幣需要に貨幣供給が自動的に対応する取り組みとなるが、このことは、人に金銭次元でのみ発想する姿勢を自然に見直させる効果が認められるであろう。つまりプラスの金利が人に植え付けている時間の観念を転換するきっかけとなる。いまの時代、人間はだれも近視であるかのように振舞っている。短期の利益やリターンに目を奪われて、長い目でみれば人間やその社会に利益をもたらすものへ投資しようとはしない。そうした行動が人間に逆襲する好例が環境問題である。人の時間選好の状態に変化をもたらし、近眼を矯正しうる取り組みやそれを導く考え方が要請されている。また、時間選好の短期、長期ばかりでなく、時間の流れについての意識変化も発生してくる。

フレデリック・ソディは、時間tが直線的に推移する金融取引が実体経済に依存せず、それから乖離していく事実が経済危機の根底にあるとみたのであるが、そこでは金融上の契約は時間が直線的に経過するとの観念に依拠している。

社会経済はいうまでもなく運動（mouvement）の相のもとにあるが、かつて一九世紀フランスの経済学者Ａ・Ａ・クールノーは運動学（cinématique）と名づけた研究のなかで、次のように述べていた。

「……直線的運動と循環的運動は運動の幾何学の諸要素である。両者は持続的（continus）であるか、周期的（alternatifs）でありうる、すなわち同一の意味において一貫して支配されるか、ある意味と別の意味において交互に支配されるかしうる。そこで、四種の要素的運動の区別があることになる。直線的―持続的（rectiligene-continu）、直線的―周期的（rectiligene-alternatif）、循環的―持続的（circulaire-continu）、循環的―周期的（circulaire-alternatif）である。これらは人間の勤労が目標とする目的にしたがって、単純なメカニズムも複雑なメカニズムをも動かし、変容させる機能を果している。」

しかし、私たちは貨幣や金融の関係を取り結ぶについては、直線的な時間観念に基づいて契約している。それも時間の経過のなかで周期的に意味内容を変える直線的―周期的な運動というよりも、直線的で、かつ中身に変更がない直線的―持続的な運動に身を置いている。しかし自然な生産においてはちがう時間観念が見うけられる。かつて日本近世において通常であった循環する時間（たとえば二宮尊徳の一円相）について考えてみよう。それは始まりがあり、終わりがある円環で示されるが、そこには多様な視点が組み込まれ、配当された時間の経過のなかで周期的に意味内容を変えて循環していく時間の観念が存在した。二宮尊徳は天生草木華実輪廻之図でこういっている。

「天命これを種といひ、種に率ふを草木といひ、その体茂れば華と名け、その気凝まれば実と名く」

今日、貨幣改革を考えるうえで、マイナス利子の課税貨幣（消滅貨幣）を取り上げてみると、そこに貨幣が循環的―周期的に運動する事例をみることができる。つまり、コミュニティが一定の金融資産を担保に一年間で循環を終える消滅貨幣を発行し、公共事業に支出する。そしてそれが貨幣そのものにかけられた循環促進税によって保蔵手段としての機能を欠いた交換手段として取引を仲介しつつ、年の終わりに持ち越し費用として負担された税の総額によって自己自身を清算し、消滅する。こうした貨幣が循環することで地域経済に独自な資源の循環が保証されるわけである。

また、ゼロ利子の、貨幣需要に貨幣供給が自動的に対応するタイプの地域通貨のシステムは、循環的—持続的な形で成立し、貨幣システムが貨幣保有者に与えている専権性を克服する可能性を秘めているといえるであろう。いずれであっても、物質循環によって成立する経済社会の多様な情報処理システムがさまざまなタイプの地域通貨という形で導入されることで、地域社会には己を多様に、また多元的に、多中心的に構成する可能性が与えられるであろう。そのもっとも基礎的な効果は実際に取り組みはじめられた地域通貨にみてとることができる。

人が生活し経済を形作る地域には多様な観点に基づく人の意向が織り成されている。人々はそこにある物質循環と資金の循環を通してさまざまな返礼を相互に提供しあいながら生きている。それは金銭上の返礼やリターンのみでなされているわけではない。地域通貨はなによりもまず、貨幣の人格化といわれる。貨幣が実体経済と結びつき、実質的な信用が再建されていく。そして、個人の多重帰属の条件をつくり出してもいくことになる。人の実質信用を評価する観点の多数性が地域にもたらされるからである。そこでは多目的性をおびた多価的な労働と多様な評価価値が出現する。

よく地域通貨はそれに参加する個人をエンパワーメントするといわれる。たしかに、通常の通貨を介した市場的な取引に乗らないような個人の能力を引き出すことができる。しかし、その意味するところが問題である。今日、国民通貨を介して取り結ばれる経済関係のなかでも、人の能力の発揮すなわち労働は、多目的性をおびた多価的な労働への傾向を、とりわけIT産業などでは強めているが、それは一部の人間に過重な労働を強いる反面、多数の失業者を生むことにもなっている。地域通貨がつくり上げるような社会経済関係のなかに置かれて初めて、どのような参加者にとっても、己の労働の多価性が実現される。なぜなら多価的な性格をおびる労働が他方で多くの成員による多様な評価（評価価値〔P・J・プルードンの概念〕）と対をなす関係を欠くと、通常通貨による均質的な評価の対象となり、その労働の多様性を喪失せざるをえないからである。

地域通貨は根底で、普遍的で均質的なものに向かう運動と対をなす観念を経済社会にもたらしていく。なにもかも金銭次元に切り縮めるところでは、人間の関係は金融上の信用でしか図られず、貨幣という次元にすべてが還元されてしまう。それは、多様な資源が循環する社会とは異質なものであろう。しかし、私たちは地域通貨によって、私たちが行動の見返りにうる報酬、リターンにはエネルギー次元、物質、財などの次元でのリターンもあること、また人との関係のなかで協同して社会を作るなかで、そうした協同関係がもたらす報酬もあることに気づきはじめた。当然にもそれは自然や環境が与える報酬にも敏感にさせてくれる。金融次元の直線的な時間の観念、そしてまた、短期の考慮にのみ基づく考え方は非人格的なところにその特徴がある。いま地域通貨を含めた取り組みによって多様な個性ある地域とその自立の条件の探求は始まったばかりである。しかし、地域とは事前に与えられているものではない。それは人が定めるものである。二宮尊徳は「天禄を定める」ことで地域とその豊かさを人が意識的に再領有する必要性を強調していた。人が地域社会を意識的に自らのものにし始めたことは、単に経済関係にとどまらず、諸地域からなる、より広域の地域、それらの集合として捉え返される国際関係にまで新たな光をあてるトランス・ナショナルな視点を提供していくことである。地域通貨がもたらすこうした展望を地域の間接金融の次元で共有するものとしてオルタナティブなバンキングの取り組みも活発化してきた。新しい時代に向かったある意向に次第に形が与えられつつあるとの感を強くしている。

初出一覧

Ⅰ　序　論

ゲゼルに眩惑『自由経済研究』第一・二号、一九九五年一〇・一一月

プルードンにおける国家並びに民主主義批判の基礎『情況』一九九五年一一月号

Ⅱ　グローバル化の渦中で

金融のグローバル化にみる不安定な構図『情況』一九九六年六月号

「日本的システム」と資本の国際主義『情況』一九九八年七月号

情報資本主義と金利生活者の繁栄『情況』一九九八年八・九月合併号

Ⅲ　貨幣改革論への途

自由主義と自由な社会主義の課題『情況』一九九六年八・九月合併号

金融のグローバル化とオルタナティブの視点『情況』一九九九年三月号

補完通貨と貨幣利子批判の論理『情況』二〇〇〇年三月号

Ⅳ　自立経済に向かって

自立経済と甦る貨幣改革論の視点『ライブラリ相関社会科学9〈資本〉から人間の経済へ』（新世社刊）二〇〇四年二月一〇日所収

地域通貨の時代認識『月刊自治研』（自治研中央推進委員会事務局刊）二〇〇二年四月号所収

森野榮一（もりの・えいいち）
1949年、神奈川県生まれ、國學院大学大学院経済学研究科博士課程単位取得修了、経済評論家、ゲゼル研究会代表、WAT清算システム会員。著書、論文は『消費税完璧マニュアル』『商店・小売店のための消費税対策』（ぱる出版）、『エンデの遺言』（共著、NHK出版）、『なるほど地域通貨ナビ』（編著、北斗出版）など多数。1999年、NHK　BS1特集「エンデの遺言」の番組制作に参加。その後、地域通貨の普及活動に努めている。

自立経済《じりつけいざい》と貨幣改革論《かへいかいかくろん》の視点《してん》

2014年5月10日　初版発行

著　者　森　野　榮　一
発行者　奥　沢　邦　成
発行所　株式会社 ぱ る 出 版
〒160-0003　東京都新宿区若葉1-9-16
電話　03(3353)2835（代表）振替　東京　00100-3-131586
FAX　03(3353)2826　印刷・製本　中央精版印刷㈱

ISBN 978-4-8272-0859-7　C3033